U0578120

富阳泗洲
宋代造纸遗址

杭州市文物考古所 · 富阳市文化广电新闻出版局 · 富阳市文物馆

主编　唐俊杰　　副主编　徐顺发

文物出版社

封面题签　宿　白
特约审稿　李志荣

封面设计　张希广
责任印制　陆　联
责任编辑　谷艳雪

图书在版编目（CIP）数据

富阳泗洲宋代造纸遗址 / 杭州市文物考古所，富阳市文化广电新闻出版局，富阳市文物馆编著．—北京：文物出版社，2012.3
ISBN 978-7-5010-3385-0

Ⅰ.①富… Ⅱ.①杭… ②富… ③富… Ⅲ.①造纸－作坊－文化遗址－发掘报告－富阳市 Ⅳ.①K878.5

中国版本图书馆CIP数据核字（2011）第275713号

富阳泗洲宋代造纸遗址

杭州市文物考古所
富阳市文化广电新闻出版局　编著
富阳市文物馆

文物出版社出版发行
北京市东直门内北小街2号楼
http://www.wenwu.com
E-mail: web@wenwu.com

北京盛天行健印刷有限公司印刷
新华书店经销
889×1194　1/16　印张:24.25　插页:4　附页:1
2012年3月第1版　　2012年3月第1次印刷
ISBN 978-7-5010-3385-0　定价：360.00元

A Song Dynasty Paper Mill at Sizhou in Fuyang

(With an English Abstract)

Hangzhou Municipal Institute of Cultural Relics and Archaeology
Fuyang Municipal Bureau of Culture and Media
Fuyang Municipal Bureau of Cultural Relics

Cultural Relics Press
Beijing · 2011

目 录

插图目录

彩版目录

第一章 概 述

第一节 地理环境

图1-1　富阳市地理位置图

富阳市位于浙江省西北部，地处北纬29° 44′ ~ 30° 11′，东经119° 25′ ~ 120° 9′ 之间。它东接杭州市萧山区，南连诸暨市，西邻桐庐县，北与临安市、杭州市余杭区接壤，东北与杭州市西湖区毗连（图1-1）。东西长69.7千米，南北宽49.7千米，总面积1 831.21平方千米。平原约占18.7%，水面占5.6%，山丘占75.7%，有“八山、半水、分半田”之称。

富阳市地处亚热带气候区，四季分明，雨量充沛，温和湿润，年均温度16.3℃，年均降水量1 479.3毫米，无冻害等灾害性气候。

全市地势由西南向东北倾斜，地貌以两山夹江为特点，天目山余脉绵亘西北，仙霞岭余脉蜿蜒于境内东南和西南部，境内有低山、高丘、低丘、谷地、盆地和平原等多种地貌。全市河流均属钱塘江水系，富春江横贯市境中部，纳渌渚江、壶源江、新桥江、常绿溪、龙门溪、青云浦、白洋溪、大源溪、小源溪和渔山溪诸水，沿钱塘江注入东海。

境内土地肥沃，自然资源丰富，农林牧副渔皆宜。江南丘陵以红壤、黄壤为主，宜于竹、松、杉、茶生长，其中毛竹林34.51万亩，居全省第二位，为纸业生产主要资源。[1)] 富阳素有“中国造纸之乡”的美誉，造纸业历史悠久，直至今天仍然是富阳的支柱产业之一。

泗洲宋代造纸遗址位于富阳市北部天目山余脉的凤凰山北麓，地处凤凰山至白洋溪之间

1）富阳县志编纂委员会：《富阳县志》，浙江人民出版社，1993年。

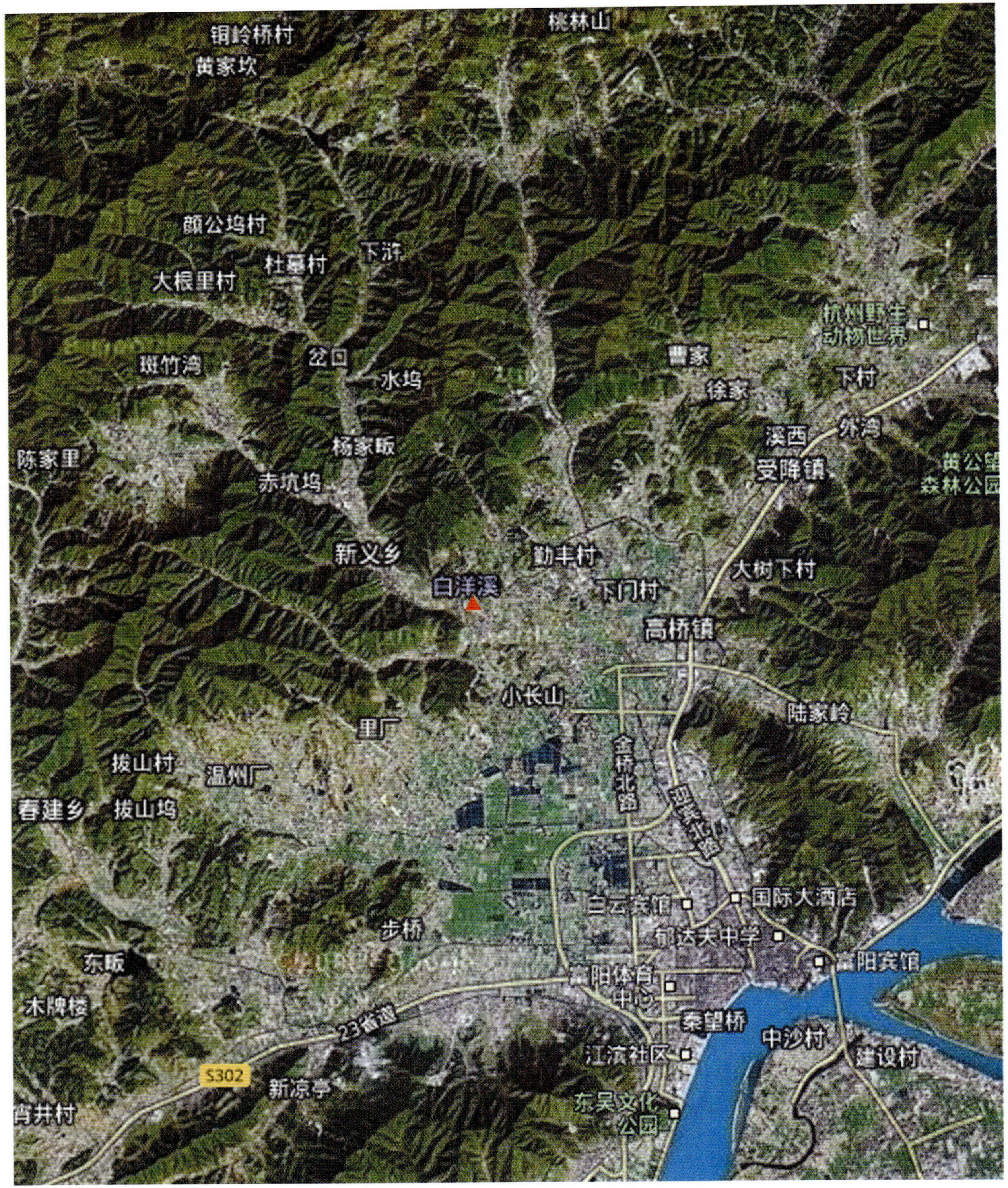

图1-2　遗址位置遥感示意图

的台地上，地势南高北低，地面平整开阔，属低山丘陵区（图1-2、1-3）。遗址南、西、北三面环山，东为平地，环境优越，属泗洲行政村管辖。高泰路从遗址南侧穿过，新建的320国道从其西侧穿过，村道完善，交通便利。遗址东距高桥镇约3 000米，北距白洋溪约250米，东为观前村，西为泗洲村，村间水泥道路从遗址中间穿过。遗址处原为农田，种植水稻和蔬菜

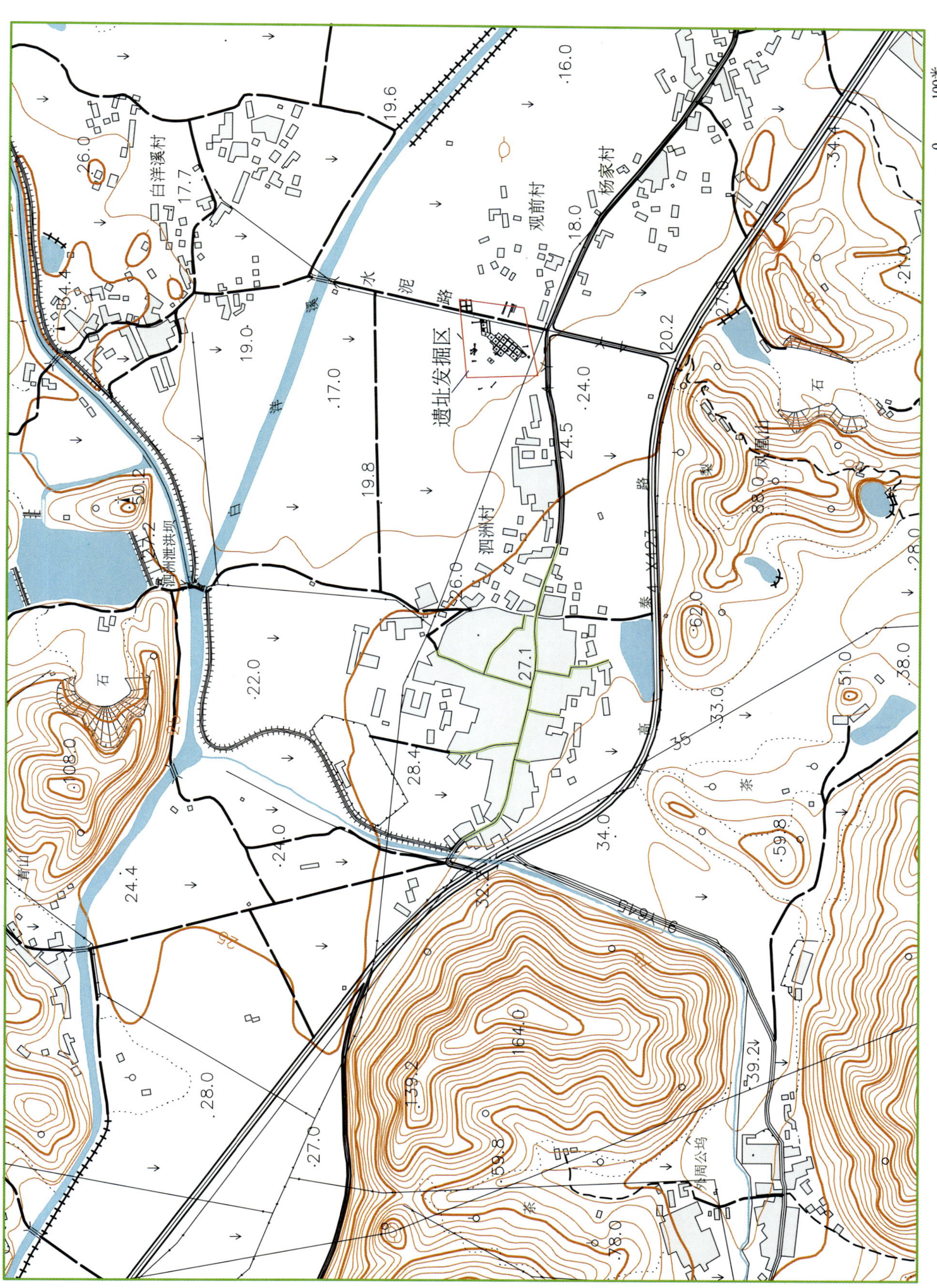

图1-3 遗址地理环境图

图1-4　遗址南侧竹林

等农作物，现荒废，地表长满杂草（彩版一）。遗址南侧尚存小片竹林（图1-4）。发掘区东南角地理坐标为：北纬30° 06′ 13″，东经119° 54′ 33″，海拔17.6米。遗址总分布面积约16 000平方米。

第二节　历史沿革

富阳，古称富春。富春之地，春秋属越，战国属楚。秦始置县。始皇二十六年（前221年），分天下为三十六郡，会稽郡辖二十六县，富春为其一。东晋孝武帝太元十九年（394年），避简文郑太后阿春讳，改富春为富阳，属扬州吴郡，富阳之名始于此。

北宋乾德五年（967年），钱镠析临安县地，置南新场。太平兴国三年（978年），钱氏归宋，复富阳县名。富阳，北宋时属杭州府，南宋时属临安府，元代属杭州路，明、清属杭州府。

民国元年（1912年），浙江废府置道，富阳属钱塘道。十六年（1927年），废道，富阳直属于省。二十四年（1935年），全省划为9个行政区，富阳隶属于第二行政区。后又多次变更，至三十七年（1948年），改隶第四行政区。

1949年5月4日，富阳解放，初属临安专区，1952年改为省直辖，1955年划归建德专区。

1958年12月，改属杭州市。1961年，重置富阳县，属杭州市。[1)] 1994年1月18日撤县设市。

我们查阅的史料中未见关于泗洲宋代造纸遗址的直接记载，遗址附近的凤凰山和白洋溪亦仅散见于少量文献。凤凰山属天目山余脉，在宋代，凤凰山因为董双成与妙庭观[2)]的故事而闻名于世，成为当时善男信女朝奉的主要去处之一。《咸淳临安志》卷七十五记载："妙庭观在富阳县西十五里，旧号明真。治平二年改赐今额。"遗址东侧有观前村，依稀说明以前凤凰山上道观的存在。古白洋溪是富阳有名的"一江十溪"之一。《光绪富阳县志》卷十《地理志》下"水利、桥梁、津渡"条载："白洋溪发源县东北诸山，曲曲南流三十余里，由苋浦入大江。"[3)]它发源于遗址西部天目山余脉的大山深处，来自凤凰山西南侧周公坞的水也在今泗洲村并入该河。历史上白洋溪曾经多次改道，20世纪50年代，富阳修南北渠时将河道移到现在的位置，原河道的南岸在现河道南侧约200米。遗址的北界紧临原河道的南岸。在光绪《富阳县志》所载的《富阳县治图》中，在凤凰山、泗洲庵、观前及白洋溪之间，标示为清池塘的地方即为泗洲宋代造纸遗址所在地（图1–5）。

图1–5　富阳县治图

第三节　发现与发掘缘起

2006年，为改善富阳市交通状况，富阳市委市政府决定对境内的320国道受降至场口段实施环线外移工程。为切实做好320国道环线外移工程沿线地下文物的保护工作，富阳市320国道环线外移工程指挥部委托杭州市文物考古所对国道沿线地下文物开展摸底工作。2006年6月，杭州市文物考古所与富阳市文物馆组成联合调查队沿国道改道线路进行考察，初步认定高桥镇凤凰山区块、富春街道三桥下牌楼区块、鹿山街道栋山沿区块、场口镇周家马山区块和富春街道大青职高附近区块共五个区块存在地下文物的可能性极大。后因种种原因，沿线地下文物的普探和发掘工作迟迟未能开展。

2008年7月，经过多次磋商，富阳市320国道环线外移工程指挥部与杭州市文物考古所就320国道受降至场口段环线外移工程沿线地下文物保护和抢救性考古发掘工作签订《考古勘探

1）富阳县志编纂委员会：《富阳县志》，第51页，浙江人民出版社，1993年。

2）[宋]潜说友：《咸淳临安志》卷七十五，道光庚寅钱唐振绮堂汪氏仿宋本重雕，江苏古籍刻印社，1986年。

3）[清]光绪《富阳县志》线装本，富阳市文物馆藏书。

发掘协议书》。与此同时，富阳市的第三次全国文物普查工作正在有序开展，320国道改道沿线的普查工作也是富阳市地下文物普查的重点之一。杭州市文物考古所与富阳市文物馆组成联合工作队，在国道沿线开展调查和普探工作（彩版二），并选择重要区块进行重点勘探和试掘。

调查工作开始时，国道沿线途经区域上部表土多数已被施工方除去，道路两侧亦被施工方用挖掘机挖出了两条道路界线沟，部分地层剖面已经裸露出来，客观上为我们观察地层剖面提供了便利。

2008年9月，联合工作队在凤凰山北麓的泗洲村东部进行踏查时发现特殊情况。据当地村民反映，此处地力不肥，还经常出现地表水下渗过快的情况，但以前地表未见明显的古代遗迹。遗址附近的黄泥山一带曾经发现大量东周时期的印纹硬陶片，附近的陆家山一带曾发现六朝时期墓葬[1)]，遗址北侧的白洋溪村村民在修建民房时曾发现宋墓[2)]，表明这一区域存在历史时期遗址的可能性非常大。工作队员在规划道路东南侧所挖界线沟翻出的土中发现了大量瓷片，伴出的还有石块、砖块、瓦砾等。在对沟壁进行简单清理后，发现了石砌遗迹（发掘编号为G2），初步认定这里存在一处古代聚落遗址。工作队即刻将这一消息报告给杭州市文物考古所和富阳市文物馆领导，所、馆领导认真讨论后决定将其上报国家文物局，经批准后对其进行正式考古发掘。

第四节 遗址的发掘与性质的认定

2008年9月至2009年3月，经国家文物局批准，杭州市文物考古所与富阳市文物馆组成联合考古工作队对泗洲宋代造纸遗址进行了抢救性发掘。伴随着对遗址性质的认识和判断，整个发掘工作可分成两个阶段：

一 第一阶段的发掘与遗址性质的初步认定

第一阶段从2008年9月1日至2008年11月10日，发掘面积约704平方米，发现了一系列遗迹，初步认定了遗址的性质。

1.发掘

发掘工作采用布探方的形式进行。根据规划中的320国道的走向，我们首先在遗址南部（调查发现大量瓷片地块附近）布3米×18米探方1个，编号2008ZFGST1（2008——发掘年份，Z——浙江省，F——富阳市，G——高桥镇，S——泗洲遗址，T——探方，1——探方编号，简称T1。下同），方向219°[3)]。其后，根据发掘情况，在与T1垂直的方向布10米×20米探方1个，编号T2，方向129°；在T2北侧布10米×10米探方3个，编号T3、T4、T5，方向219°；并随着遗迹走势，将T2～T5向东侧扩方2.8～5米不等，扩方面积约174平方米。（图

1）杭州市文物考古所内部资料。2008年10月，杭州市文物考古所在320国道受降至场口段绕行改道工程考古调查中于陆家山一带发现两座纪年砖室墓。墓砖上有模印阳文“太康四年”字样。

2）曾有村民拿出两件文物让考古人员鉴定，一件为青瓷碗，一件为白瓷碗。器形特征明显，为宋代遗物。据该村民介绍，这两件文物是其在修建住房过程中于屋后的小山坡上发现，属于一座砖室墓内出土的文物。

3）布方时使用的是地质罗盘，方向上存在一定误差，后根据全站仪及卫星照片校正，发现误差为5.6762°，本书中的方向数据均为校正后的数据，误差值采取四舍五入法，取6°。

图1-6　探方、探沟分布图

1-6）

发掘揭露出大量遗迹，其中2层下发现成组的遗迹，主要有：房址1座（F1）、墙基1处（Q1）、水池6个（C1～C6）、排水沟6条（G1～G6）、陶缸3个（G缸1～G缸3）、水井2口（J1、J2）、灶1个（Z3）、灰坑7个（H1～H5、H7、H9）。另外，3层下也有零星的遗迹发现，计有：房址1座（F5）、水井1处（J3）、灰坑2个（H6、H8）和墓葬1座（M8）；1b层下发现5处灶址（Z1、Z2、Z4～Z6）和一段石路（L1），其中5处灶连片分布。

在发掘过程中，尽量保留遗迹，只在空当处下挖至生土。

2.遗址性质的初步认定

这些遗迹中有房址、水池、水井和排水沟等，除了窑址以外，此前我们并没有发掘手工业遗址的经验，一开始还是将其作为一般的聚落遗址进行清理。但是，一条条排水沟，一个个水池和半截埋在土中的陶缸，使我们感到困惑，这到底是个什么样的聚落遗址？在清理工作临近结束的时候，我们工作队的梁宝华开玩笑说“这是富阳第一造纸厂啊！”当地民工孟荣民马上附和“这里可能就是以前的造纸厂”。一句话，如醍醐灌顶——整个遗迹的种类和布局，不正显示其应该是一个生产所在而不是生活所在吗？这应该是一处手工业遗址。而且，造纸业在富阳历史悠久，现在也仍然是当地的支柱产业之一，该遗址极可能就是造纸遗址。但是，作为酿酒、染布或做豆腐皮等其他手工业遗址的可能性能完全排除吗？为慎重起见，我们决定实地调查、走访富阳比较有特色的手工业作坊。

2008年10月14日，我们专程赶往富阳灵桥镇，实地调查灵桥镇山基村、蔡家坞村的土法造纸手工作坊。作坊均位于山前，附近均有溪流，山坡上生长着可作为造纸原料的茂密的竹林。这些作坊大多从晚清使用至今，均采用土法造纸，保留了完整的手工造竹纸工艺，使我们对造纸的工艺流程有了初步的了解。之后，我们参观了展示古代造纸技术的华宝斋（中国古代造纸印刷文化村），对造纸的工艺流程有了更深一步的认识。紧接着又前往东坞山酿酒作坊、染布作坊及豆腐皮作坊等进行实地考察。一番实地调查、走访下来，我们认为该遗址作为酿酒、染布或做豆腐皮作坊的可能性可完全排除，其应该是一处造纸遗址。

与此同时，我们查阅了《富阳县志》[1]、《天工开物》[2]、《中国造纸技术史稿》[3]、《中国造纸史话》[4]、《中国传统工艺全集·造纸与印刷》[5]等文献，把发掘材料与文献资料进行初步比对。根据调查资料和文献记载，结合遗址内揭露出的遗迹现象，我们初步认定该遗址就是一处造纸遗址。

比对当地土法造纸作坊和相关文献记载的工艺流程，2层下成组的遗迹可能就是与造纸工艺有关的遗迹：房子（F1）可能是舂料与抄纸的工作间，水池可能是沤料池（C4）、漂洗池（C1）等，还有盛纸药的缸、供水的井和数量众多的给排水沟……

分析遗址的出土遗物，判断2层下遗迹的年代应在宋代。如此，这一遗址可能就是宋代的造纸遗址，是目前中国发现的最早的造纸遗址。

认识到该发现的重要性，我们立即知会320国道环线外移工程指挥部调整施工步骤，待我们发掘完成后再行施工。

2008年10月16日，考古工地负责人在富阳市文物馆馆长徐顺发陪同下向富阳市文化广电新闻出版局（以下简称“文广新局”）局长徐国明专门汇报了遗址发掘情况，徐局长对这一发现极为重视。随即，我们向富阳市副市长邵良做了专题汇报。

2008年10月21日，富阳市副市长邵良在徐国明局长陪同下视察了考古工地，并观摩了出土遗物。邵良副市长听取了遗址发掘情况的汇报，询问了面临的问题，提出了遗址保护的初步设想。

2008年11月4日，浙江省文物考古研究所所长曹锦炎等专家在杭州市文物考古所副所长唐

1）富阳县志编纂委员会：《富阳县志》，浙江人民出版社，1993年。
2）潘吉星：《天工开物译注》，上海古籍出版社，2008年。
3）潘吉星：《中国造纸技术史稿》，文物出版社，1979年。
4）潘吉星：《中国造纸史话》，商务印书馆，1998年。
5）张秉伦、方晓阳、樊嘉禄：《中国传统工艺全集·造纸与印刷》，大象出版社，2005年。

俊杰的陪同下考察了遗址。经过现场考察，几位专家肯定了我们的判断，也认为该处是造纸遗址，同时提出邀请国家文物局专家前来做进一步鉴定的建议。

2008年11月7日，我们邀请中国造纸学会纸史委员会委员缪大径、周秉谦及当地土法造纸专家沈柏顺到遗址现场考察，几位专家考察后一致肯定该处是造纸遗址。

2008年11月10日，国家文物局专家组成员黄景略、张忠培、徐苹芳、徐光冀、李伯谦等及浙江省文物考古研究所所长曹锦炎，在杭州市园林文物局文物处处长卓军和杭州市文物考古所副所长唐俊杰的陪同下，对遗址进行实地考察，并就遗址的性质、保护等相关问题进行了认真论证。会议达成以下几点认识：

1）与会专家一致认同该遗址是一处宋代造纸遗址，并认为，反映造纸工艺流程的遗迹保存相对完整。出土遗物精美，且遗物所反映的时代比较明确，可以肯定它最晚是南宋晚期的；“大中祥符二年九月二日记”铭文砖则证明遗址可能早到北宋早期，遗址的延用时间长。该遗址是目前中国所发现的时代最早的造纸遗址。

2）专家们认为，造纸遗址全国少见，该遗址造纸工艺流程保存得相对完整，而且时代很早，遗址的保存价值很高，建议将该遗址保护下来。

3）专家们认为下一步工作一定要扩大发掘面积，将遗址的分布范围找清楚。遗址发掘时只要清理到南宋层即可，下面的堆积情况可以通过开探沟、打探铲的方式解决。

4）专家们建议公路改道，改道牵涉的地区要先请考古部门做好地下文物的普查工作。

5）希望相关部门做好工作，协调好考古发掘、文物保护与基建工程的关系，并对下一步的考古发掘工作提供尽可能多的帮助。

至此，遗址正式定名为“富阳泗州宋代造纸遗址”。

二 第二阶段的发掘与遗址性质的确认

第二阶段从2008年11月11日至2009年3月28日，总发掘面积约1 808.5平方米，发现了丰富的遗迹，进一步明确了遗址性质，确定了遗址四至。

1.发掘

该阶段发掘采用布探方与布探沟相结合的方式进行（图1–6）。根据专家们的意见，我们在原发掘区西部及北部重新布方扩大发掘面积，所有发掘都只清理到南宋层（即2层下的遗迹）。

我们在原发掘区西侧布10米×12米探方1个，编号T6，方向219°；10米×10米探方4个，编号T7、T8、T9、T17，方向219°。北侧布10米×10米探方1个，编号T10，方向219°；田间小路北侧布10米×10米探方1个，编号T16，方向174°；马路东侧布10米×10米探方4个，编号T11～T14，方向174°；原发掘区西北侧布10米×6米探方1个，编号T15，方向233°；在T10西北侧又布一条25米×6.5米的探方，编号T18（后因T21发掘需要将T18南部并入T21，T18实际只有11米×6.5米），方向196°。由于T10西北角发现一条铺砌规整的石砌路面，故在其西北侧布10米×10米探方3个，编号T19、T20、T21，方向219°。为清理C7和G8，T19向西扩方3米。为摸清古河道走向，T2东南部向南扩方约1.5米，扩方面积约6平方米。

该阶段的发掘揭露出更多的遗迹，1b层下发现石路L1和G缸4，而2层下的遗迹非常丰富，有房址3座（F2～F4）、水池3个（C7～C9）、排水沟5条（G7～G11）、灶1个（Z7）、墙基2处（Q2、Q3）、道路1条（L2）。

2.进一步确认遗址性质

遗迹种类和分布显示，第二阶段发现的2层下遗迹与第一阶段发现的2层下遗迹是互相关联的同一组遗迹。2层下发现灶（Z7）、火墙（Q2）和古河道等遗迹，并且我们在此阶段发掘的各个遗迹单位都采集了土样（彩版三，1），其中灶Z7、水池C3和T7中发现石灰颗粒（彩版三，2），G7内发现较多草木灰[1)]，C8中发现炭化竹片（彩版三，3）以及H10中发现炭灰（彩版三，4）等，这不仅进一步确证这是一处造纸遗址，而且还显示这是一处造竹纸的遗址。

2009年1月，我们委托浙江省文物考古研究所科技考古室的郑云飞博士检测的土样有了初步结果，其中5号陶缸内土样中包含有竹纤维等植物纤维（彩版三，5~7），8号沟内的土样中含有竹子的硅酸体。检测结果进一步证实该遗址确属造纸遗址无疑。

2009年2月28日，中国著名科技史专家潘吉星先生现场考察了遗址，观摩了出土遗物，并就该遗址的发现谈了个人看法。他说：中国是造纸术的故乡，而浙江是竹纸的故乡。从现场看，说这是一个造纸的遗址，非常令人信服。从布局看，保存得比较完整，这个遗址，从原料处理、沤竹、蒸煮、舂捣、漂洗、抄纸，最后到干燥，是个完整的体系，特别是我们看到的火墙遗迹，非常清楚。干燥用火墙，这是先进的方法。明代宋应星《天工开物》记载的就有火墙，这里应是最早的实物证据。从遗迹分布看，确实是个典型的造竹纸的模式。从介绍的遗迹和遗迹中的实物遗留，比如沤竹的石灰还有纸浆等情况看，这里的工艺水平是非常高的，可能代表整个国家水平。到目前为止，这是中国乃至世界最早的一个造纸遗址。这里应该作为一个科技史的国宝来记录。

3.确定遗址四至

为了廓清遗址的分布范围，在布探方发掘的同时，我们在原发掘区的四周布设宽0.5~1.5、长3.5～28米不等的探沟24条（编号为TG1～TG24），发掘面积约220平方米（表1–1）。在TG10、TG12、TG15及TG16内发现一堵东西向的石块垒砌的墙基（Q4），TG10中部也发现一东西向的石块垒砌的墙基（Q5），在TG19内亦发现东西向的石块垒砌的墙基（Q6），并在T11南侧的扰乱沟的断面上发现南北向的石砌墙基（Q7），在TG24内发现古河道的南界，在TG17西部未发现文化堆积现象。由此，我们可以基本判定泗洲造纸遗址的分布范围：遗址东至TG19东侧、西至TG17东部、南起TG24南侧古河道、北至TG7北侧白洋溪原河道南岸，遗址南北长约125、东西宽约145米，总分布面积约16 000平方米。（参见图1–6）

本次考古发掘领队为唐俊杰，工地负责人为杨金东，参与发掘工作人员还有梁宝华、赵一杰、王征宇、彭颂恩、杨华鑫、徐顺发、刘小军、周仁花，丁文萍、程海良、蔡乐群、方健、胡智勇、徐淑华、何一鸣、叶恩鸟等提供了后勤保障。

1）竹料需要淋石灰水或草木灰水，以加速竹子的腐烂，提纯纤维。

表1-1 探沟统计表

单位：米

探沟编号	方向（度）	长	宽	面积	清理层位	遗迹情况	备注
TG1	84	18	0.5	9	②	石子面	
TG2	84	18	0.5	9	②	石子面	
TG3	84	28	0.5	14	②	石子面	
TG4	84	25	0.5	12.5	②	石子面	
TG5	84	23	0.5	11.5	②	石子面	
TG6	36	9.3	0.5	4.65	②	石块	
TG7	354	23	0.5	11.5	①B	石子面	
TG8	84	23	0.5	11.5	①B	石子面	
TG9	43	15	0.5	7.5	②	未见	
TG10	325	11.5	0.5	5.75	②	石砌墙基	位于东部
TG11	45	8.3	0.5	4.15	②	石砌墙基	位于东端
TG12	89	5.4	1.4	7.56	②	石砌墙基	
TG13	174	14	0.5	7	②	石子面	
TG14	174	5	0.8	4	②	未见	
TG15	139	9	0.7	6.3	②	石子面	
TG16	54	6	3	18	②	墙基、石子面	
TG17	310	10.8	0.5	5.4	②	未见	
TG18	153	5.2	0.5	2.6	②	未见	
TG19	110	21	1.5	31.5	②	墙基、水井	墙基位于南侧，水井位于西端
TG20	109	23	0.5	11.5	②	墙基、石子面	
TG21	109	12.5	0.5	6.25	②	石子面	
TG22	109	12.5	0.5	6.25	②	未见	
TG23	174	8	1	8	②	未见	
TG24	226	3.5	1.5	5.25	②	古河道	

第五节　遗址保护

泗洲宋代造纸遗址的发现，引起各级政府和部门的高度重视，时任浙江省委常委、杭州市委书记、市人大常委会主任王国平专门做出批示，要求做好造纸遗址的保护工作。2008年12月9日，浙江省文物局副局长吴志强专程赶赴考古现场考察，高度评价遗址发现的重要性，并要求相关单位做好遗址的研究、保护和展示工作。富阳市委、市政府对此发现也极为重视，多次召开专题会议研究保护措施，并决定增加投资，将320国道从遗址的西侧绕行，以保护遗址完整。富阳市委书记徐文光、副市长邵良等领导专程到考古工地实地考察和指导，并指示相关部门一定要做好遗址的保护工作。富阳市文广新局邀请文物、考古和文保方面的专家召开专家论证会，广泛征求意见和建议，就遗址保护和利用问题进行研究。富阳市文物馆积极做好相关工作，争取早日将富阳泗洲宋代造纸遗址申报为富阳市第一个国家级重点文物保护单位。

2008年12月26日，富阳泗洲宋代造纸遗址保护专家论证会在杭州市文物考古所召开。会议由富阳市文广新局组织，与会专家有浙江省文物局副局长吴志强、浙江省博物馆学会会长陈文锦、浙江省考古学会会长曹锦炎、浙江省文物考古研究所副书记沈岳明、杭州历史博物馆馆长吴晓力以及杭州市文物考古所副所长唐俊杰等。会议达成以下几点共识：

1）鉴于该遗址是目前我国发现的时间最早、规模最大、工艺流程最为完整的一处宋代造纸遗址，具有重大的历史文化和科研价值。同时它又对丰富南宋都城临安的文化内涵，提升富阳市的知名度，促进富阳造纸业的发展，开展富阳市特色旅游等都具有重要意义。因此，保护好这处遗址，责无旁贷。

2）关于遗址本体保护，应坚持分层次保护的原则，造纸遗址核心区以永久性的钢构建筑为主，边缘区可作回填保护。

3）建议市委、市政府对遗址周围村庄和道路建设进行重新规划，留出遗址空间。同时请交通部门尽快拿出调整方案，以便政府决策。

4）造纸遗址现场的保护棚和造纸作坊的专题博物馆是同时建还是先后建应尽快确定。

5）富阳市应就此项工作尽快设立专门领导班子，成立常设机构。

6）为便于今后申报国保单位，建议尽快将泗州宋代造纸遗址公布为富阳市市级文保单位，加强遗址的保护与管理，开展相关工作。

7）在公布为富阳市市级文保单位时，名称可用“泗州宋代造纸遗址”。

2009年3月2日下午，富阳市市委书记徐文光主持召开书记办公会议，研究富阳泗洲宋代造纸遗址保护开发工作，市委副书记张锦铭、汤金华出席。会议听取了市文广新局关于富阳泗洲宋代造纸遗址有关情况的汇报，充分肯定了前期所做的遗址发掘工作。会议认为，作为我国目前发现的年代最早、工艺保存最为完整的造纸遗址，富阳泗洲宋代造纸遗址具有重要的研究、保护和开发利用价值。会议强调，要以强烈的责任意识和机遇意识，从建设“富裕阳光之城”、打造“运动休闲之城”，建设“山水文化名市”、打造“中国造纸之乡”的高

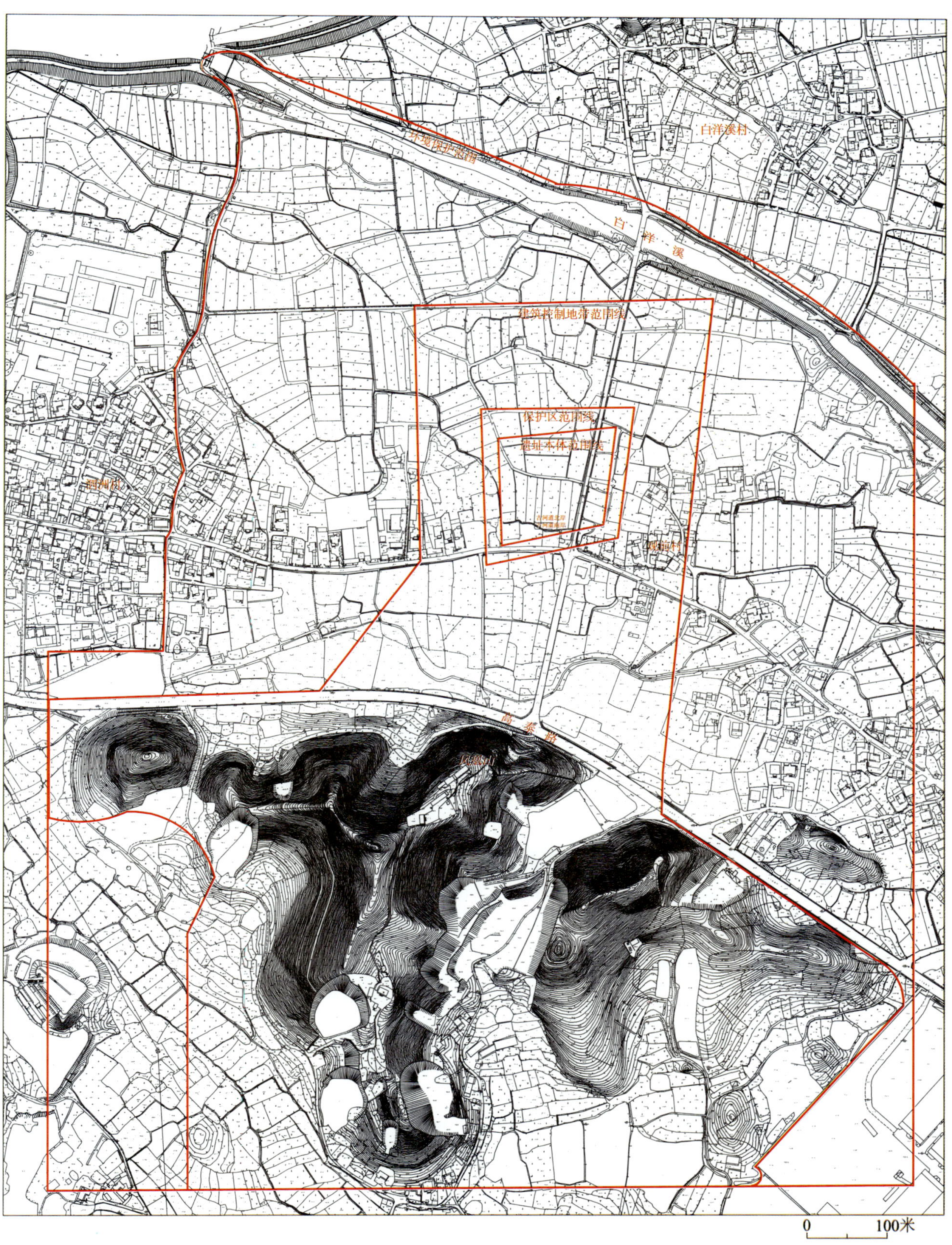
环境保护范围
白洋溪村
白 洋 溪
建筑控制地带范围线
保护区范围线
遗址本体范围线
古河道北岸
古河道南岸
泗洲村
观前村
高 泰 路
凤凰山
0
100米

图1–7 遗址保护范围

度，充分认识、深入研究该遗址的历史文物价值、教育宣传价值、文化旅游价值和产业品牌价值所在。坚持“长短结合、统筹整合”理念，立足保护，搞好开发，努力实现遗址综合效益最大化。会议明确，成立相应机构，落实人员经费，研究制定遗址整体保护开发的规划方案，抓紧落实遗址现场保护措施，确保遗址现场不受破坏；积极争取，努力申报为国家级文保单位。

2009年3月20日，富阳市文广新局提请富阳市人民政府批准泗洲宋代造纸遗址为富阳市市级文保单位。2009年4月28日，富阳市人民政府经研究认为，作为我国目前发现的年代最早、规模最大、保存最完整的一处造纸遗址，泗洲宋代造纸遗址具有较高的历史、艺术和科学价值，同意将其列为富阳市第七批重点文物保护单位，并请市文广新局、高桥镇政府、320国道环线外移工程指挥部按照《中华人民共和国文物保护法》的要求，将文物保护单位纳入城乡建设规划，落实专人管理，制定保护措施，即时进行维护。

2009年9月29日，经富阳市人民政府研究，同意富阳泗洲宋代造纸遗址保护区分四类进行范围划分，即保护区划定为重点保护区、一般保护区、建设控制地带范围和环境保护范围。（图1–7）

1）重点保护区范围：指泗洲造纸遗址本体，东西长约145、南北长约125米，分作坊区和生活区两大区块，总面积约16 000平方米。

2）一般保护区范围：以造纸遗址本体为中心，周边东、南、西方向各向外延伸20米作为保护范围，北方向外延伸约30米（即至遗址北面第一条机耕路北外侧）作为保护范围。

3）建设控制地带范围：东面以高泰路为界分南、北两段，北段为造纸遗址本体东面向外延伸约100米，南段沿凤凰山山脚至凤凰山山体南端；西面分北、中、南三段（北、中段以泗洲村和观前村村道为界，中、南段以高泰路为界），北段为遗址本体西面向外延伸100米，中段沿新改建的320国道东外侧，南段沿凤凰山山脚至凤凰山山体南端；北至古白洋溪北岸（即遗址北面第二条机耕路北外侧，离遗址本体约160米）；南至凤凰山山体南端山脚。

4）环境保护范围：北至泗洲溪北岸，南至凤凰山山体南端，向东从造纸遗址本体向外延伸约315米，西线以高泰路为界分南北两段，北段以造纸遗址本体东面向外延伸至泗洲村大溪畈路（离遗址本体约315米），南段沿凤凰山山脚至凤凰山山体南端，面积约1平方千米。要保护好该区域及周边环境，特别是严禁在造纸遗址附近山体取土，并保护好原水系。

2009年10月12日，富阳市副市长王小丁再次召集市文广新局、发改局、规划局、国土局、建设局等部门，研究落实遗址的保护和利用工作。对遗址周边的环境保护进行规划，拟在遗址南侧的凤凰山修建休闲公园。在保护造纸遗址本体的同时，计划引进造纸文化村，增加观众互动区，将其打造成集保护、宣教和休闲为一体的遗址公园。

2009年10月16日，新制作的保护碑树立在遗址现场。

2010年6月8日至7月6日，杭州市文物考古所与富阳市文物馆组成的联合工作队，对泗洲造纸遗址进行覆土回填工作，保护遗址使其免遭破坏。（彩版四）

遗址发掘过程中，我们多次与基建部门交流协商。320国道环线外移工程指挥部十分重视地下文物的保护工作，积极协调各方面关系，为遗址的发掘做出了极大让步，为我们工作的顺利开展创造了良好的条件。

目前，泗洲宋代造纸遗址已得到妥善保护，遗址保护性展示等相关工作也正在有序进行。

第六节　资料整理与报告编写

在遗址发掘过程中，我们尽可能搜集遗址所包含的信息，第二阶段发掘的各个遗迹单位内的土样都进行了采集，以便检测使用。发掘资料的整理工作与遗址发掘同步进行，出土遗物尽量做到边发掘边清洗、整理、登记，并认真挑选器物标本。考古队员利用雨天及晚上的时间对挑选出的器物标本进行绘图、描述工作。2009年3月28日，田野工作结束时，器物标本线图基本绘制完成，发掘简报初步完成。由于所内工作人员短缺，再加上第三次全国文物普查任务紧急，该遗址的报告编写工作不得不暂缓。

2009年11月，发掘资料的整理工作正式启动。我们先对照发掘时的原始材料（发掘日记、发掘记录、遗迹图、照片、录像等）核对遗迹描述情况，认真校对遗迹图，全面校对器物标本图，对照器物审核器物图，同时进行器物标本分类整理工作，并广泛搜集查阅相关文献资料，对遗址进行初步研究。2010年5月，拍摄器物标本照片。

参与整理工作的有杨金东、王征宇、徐顺发、梁宝华、赵一杰、何国伟、沈国良等。遗址外景和遗迹摄影由杨金东、赵一杰完成。遗迹图由赵一杰、彭颂恩绘制，杨金东电脑清绘。器物图由赵一杰、何国伟绘制，王征宇、杨金东审核校正。书中其他插图由杨金东绘制。器物标本拓片由沈国良、梁宝华完成。器物标本摄影由杭州市文物保护管理所徐彬完成，杨金东协助拍摄，何国伟补拍了部分器物标本照。

整理工作完成后，开始报告的编写。编写工作由唐俊杰主持。唐俊杰任主编，徐顺发任副主编。第一章第一、第二、第五节由徐顺发、杨金东共同撰写，第一章第三、四、六节，第二章，第三章，第五章第一节之二（二）、三（二）和第二节由杨金东执笔撰写，第四章和第五章第一节之一、二（一）、三（一）由王征宇、杨金东共同撰写。2011年3月，报告完成。浙江大学文化遗产研究院李志荣博士审读了全稿，并提出了修改意见，杨金东进行了修改，最后唐俊杰审核定稿。

《中国文物报》[1]和《中华遗产》[2]曾先后刊发泗洲宋代造纸遗址的发掘和发现情况，公布资料中如有与本报告不符的，以本报告为准。

1）唐俊杰：《杭州富阳泗洲发现宋代造纸遗址》，《中国文物报》2009年1月8日第2版。

2）唐俊杰：《杭州富阳造纸遗址：千年前从竹到纸的奇迹》，《中华遗产》2009年12期。

第二章　地层堆积

遗址埋藏较浅，文化堆积较薄。据当地农民介绍，以前发掘区同周边一样，都是用来种植水稻或蔬菜的耕地。因道路施工需要，发掘区地表20余厘米的土全部被推除，发掘时所见地表与旁边原生地表相比低了约20厘米。施工队已经在发掘区南部边缘铺上了厚约40厘米的石子路基并已碾压。

发掘共布探方21个（T1～T21）、探沟24条（TG1～TG24）。包括部分位置的扩方发掘，实际总发掘面积为2 512.5平方米。

遗址地层堆积厚约60厘米，各探方地层统一划分，共分3层。其中T1～T5清理至生土，其余探方和探沟均仅清理至第2层。（彩版五）

因第1层和第2层之间含有一层较为纯净、厚薄不均的黄色土层，故而将第1层分成a、b两个亚层。

现以T2西壁和T8西壁为例予以介绍。

一　T2西壁

第1a层：厚5~15厘米。青灰色土层。土色青灰，质疏松，含大量植物根系。出土有少量青花瓷、青瓷、白瓷残片和铜钱“乾隆通宝”等，为近现代耕作层。

第1b层：深5~15厘米，厚7~10厘米。黄褐色土层。土色黄褐，质致密，较为纯净。出土有极少量青瓷和粗瓷残片等。该层下发现的遗迹有L1、Z1、Z2、Z4、Z5、Z6、G缸4。

第2层：深18～25厘米，厚10~20厘米。灰褐色土层。土色灰褐，质疏松，含锈斑，包含大量红烧土颗粒、炭粒。包含遗物非常丰富，出土大量青瓷、青白瓷、白瓷、黑釉瓷、酱釉瓷和粗瓷残片，红陶和灰陶残片及建筑构件等。瓷器可辨器形有碗、钵、洗、盘、碟、杯、灯、罐、缸、粉盒、瓶和壶等。建筑构件主要为板瓦和砖等。该层下发现的遗迹有Z3、Z7、C1～C9、G1～G11、F1～F4、Q1～Q3、L2、G缸1～G缸3、J1～J2、H1～H5、H7、H9。

第3层：深30~45厘米，厚8~15厘米。黄褐色土层。土色黄褐，质致密，较为单纯，含少量红烧土颗粒、炭粒。出土有青瓷和粗瓷残片、砖等。该层下开口的遗迹有F5、J3、H6、H8、M8。

其下为黄褐色含细沙生土。（图2-1）

二　T8西壁

第1a层：厚8~20厘米。青灰色土层。土色青灰，质疏松，含大量植物根系。出土有少量

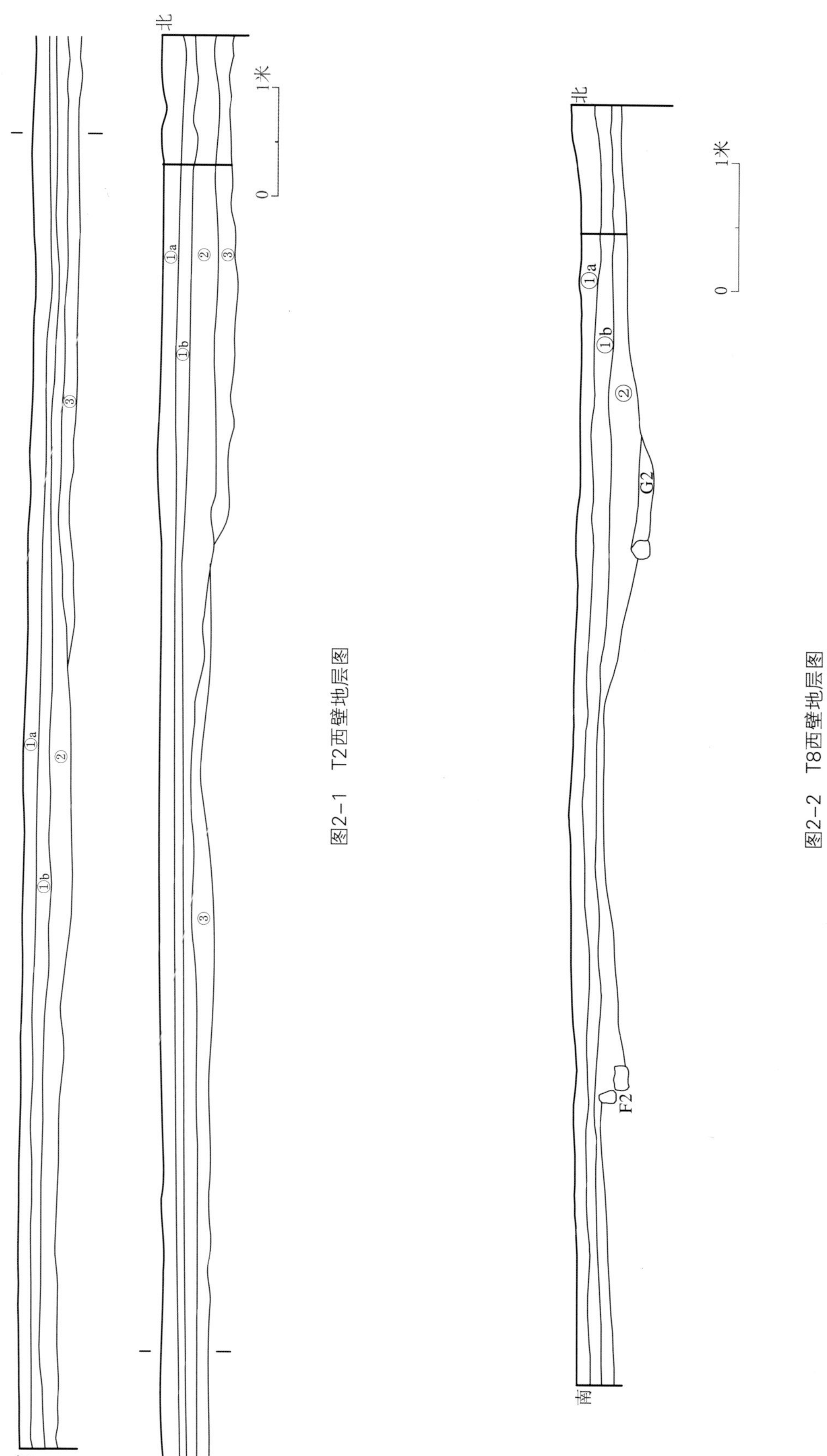

图2-1　T2西壁地层图

图2-2　T8西壁地层图

青花瓷和青瓷残片，为近现代耕作层。

第1b层：深8~20厘米，厚4~15厘米。黄褐色土层。土色黄褐，质致密，较为纯净。出土有极少量青瓷、粗瓷残片等。

第2层：深18~35厘米，厚4~12厘米。灰褐色土层。土色灰褐，质疏松，含锈斑，包含大量红烧土颗粒、炭粒。出土有青瓷、青白瓷、黑釉瓷、酱釉瓷和粗瓷残片及建筑构件等，瓷器可辨器形有碗、盘、钵、缸、壶等。建筑构件主要为板瓦、长方砖和长条砖等。

2层以下未作清理。（图2-2）

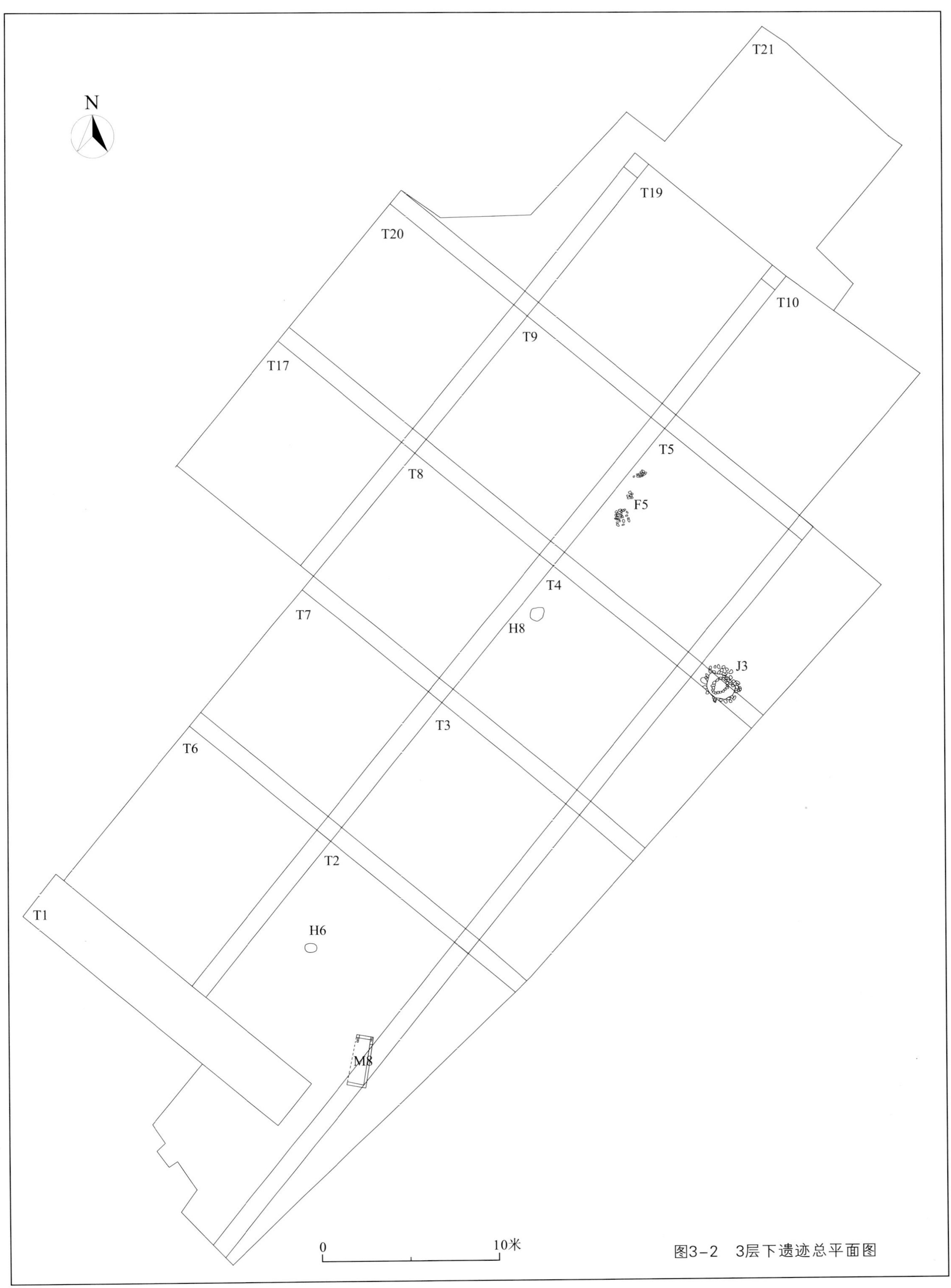

图3-2　3层下遗迹总平面图

第三章　遗　　迹

遗址的文化堆积层较薄，但遗迹分布较为丰富，各堆积层与各遗迹之间的叠压关系为：

①a→①b→L1、Z1、Z2、Z4、Z5、Z6、G缸4→②→Z3、Z7、C1～C9、G1～G11、F1～F4、Q1～Q3、L2、G缸1～G缸3、J1、J2、H1～H5、H7、H9→③→F5、J3、H6、H8、M8→生土。

叠压在同一层位下的遗迹显然具有更密切的关系，有的可以看出是相互关联的有机整体（图3-1；彩版六~一〇）。以下按层位报告这些遗迹。

第一节　第3层下遗迹

第3层下的遗迹包括房址1座（F5）、水井1口（J3）、灰坑2个（H6、H8）、墓葬1座（M8）（图3-2）。这些遗迹零星散乱，看不出它们之间有什么关联。

（一）房址

1处，编号F5。

F5

位于T5西北部，直接挖建在生土上。

发现一排三个柱础，南北长约345厘米。三个柱础的走向为南北向，方向是北偏东约22°。柱础平面不甚规则，柱础置于柱坑内，柱础坑深约15厘米。柱础均由规格不一的石块堆积而成，最南侧的柱础保存较为完整，略呈圆形，直径约100厘米。

为保留2层下遗迹的完整性，其余部分未作清理，因此，F5的分布范围、规格形制等均不明，但是，从F1东部基础下的大型瓦砾堆积坑来看，该房址规模可能比较大。（彩版一一）

（二）水井

1口，编号J3。

J3

位于T4北隔梁内，直接挖建在生土上。

由井圈和井身组成。井圈略呈方形，因挤压而变形，长220、宽200、高60厘米。井口呈圆形，井壁由大小不一的石块砌成，垒砌规整考究，西部微塌方。口外径110、口内径80、清理深度95厘米。（图3-3；彩版一二）

TG9
TG7
T13
T14
N
TG8
T11
T12
TG13
水
G12
TG1
墙基Q7
T18
T16
TG2
TG3
H10
TG4
L1
T21
泥
TG5
C7
C8
G8
L2
石臼
G缸5
T10
F1
路
L1
G10
石块堆积
F5
G6
G4
G缸2
夯土
Q6
C2
G4
H9
C6
TG19
Z6
Z5
Z4
T5
Z2
J3
Z1
G缸3
TG20
TG21
TG22
1b层下遗迹
2层下遗迹
3层下遗迹
0
10米
图

TG10
TG11
Q5北侧路面
TG14
TG15
Q5
Q4
Q4
Q4
TG16
TG18
T15
路面
G8
G9
Q3
石子路面
F4
TG17
TG6
T20
T19
T9
G2
T17
Q2
F2
T8
墙
T7
G2
基
H8
G3
Z7
T3
T4
T6
石块
堆积
G7
C3
F3
G11
红烧土
C9
T2
H7
G9
J2
J1
G1
H6
T1
G缸1
C1
C4
Q1
H1
G5
Z3
M8
C5
G缸4
H3
H5
H2
H4
古河道
TG23
TG24

图3-1 遗迹总平面

井内填土为灰褐色，其内包含大量石块及少量青瓷、粗瓷残片，出土较多完整的长条砖。

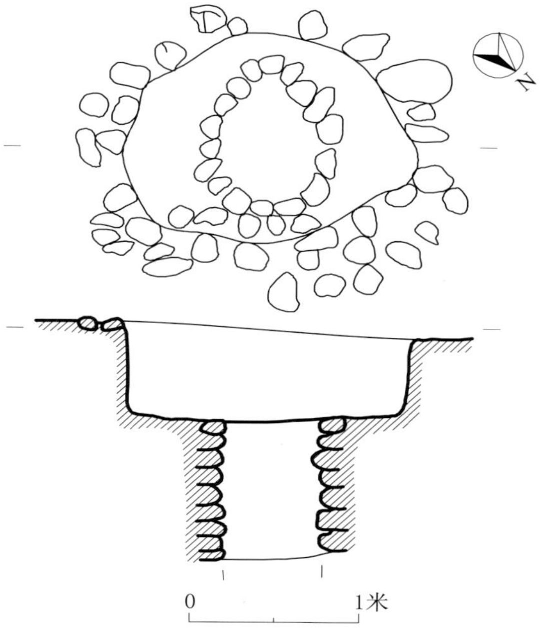

（三）灰坑

2个，按发掘先后编号H6和H8，直接挖建在生土上。

H6

位于T2西北部。

平面略呈椭圆形，坑壁略直，坑底略平。长径约67、短径约50、深约30厘米。（图3-4；彩版一三，1）

上部填土为灰褐色，下部填土为黄褐色。其内出土6个可复原的瓶及少量青瓷残片。

图3-3 J3平、剖面图

H8

位于T4西北部。

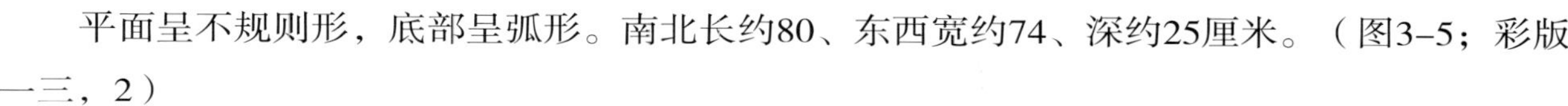

平面呈不规则形，底部呈弧形。南北长约80、东西宽约74、深约25厘米。（图3-5；彩版一三，2）

填土为灰褐色土，其内夹杂少量草木灰，除一块石块外未见其他包含物。

（四）墓葬

1座，编号M8。

M8

位于T2中部，直接挖建在生土上。

长方形砖室墓，方向189°，墓门设在南壁，东壁南部设有三个壁龛，顶部已塌，墓室

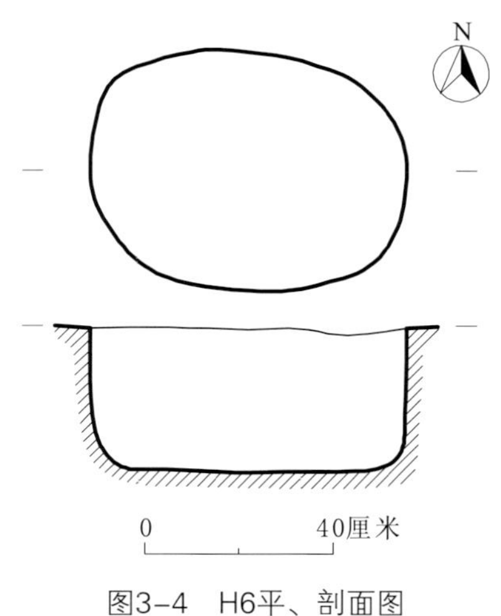

图3-4 H6平、剖面图

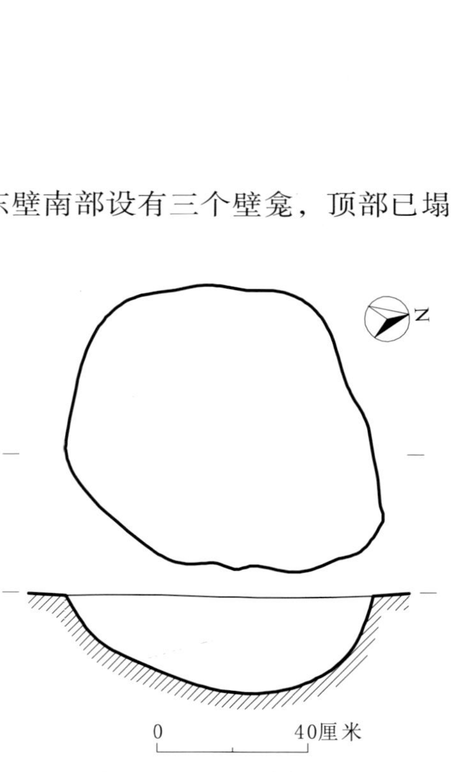

图3-5 H8平、剖面图

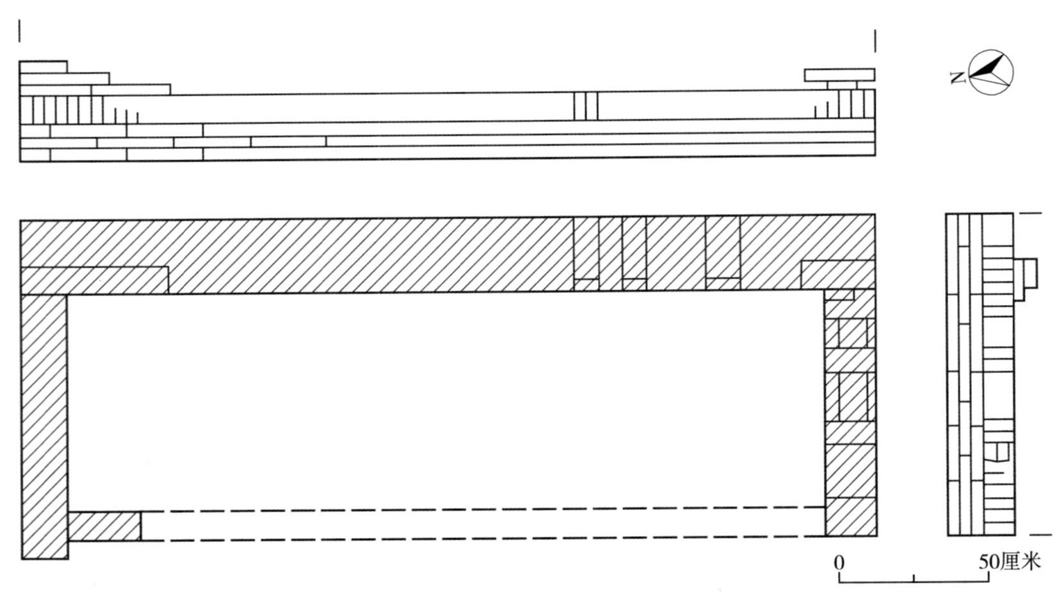

图3-6 M8平、剖面图

西壁被破坏。墓室长257、残宽69、残深36厘米。两个壁龛宽7、深3厘米，一个壁龛宽15、深4厘米。用长条砖砌墓壁，未见铺地砖。墓门下部三层顺砌，其上为两块顺向侧砌及两块横向叠砌相交叉。从东壁残存的壁砖看，墓壁的砌法为三顺一丁。墓砖均为长条青砖，规格为26×10-4厘米。

填土为黄褐色，未见任何随葬品。（图3-6；彩版一三，3）

第二节 第2层下遗迹

第2层下遗迹即造纸遗迹，可分成探方内遗迹和探沟内遗迹两部分，探方内遗迹即造纸作坊遗迹，而探沟内遗迹即这个“造纸厂”的“围墙”遗迹。（图3-7a）

一 探方内遗迹

包括灶2个（Z3、Z7）、水池9个（C1～C9）、排水沟11条（G1～G11）、房址4座（F1～F4）、墙基3条（Q1～Q3）、道路1条（L2）、缸3个（G缸1～G缸3）、井2口（J1、J2）、灰坑7个（H1～H5、H7、H9）。这些遗迹相互关联，由一条古河道、一条横向贯穿遗址的水沟和两条纵向贯穿遗址的水沟组成的水网串联起来的，组成一个有机整体，不同的遗迹应该是对应造纸工艺流程的不同环节，主要遗迹均分布在水网附近。（图3-7b）

因为无法将遗迹与流程一一对应，因此，下面仍按种类介绍遗迹情况。

（一）灶

共清理2处，编号Z7、Z3。

Z7

位于T7中部，南临G7、东临C3及G2，整体处于F3范围内，打破第3层及生土。

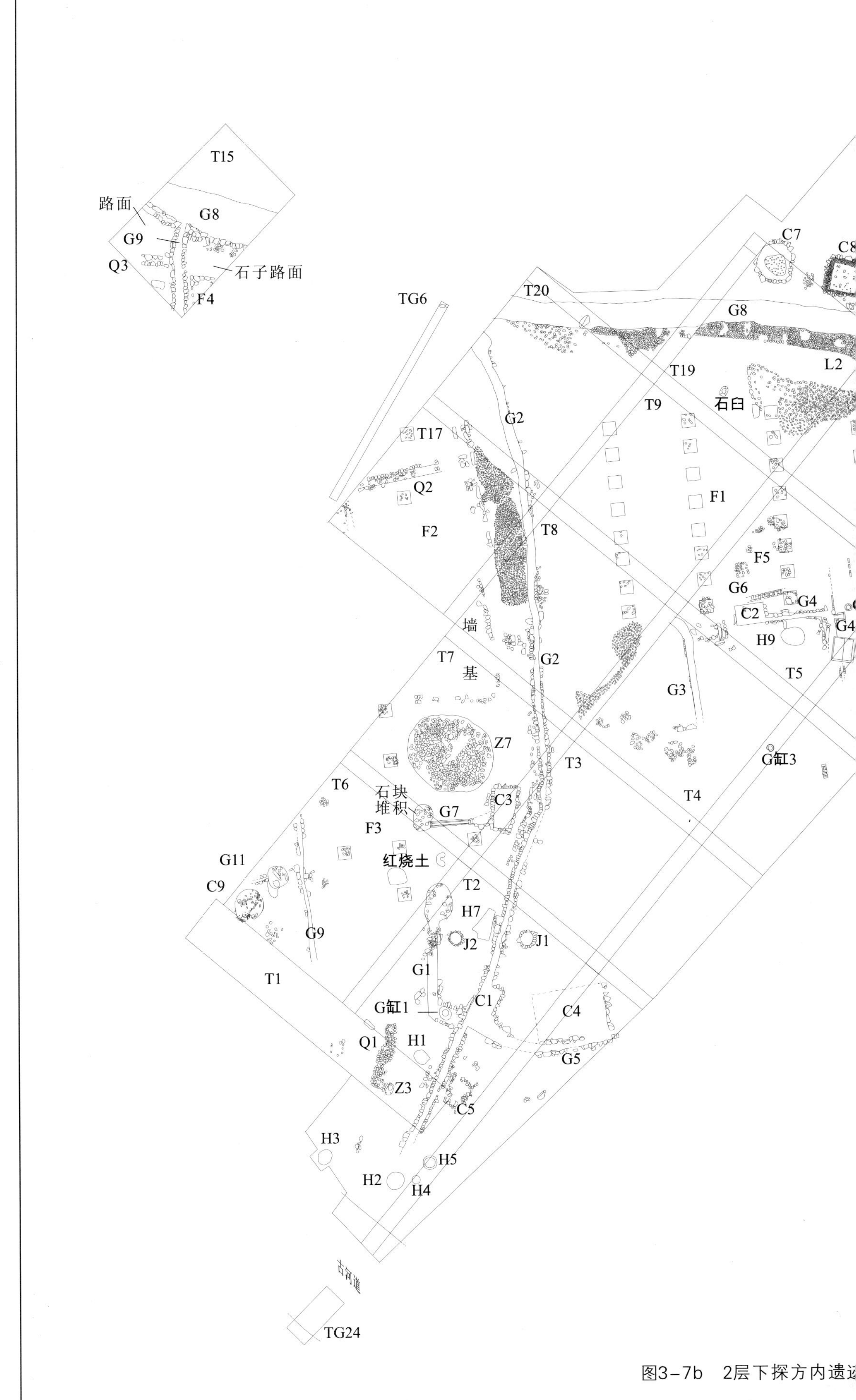

图3-7b 2层下探方内遗迹

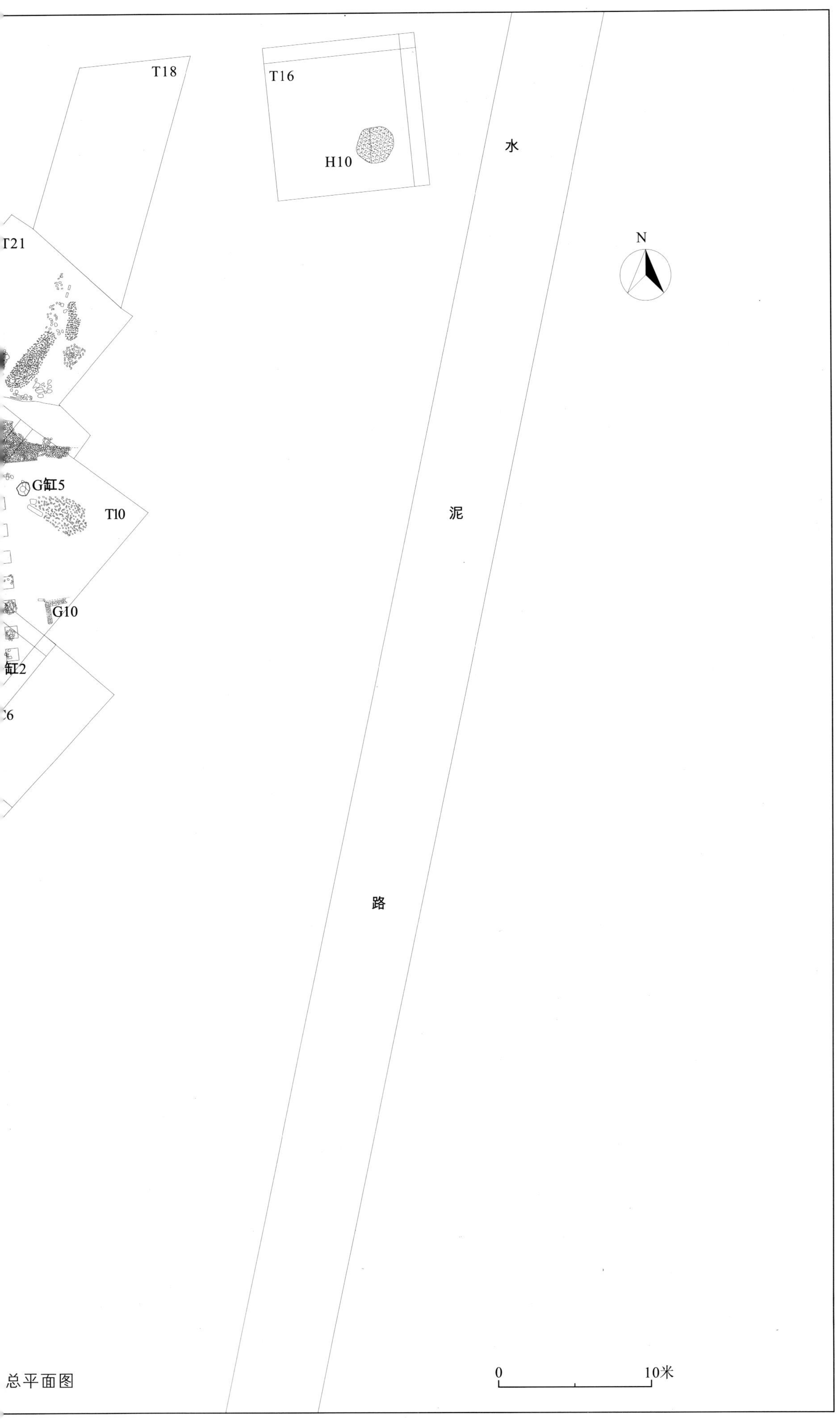

总平面图

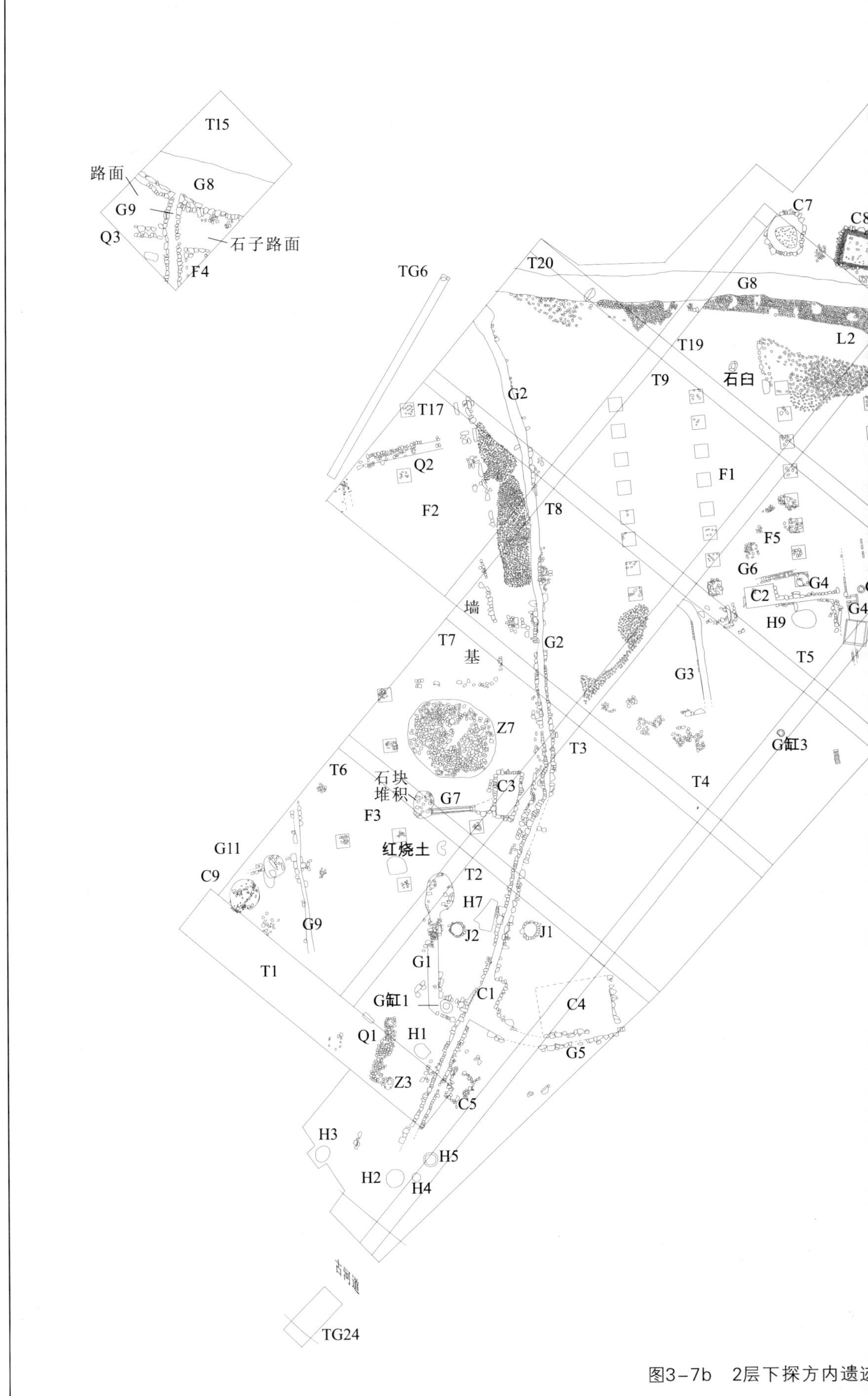

图3-7b　2层下探方内遗迹

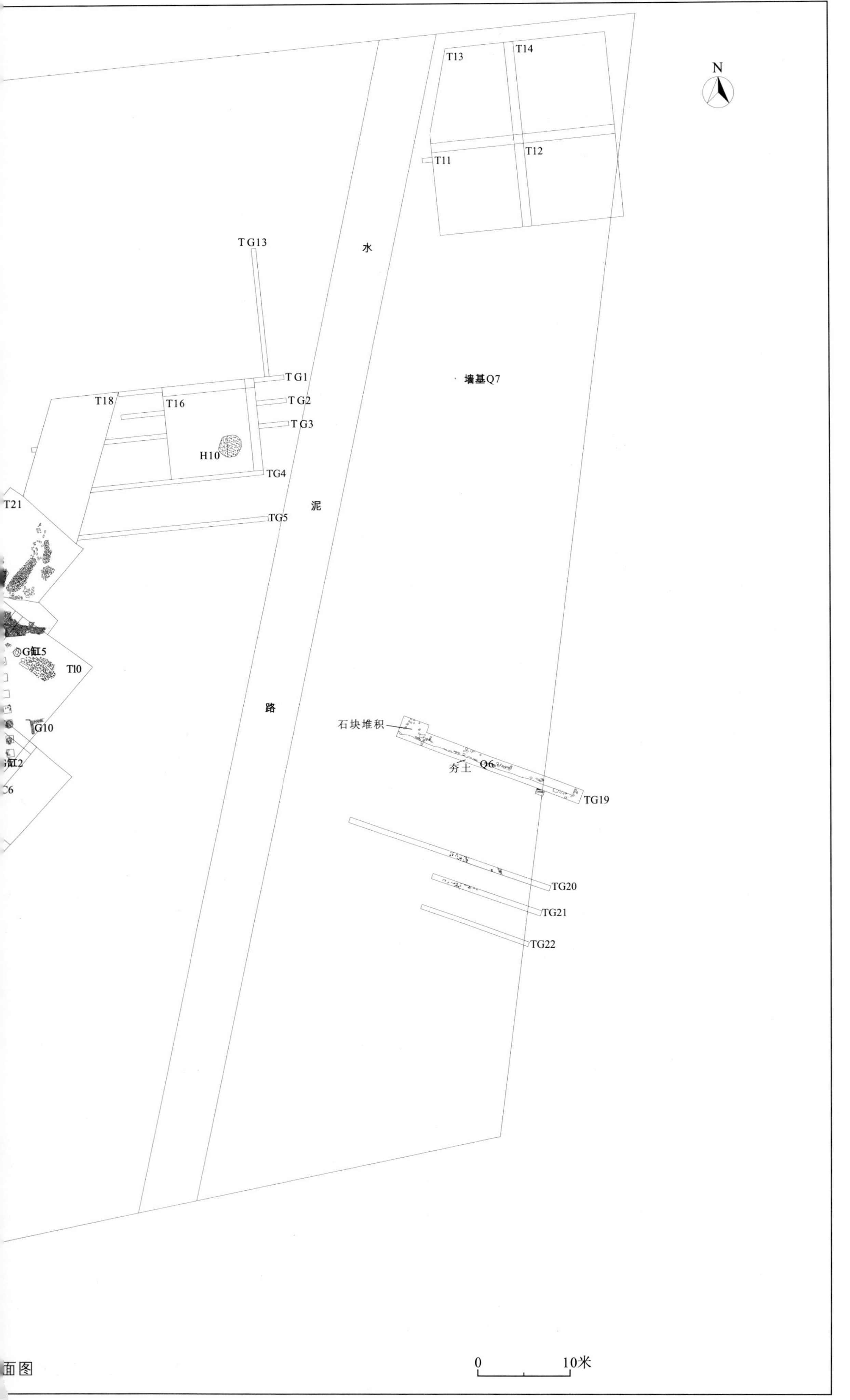
N
T13
T14
T11
T12
T G13
水
T G1
墙基Q7
T18
T16
T G2
T G3
H10
TG4
T21
泥
TG5
G缸5
Tl0
路
石块堆积
G10
Q6
夯土
缸2
TG19
C6
TG20
TG21
TG22
0
10米
面图

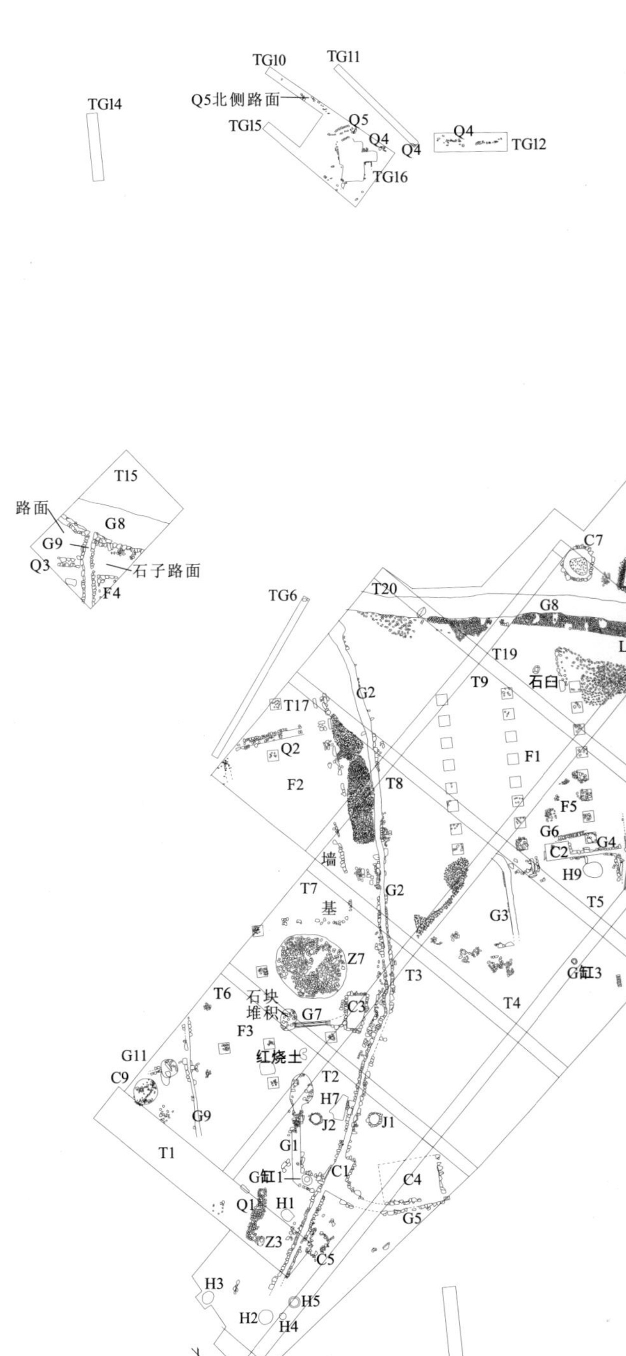

图3-7a　2层下遗迹总平

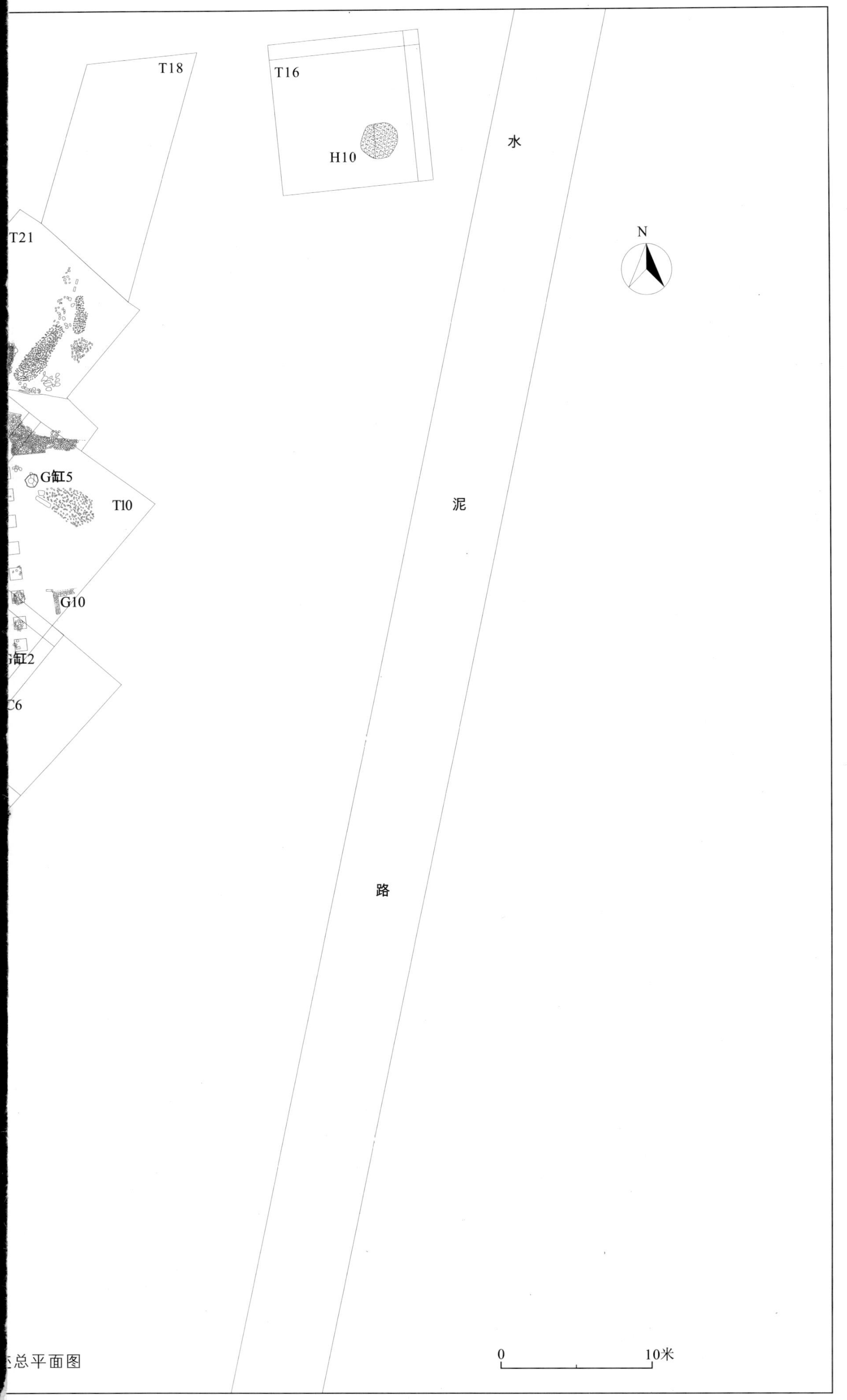

…总平面图

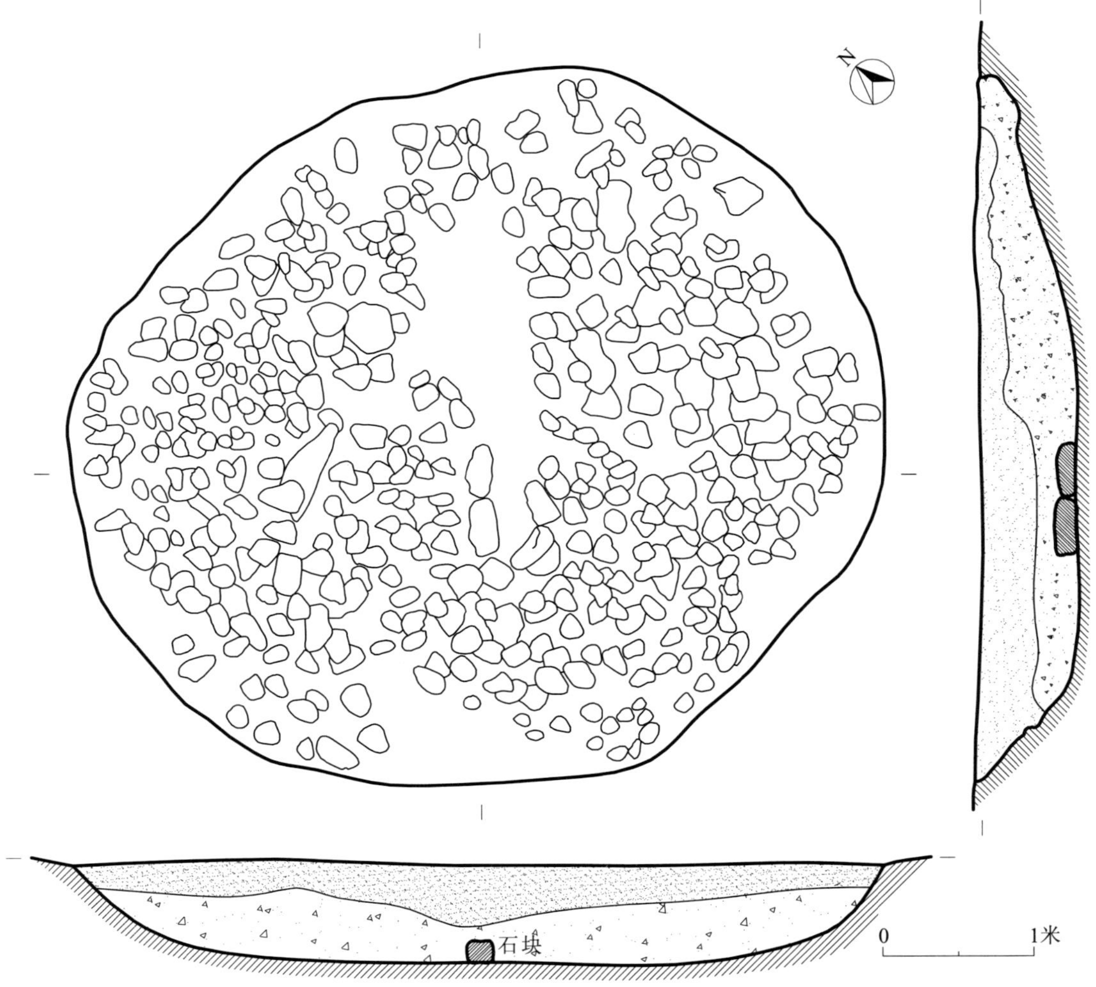

图3-8 Z7平、剖面图

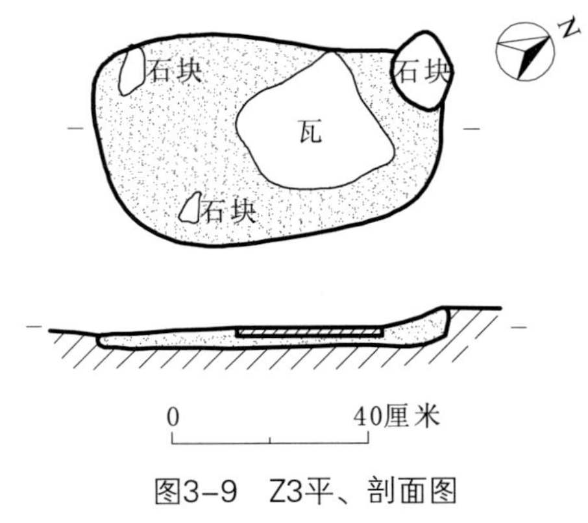

图3-9 Z3平、剖面图

平面略呈椭圆形。东西长径约540、南北短径约455、深约65厘米。由大小不一的石块垒砌而成，现仅存底部。底部中心的几块石块垒砌较规整，似为火膛遗迹，其上堆满了倒塌的乱石。（图3-8；彩版一四、一五）

填土为灰褐色，其内包含有大量的红烧瓦砾、炭粒及草木灰。近底部填土中包含有大量的红烧土及炭粒，其内采集到石灰颗粒。出土遗物较多，多为瓷器，有青瓷、青白瓷和黑釉瓷等，可辨窑口有铁店窑、遇林亭窑、景德镇窑等，可辨器形有碗、盏、灯盏、粉盒等。

Z3

位于T2西南部，北临Q1，打破第3层。

仅存灶底残迹，红烧土残迹南北长约70、东西宽约42、残存烧土厚度约8厘米。（图3-9；彩版一六）

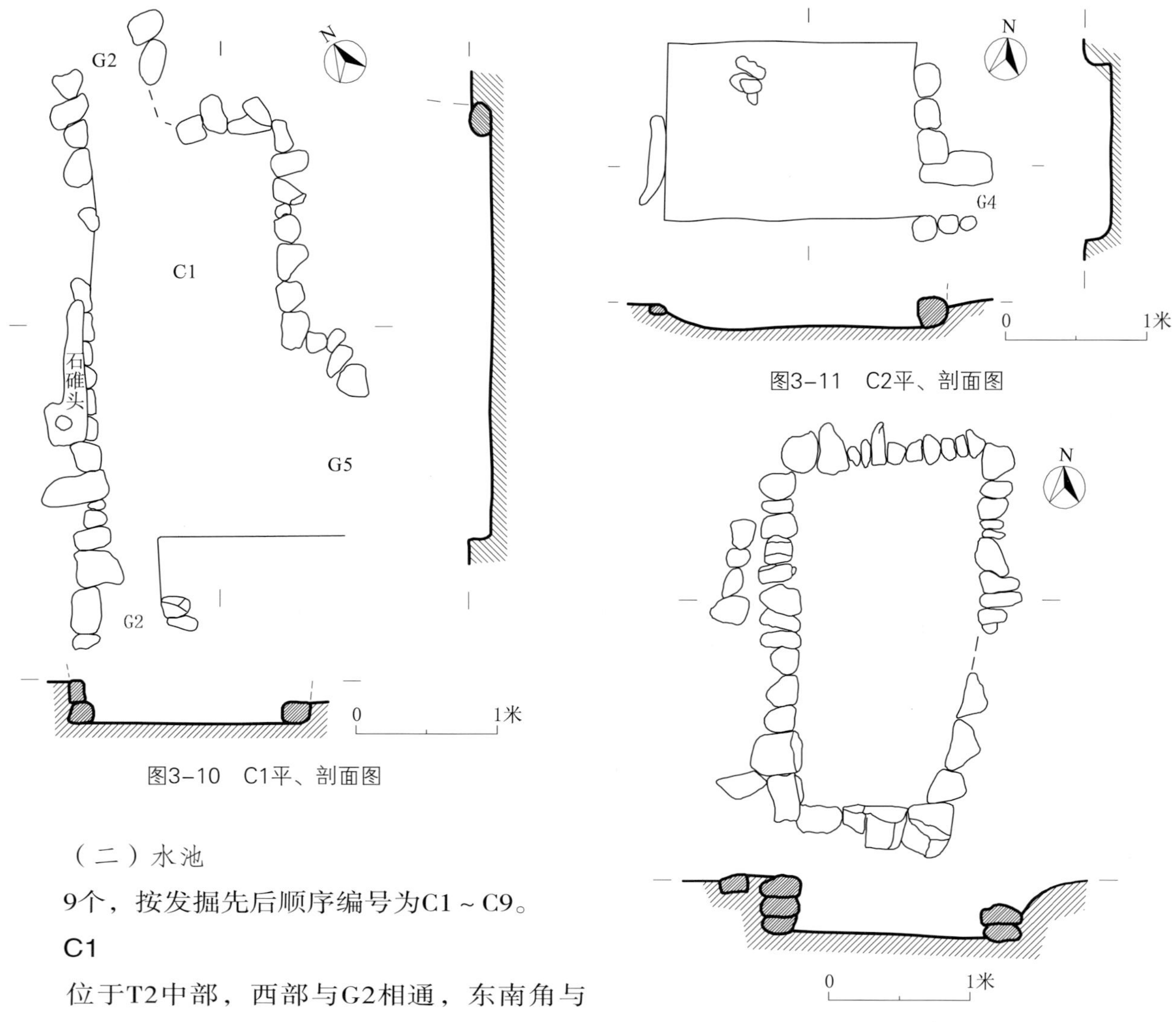

图3-10　C1平、剖面图

图3-11　C2平、剖面图

图3-12　C3平、剖面图

（二）水池

9个，按发掘先后顺序编号为C1～C9。

C1

位于T2中部，西部与G2相通，东南角与G5相连。打破第3层。

平面呈长方形，南北长280、东西宽130、残深15厘米。四周用石块砌筑，南壁西部石块残缺。泥底，池底较平。东南角呈圆弧形向G5延伸。西壁残留有一块废弃的石碓头。（图3-10；彩版一七）

池内填土为青灰色，土质疏松，含有大量瓷片，有青瓷、青白瓷和黑釉瓷等，器形包括碗、盘、盏等。

C2

位于T5西南部，坐落于F1最南部，东南角与G4相连，北临G6。打破第3层。

平面略呈方形，长约175、宽125、残深约20厘米。东壁残留有石块砌筑的池壁。泥底，池底略平。（图3-11；彩版一八）

池内填土为灰褐色，土质疏松，其内出土少量青白瓷、黑釉瓷残片及粗瓷等。

C3

位于T3西部和T7东部，东临G2，西与G7相连，西侧为F3及Z7。打破第3层及生土。

平面略呈梯形，长240、宽94~132、残深约50厘米。石块砌壁，垒砌规整考究，东壁南

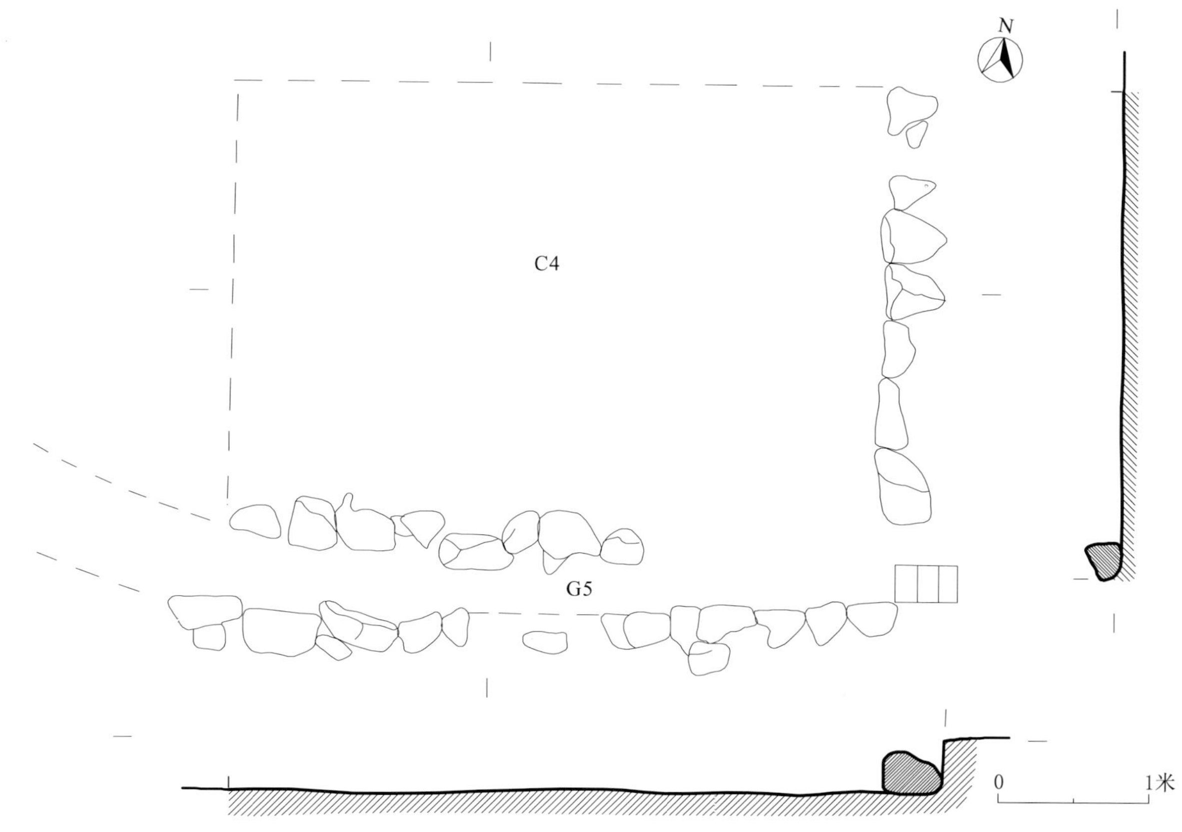

图3-13 C4平、剖面图

端破坏严重。池底平，池底为黄沙土。（图3-12；彩版一九）

池内填土上部为灰褐色，土质疏松；近底处为青灰色，土质细密，黏性大。填土内夹杂大量瓦砾。池边发现少量石灰颗粒。出土大量青瓷、青白瓷、黑（酱）釉瓷和粗瓷残片，可辨窑口有景德镇窑等，器形有碗、盏、杯、钵、灯盏等。

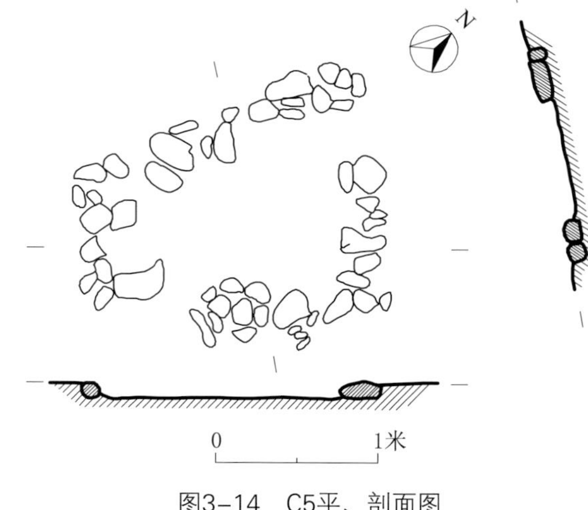

图3-14 C5平、剖面图

C4

位于T2东北部，东南角与G5相连，水池的南壁同时作为水沟的北壁。打破第3层。

仅残存东壁及南壁，东壁长317、南壁长432、残深约28厘米。池壁用大小不一的石块砌筑，泥底较平。（图3-13；彩版二〇，1）

池内填土为青灰色，出土大量瓷片，有青瓷、黑釉瓷及粗瓷残片等，可辨窑口有龙泉窑、景德镇窑等，器形有碗、盏、罐等。

C5

位于T2中部，G2东侧，北临G5及C1。打破第3层。

平面略呈梯形，长150、宽63~108、残深约10厘米。四周用石块砌筑，池壁不甚规整，损坏较为严重。泥底，底部略平。（图3-14；彩版二〇，2）

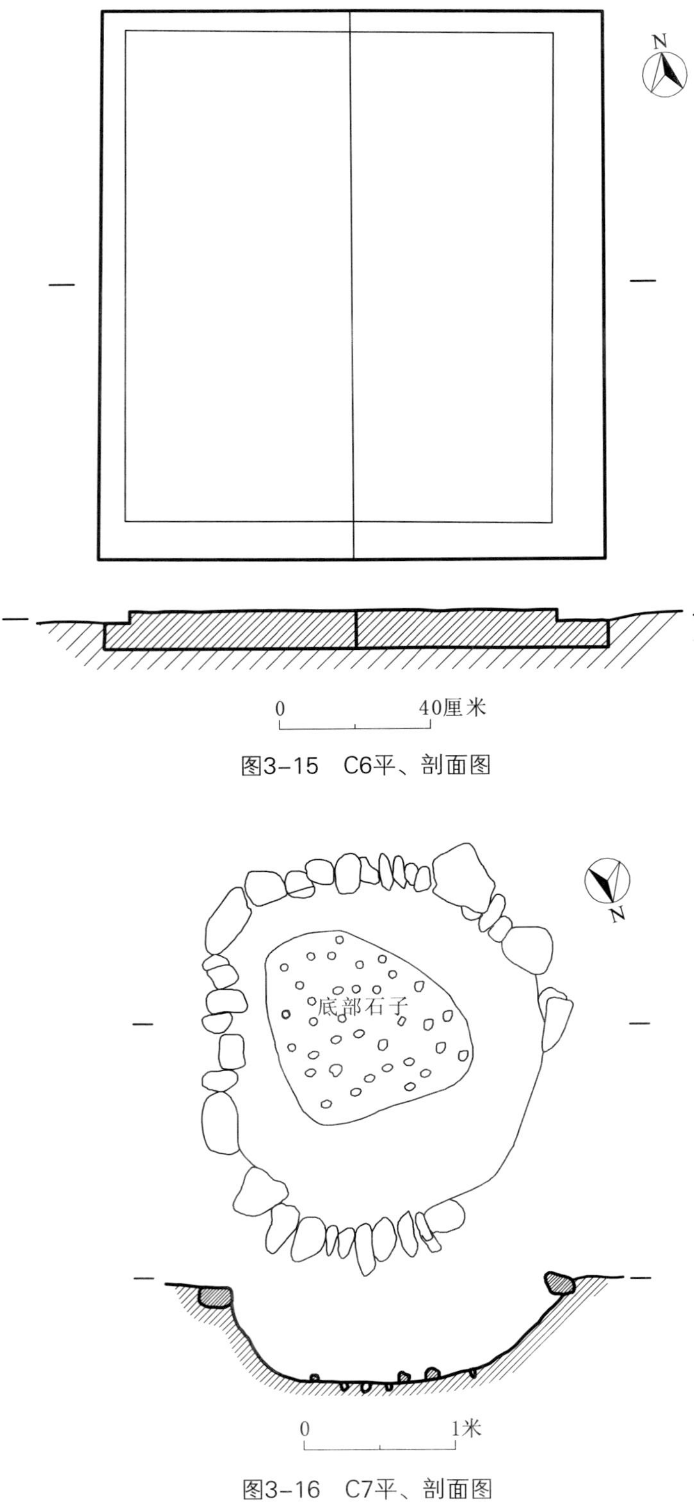

图3-15　C6平、剖面图

图3-16　C7平、剖面图

其内仅见少量瓦砾。

C6

位于T5东南部，西临G4，北临G缸2和F1。

仅存两块长方形石板并排构成的池底残迹，南北长146、东西总宽135、厚10厘米。石板四周开有边槽，边槽平面低于池底平面约3厘米，东侧宽13、西侧宽9、南侧宽10、北侧宽6厘米。石板面凹凸不平，石板边槽及中间夹缝中发现黑色物质，可能是粘连剂的残留物。这两块石板平铺在夯实的瓦砾堆积之上，西与G4紧紧相连，G4应为其附属排水设施。（图3-15；彩版二一）

根据石板的结构，我们判断它应属于水槽的底部，其上四周原来应该设有挡板以便形成水槽。

C7

位于T19西北角，南临G8，东临C8。

平面略呈椭圆形，南北长径225、东西短径205、深62厘米。池沿用上下两层石块堆砌而成，东部被挤压变形，现状略直，西部有残缺口，似为专门留下的开口。石砌部分高约13、宽22～40厘米，其下为灰白色土壁，坑壁光滑弧形内收。池底略平，铺砌少量石子。（图3-16；彩版二二）

池外南侧发现由小石子及石块铺成的活动面，活动面延伸到G8北壁，此处较为坚实，应为人类长期活动踩踏所致。

池内填土为灰褐色，土质疏松，其内包含大量红烧瓦砾、炭粒及少量石灰颗粒。出土遗物多为陶瓦、粗瓷缸及钵残片，另有青瓷碗、白瓷罐、青白瓷盏及白釉褐彩盆等。

C8

位于T21南部，西临C7，南临G8。

平面略呈梯形，口大底小。池口部内壁南侧长210、北侧长205、东侧长190、西侧长205厘米，深110厘米，底部略呈正方形，边长155厘米。石块砌壁，壁厚10～30厘米，垒砌规整，较为考究，共砌12层，池底平，用鹅卵石铺砌，大部分遭到破坏。（图3-17；彩版二三）

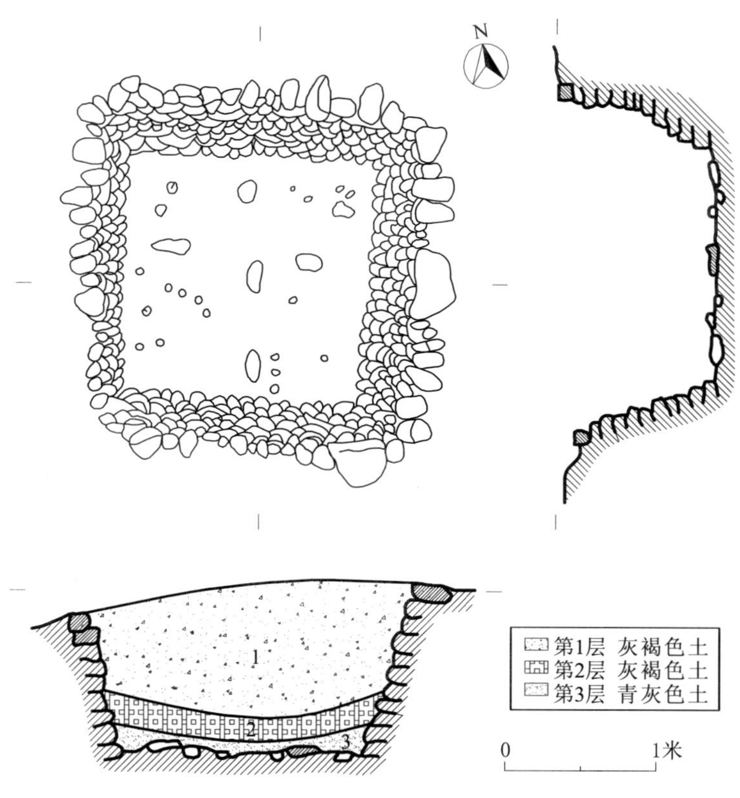

图3-17 C8平、剖面图

池外南侧和东侧发现由小石子及石块铺成的活动面，活动面向南延伸到G8北壁，东侧的活动面向北延伸，活动面较为坚实，应为人类长期活动踩踏所致。

池内填土可分3层：第1层为灰褐色土，两侧堆积浅，中间深，厚约90厘米，其内包含大量红烧瓦砾及少量竹炭，出土遗物为粗瓷缸、钵及壶残片；第2层为灰褐色土，两侧堆积浅，中间深，厚约15厘米，红色瓦砾明显变少，多为泥质灰陶瓦砾残块，炭灰增多，出土遗物多为粗瓷缸、钵及壶残片；第3层为青灰色土，较薄类似淤积土，两侧堆积深，中间浅，厚约5厘米，其内发现一块炭化的竹片，竹片长约6、厚2厘米。出土遗物多为粗瓷缸、钵及壶残片，另有青瓷、青白瓷残片及石器等。

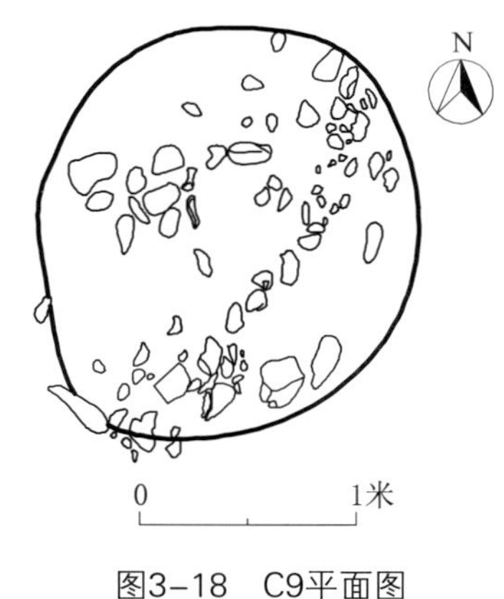

图3-18 C9平面图

C9

位于T6西南部，东临G9，北临G11。

平面略呈椭圆形，长径约200、短径约175厘米。因未作解剖，深度及底部不明。

表面残存很多乱石堆积，填土为灰褐色，出土少量青瓷和粗瓷。（图3-18；彩版二四）

（三）水沟

共清理11条，按发掘先后顺序编号为G1～G11，均打破第3层。

G1

位于T2西部正中及T6东部，东临J2和G缸1。

平面略呈曲尺形，其北端略呈椭圆形，有大量石块堆积，至此残断，南部向东拐弯，并与G2相连，拐弯处沟内有G缸1，东部变宽，东端被G2西壁阻断。流向不明。沟底微弧。北部主沟残长约780、宽45~170厘米，拐弯部分长150、宽93厘米，沟深30厘米。主沟部分东侧残存石砌沟壁，西侧沟壁遭破坏。（图3–19；彩版二五）

沟内填土为灰褐色，出土少量青瓷残片及粗瓷残片等，沟北部出土景祐元宝、元祐通宝、政和通宝各1枚。

G2

位于T1、T2、T3、T7、T8、T17、T20内。

沟较长，为主水沟，南部略高，北部略低，由南向北穿过整个遗址，临近T20西壁处变宽。沟底平。清理总长约51.4米，外宽70～130、内宽30～125、残深25～47厘米。石砌沟壁。C3附近的西壁微变形，该处较宽，铺砌平整；F2附近的西壁呈弧形。

F2附近的沟西侧有石子面，石子较为密集、坚实，西侧略高、东侧略低，可能为路面。（图3–20；彩版二六、二七）

沟内上部填土为灰褐色，土质松软，沟底部填土为青黑色，应为淤积土，沟内堆积中发现炭粒、炭块及少量石灰颗粒。其内出土青瓷、白瓷、青白瓷残片及大量粗瓷片等。可辨窑口有龙泉窑、景德镇窑等。器形有碗、罐、炉等，另有祥符元宝1枚。

G3

位于T4西北部，东临C2，北临F1。打破生土。

由东南流向西北，北部向西拐弯。西壁残存有一层长条砖铺砌的沟壁，砖的规格为19×8–4厘米。沟残长640、宽41~57、残深约8厘米。（图3–21；彩版二八）

填土为灰黄色，仅出土少量青瓷及粗瓷残片等。

G4

位于T5的中部，坐落于F1最南部。西与C2连通，东临G缸2，北临G6，南临C6。

整体呈“T”字形，泥底较平。西与C2相连，东部向南北两侧转弯，南与C6相连。西距C2约1米处用两块大石块垒砌，似为闸门，其中北侧石块为较大的砺石。沟东壁有长条砖垒砌的边，此处应为暗沟，因未做清理，具体情况不明。西段沟长425、宽25~34、残深约25厘米，东段沟长330、宽25、深20厘米。沟壁由石块砌成，垒砌规整。（图3–22；彩版二九、三〇）

填土为灰褐色，其内出土大量黑（褐）釉瓷、青瓷、青白瓷及粗瓷残片等，器形有盏、缸、盆、罐等，另有石磨盘、石臼和青砖等，另有1枚开庆通宝铜钱。

G5

位于T2东北部，西与C1及G2相连，东与C4相通。

由东向西流。石砌沟壁，破损严重。泥底较平。长8米，宽35、深22厘米。东南角外侧平铺三块长方砖，作用不明。（图3–23；彩版三一）

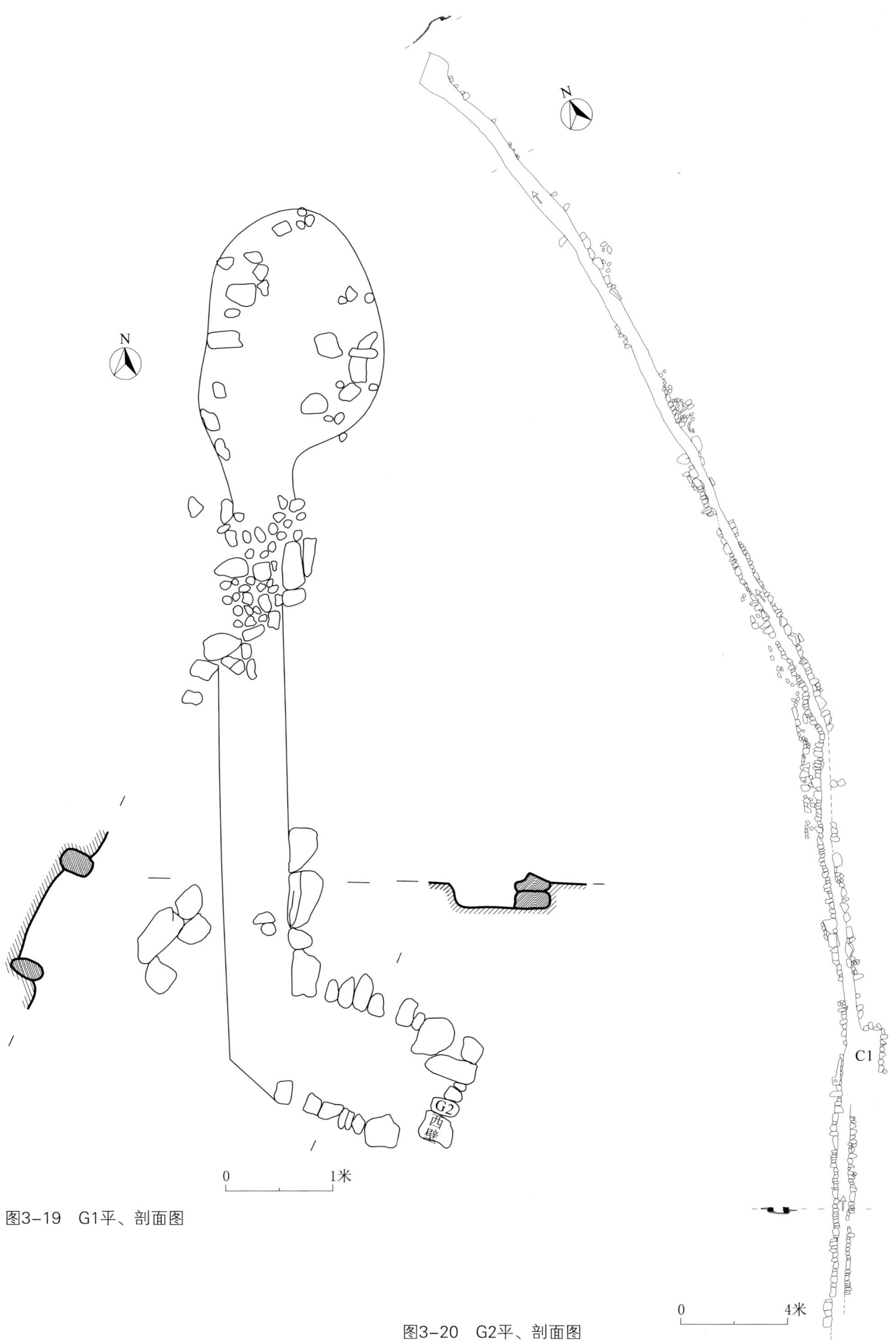

图3-19　G1平、剖面图

图3-20　G2平、剖面图

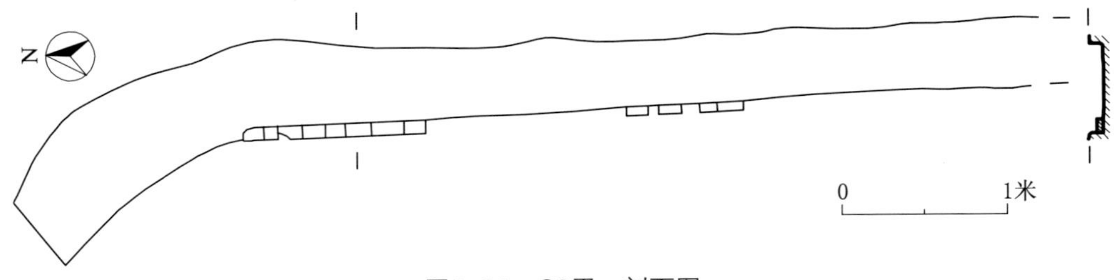

图3-21 G3平、剖面图

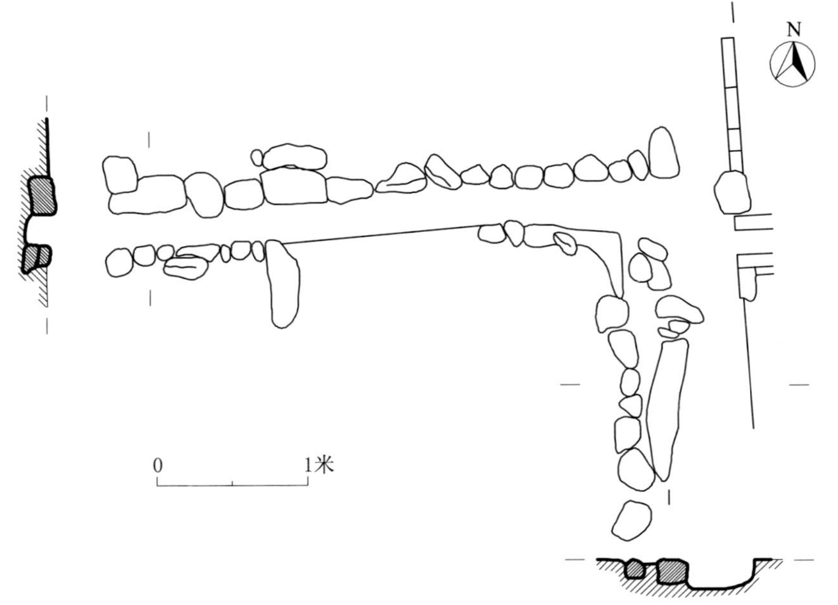

图3-22 G4平、剖面图

沟内填土为灰褐色，土质松软，内含大量青瓷、黑釉瓷和粗瓷残片。

G6

位于T5西南部，在F1最南部，南临C2及G4。

为一条砖砌暗沟，西高东低，残长200、外宽32、内宽16、深15厘米。用宽8~14厘米的残砖铺底，用规格为24×8-4厘米的长条砖砌壁，沟壁存3层长条砖，平砖错缝垒砌。（图3-24；彩版三〇，3；彩版三二）

沟内填土为灰褐色，土质疏松，包含少量瓦砾。一块铺底残砖上刻写有草书铭文，铭文为“丙申七月内……道……邵子杨……至道二年……”。

G7

位于T7东南部，F3范围内，东临C3，北临Z7。

由西向东流。主体由一块石条凿刻而成，呈凹槽状，做工考究。石槽长233、外宽31、内宽19、深15厘米。石槽东端连接长条砖，砖砌成喇叭状，两侧用规格为26×8-4厘米的长条砖顺向错缝平铺叠砌，残存2～3层，底部用宽14厘米的砖横向平铺而成，残长约35厘米。石槽西端用两块宽6厘米的长条残砖堵实。整个水沟呈西高东低状，其东端应与C3相连。

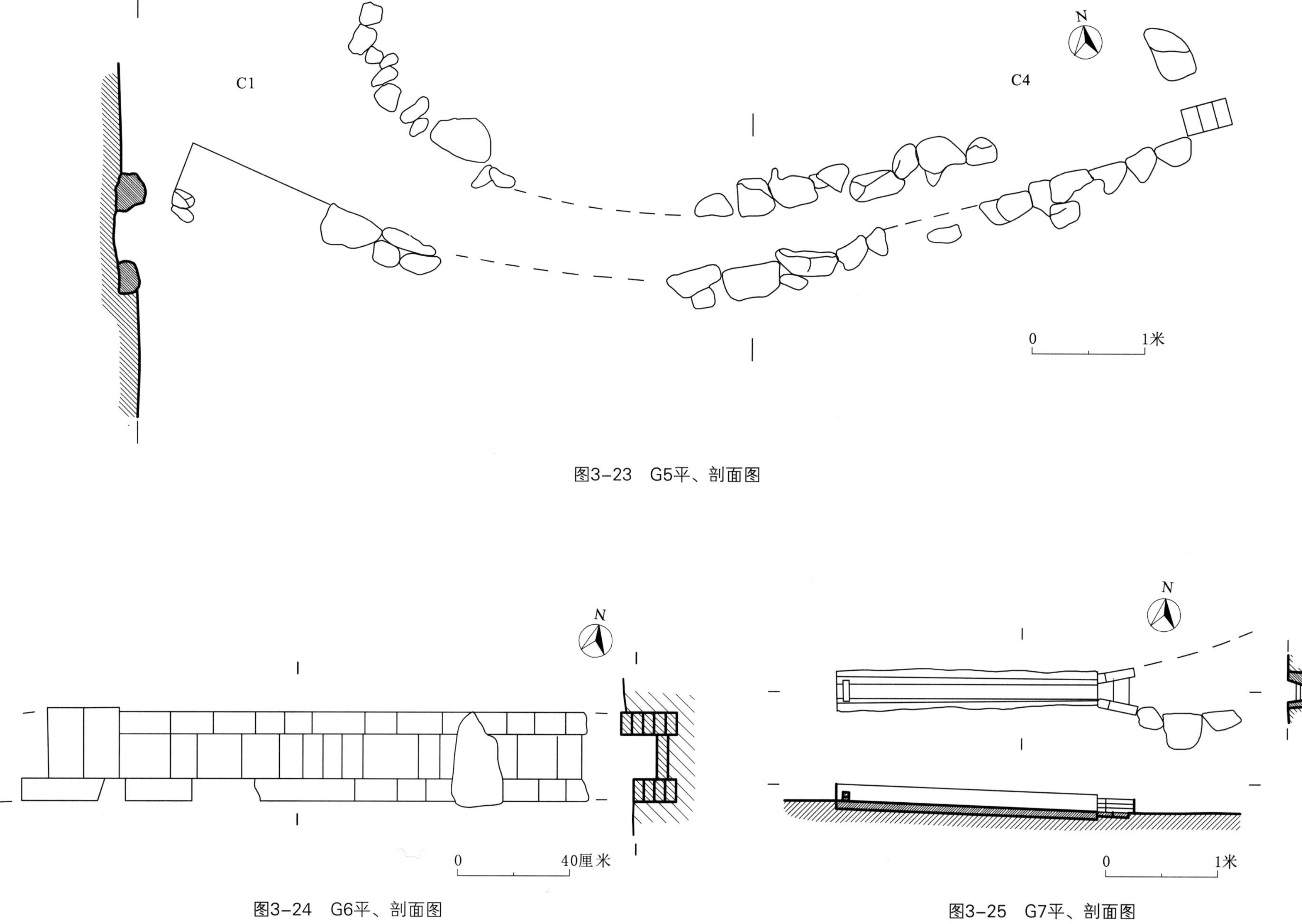

图3-23　G5平、剖面图

图3-24　G6平、剖面图

图3-25　G7平、剖面图

石槽西侧有一堆石块堆积，似为某一设备的基础部分，平面略呈椭圆形，南北长约160、东西宽约120厘米。

沟内填土为灰褐色，含有较多草木灰、炭灰及红烧土颗粒。（图3–25；彩版 三三）

G8

位于T10、T15、T19、T20、T21内，南侧为L2，北临C7、C8，西段与G2、G9相通。打破生土。

整体呈东西向，东高西低。在T10、T19、T20、T21内，清理长度为27米，宽125~170、深50~70厘米。T15内揭露长677、宽160~242、深40厘米，沟南壁为石块铺砌而成，北壁则为土壁，其内夹杂有石子及少量瓦砾。（图3–26；彩版三四、三五）

沟内堆积有分层现象：上部褐色土，多为红烧瓦砾堆积，厚5 ~ 15厘米；其下为大石块堆积，厚约30厘米，应为某遗存的倒塌堆积；再下灰褐色土，多为瓦砾堆积，厚约5厘米。沟内石块下发现三堆呈黄褐色的土样（彩版三四，3），经过检验，其内含有竹子的硅酸体。沟北壁下部亦有同类土样发现。沟内北壁底部发现厚约10厘米的黄色痕迹（彩版三四，4），似为长期废水污染所致。出土遗物有铜钱天禧通宝、淳祐元宝和皇宋元宝各1枚，另有青瓷、青白瓷、白釉褐彩和褐釉瓷残片，粗瓷缸、灯残片等，瓦砾、大量的砖残块及石磨盘、石臼的残件。

G9

位于T6西部正中及T15东南部，整体呈南北向，南高北低，与G2略平行。打破生土。

T6内的G9，西临G11及C9，东临F3，揭露长930、宽15 ~ 35、残深22厘米。沟壁用石块砌筑，南段石块已经无存，仅存泥坑，泥底略平。T15内的G9，北与G8贯通，揭露长560、宽30 ~ 55、深40 ~ 55厘米。沟壁用石块垒砌而成，铺砌较为规整。泥底较平。（图3–27；彩版三六）

沟内填土为灰褐色，土质疏松，包含大量青瓷残片、白瓷碗、酱釉瓷盏以及板瓦、抄手石砚、石臼等。

G10

位于T10东南部，西临F1。

整体呈曲尺状，南段长145、宽30、深10厘米，东段长110、宽35、深15厘米。沟壁用规格为28 × 8–4.5厘米的长条砖顺向错缝平铺叠砌，南壁及西壁为单砖斜砌，沟底用规格为28 × 8–4.5厘米的长方砖横向平铺而成。（图3–28；彩版三七）

沟内填土为红褐色，较致密、纯净，未发现任何遗物。

G11

位于T6西南端，东临C9。

残长80、宽14、深15厘米。两侧沟壁用石块砌筑，泥底略平。（图3–29；彩版三八）

填土为灰褐色，未见文化遗物。此沟保存下来的部分较短，作用不明。

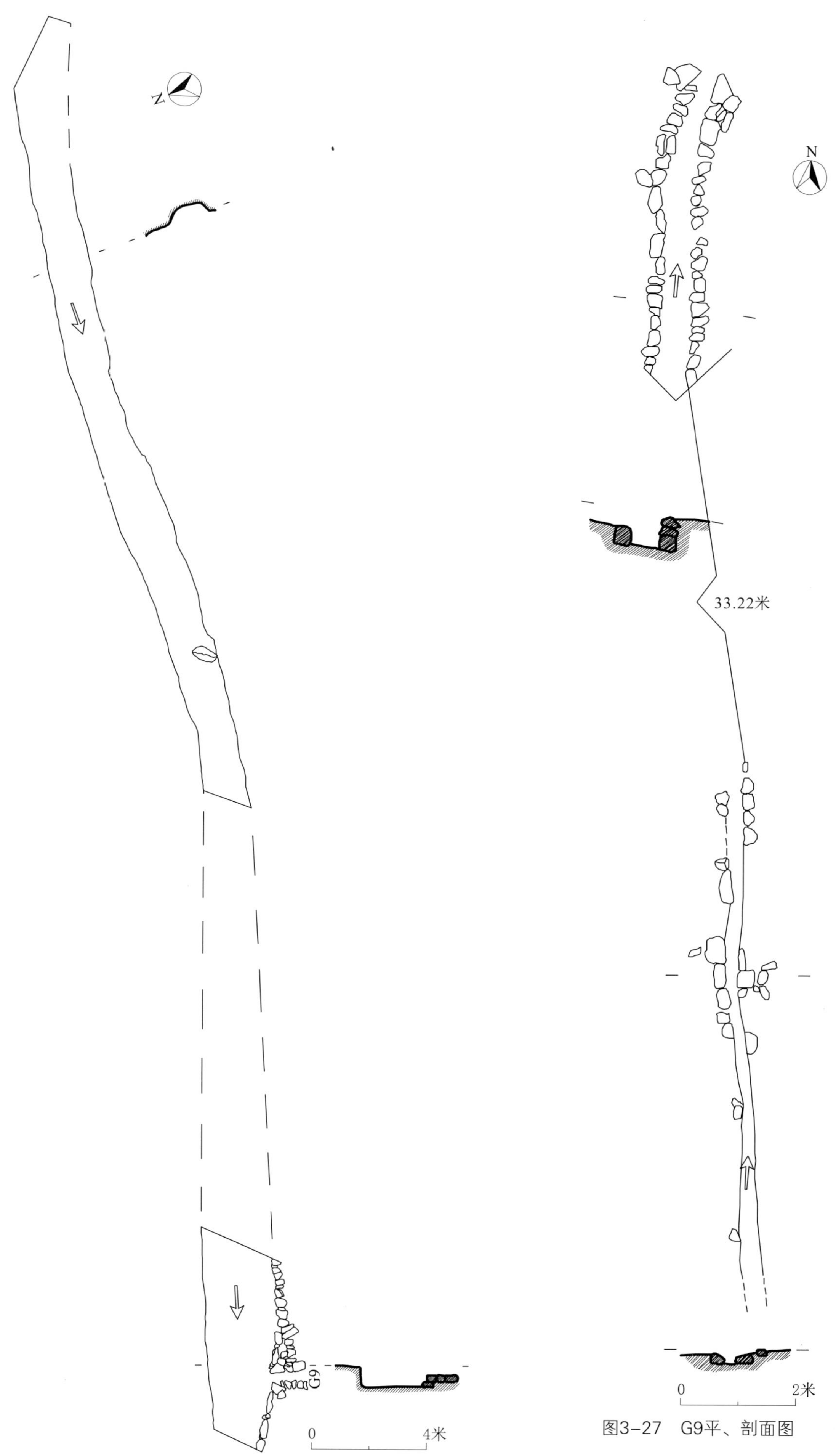

图3-26　G8平、剖面图

图3-27　G9平、剖面图

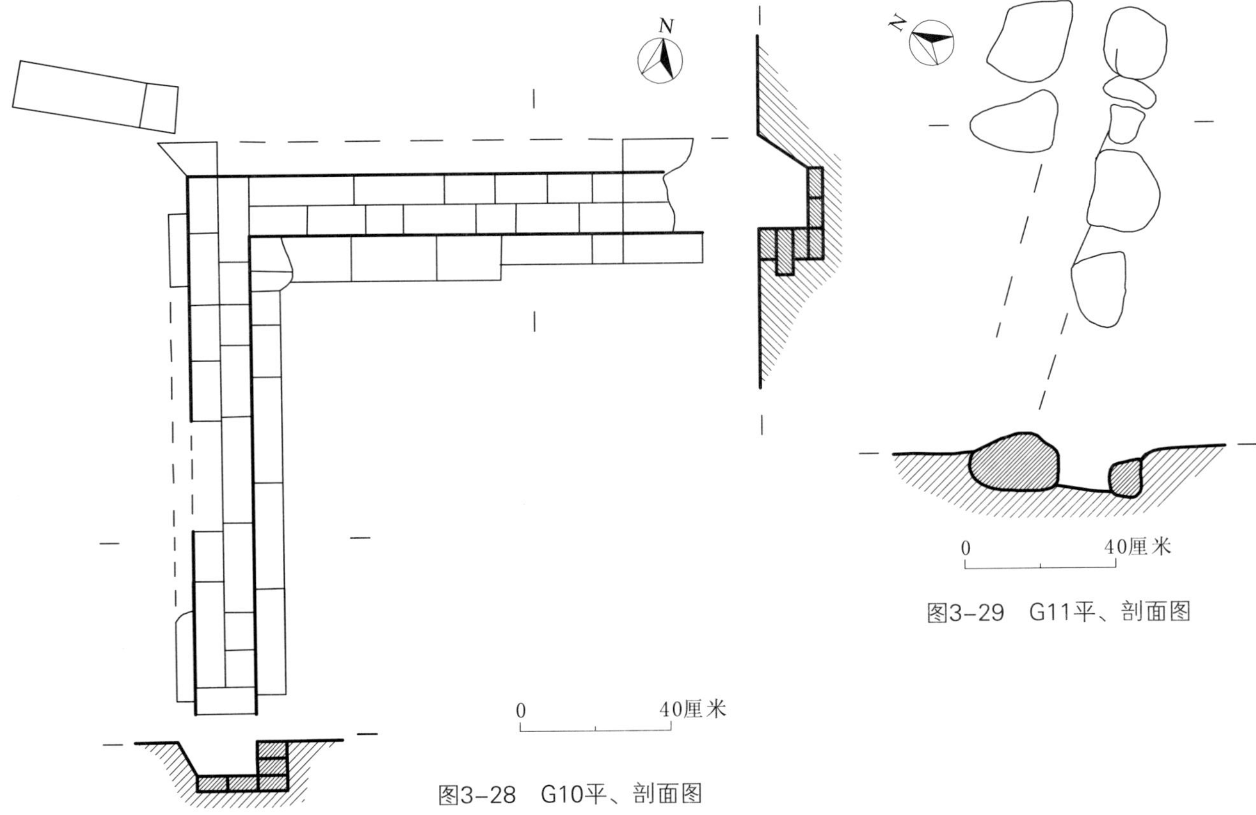

图3-28 G10平、剖面图

图3-29 G11平、剖面图

（四）房址

共清理4座，按发掘先后顺序编号为F1～F4，均打破第3层。

F1

位于T5、T8、T9、T10、T19内，坐北朝南，方向174°。G4、G6在其最南侧，南临C2、C6和G缸2，北临L2和G8，东临G10和G缸5，西临G2。

未见墙体，仅见由残存柱础及柱础坑构成的柱网结构。清理发现有23个柱础和9个柱础坑。柱础平面不甚规则，柱础坑平面均近方形，柱础置于柱础坑内，柱础坑深约15厘米。柱础均由规格不一的石块堆积而成。面阔15.8、进深12.17米，根据柱础和柱础坑的排列，可确定F1为三开间，三间面阔大致相等，西间略窄。清理所见平面较为平整。（图3-30；彩版三九、四〇、四一）

F1东部尚残存石子铺砌的屋面，屋面下早期是一个大坑，现被瓦砾填满，上部经夯筑成为地面。

F1屋外东北角残留G缸5，缸内土样经检测含有竹纤维等植物纤维，可能系盛放纸浆的缸。F1北部残存不规则石块铺成的活动面及石臼残件，推测该处可能为舂料场所。

F1屋外西南侧残存密集的石子面，应为当时的生活面。

F1范围内出土有板瓦等建筑构件及石磨盘、石臼等。F1南侧G4、C2南侧的土层较为坚实，似为长期人类活动踩踏所致。

根据密集的柱网结构，我们认为F1应该属于穿斗式结构的建筑，同时，因为未见墙体，

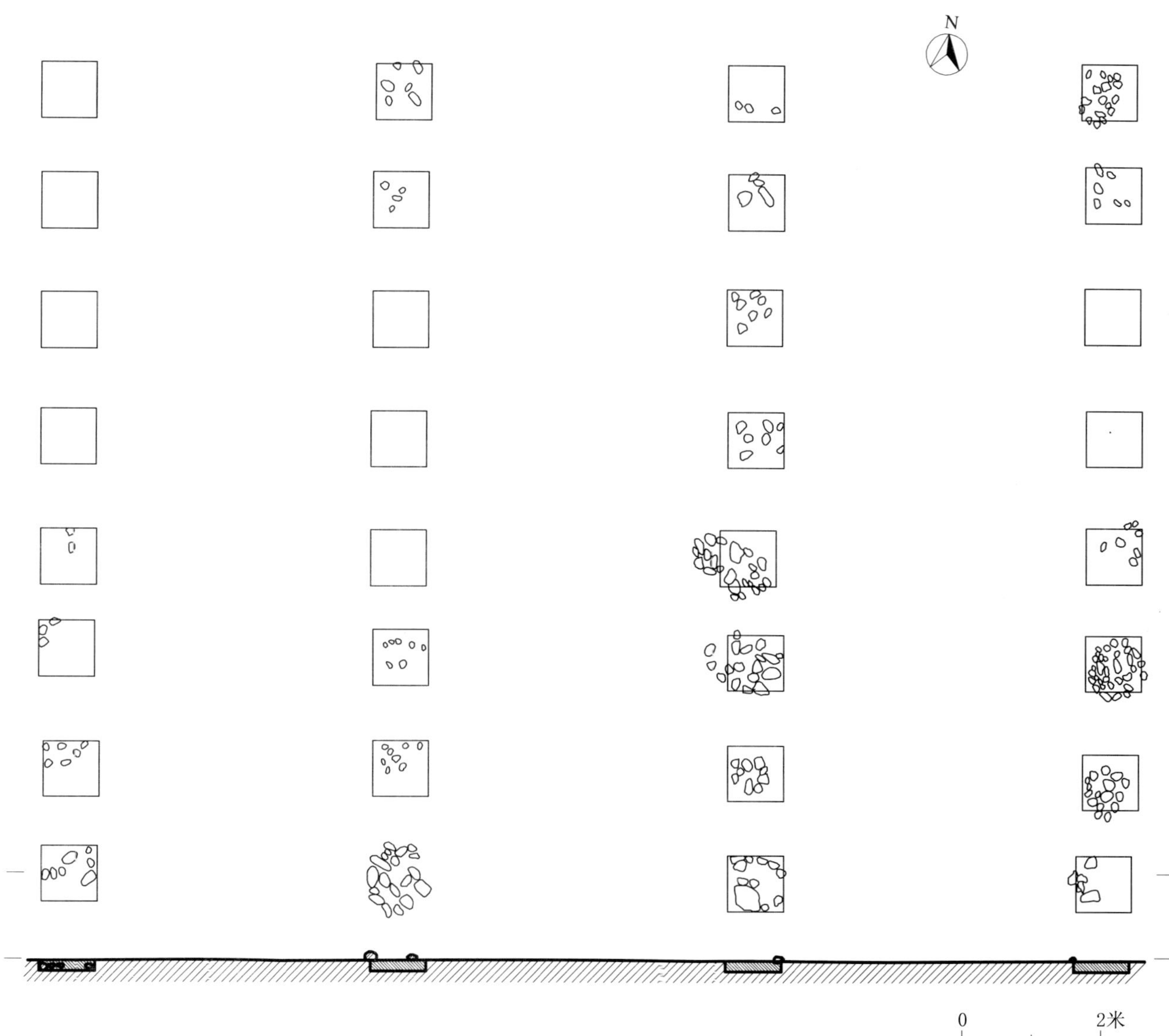

图3-30　F1平、剖面图

推测它应为四周敞开式的建筑。

F2

位于T17内，方向168°。东临G2。

残存东墙、西墙及两个柱础。东墙由大石条和小石块混筑而成，有包边迹象，空隙处填灰褐色土，垒砌较为坚实，宽约85厘米，清理长度约780厘米。东墙外侧（东侧）铺砌石子路面，路东侧为排水沟，路面较为规整。西墙破坏严重，由小石块垒砌而成，残长80、宽40厘米。东西宽约845厘米，开间、规格不明。屋内地面痕迹不甚明朗，清理所见平面较为平整。柱础形状不规则，柱坑平面均近方形，柱础置于柱坑内，柱础坑深约15厘米。柱础由规格不一的石块堆积而成。（图3-31；彩版三九、四二、四三、四四）

F2内残存一堵空心墙墙基Q2。Q2方向为78°。为空心墙底部基础，两侧用石块包砌，包

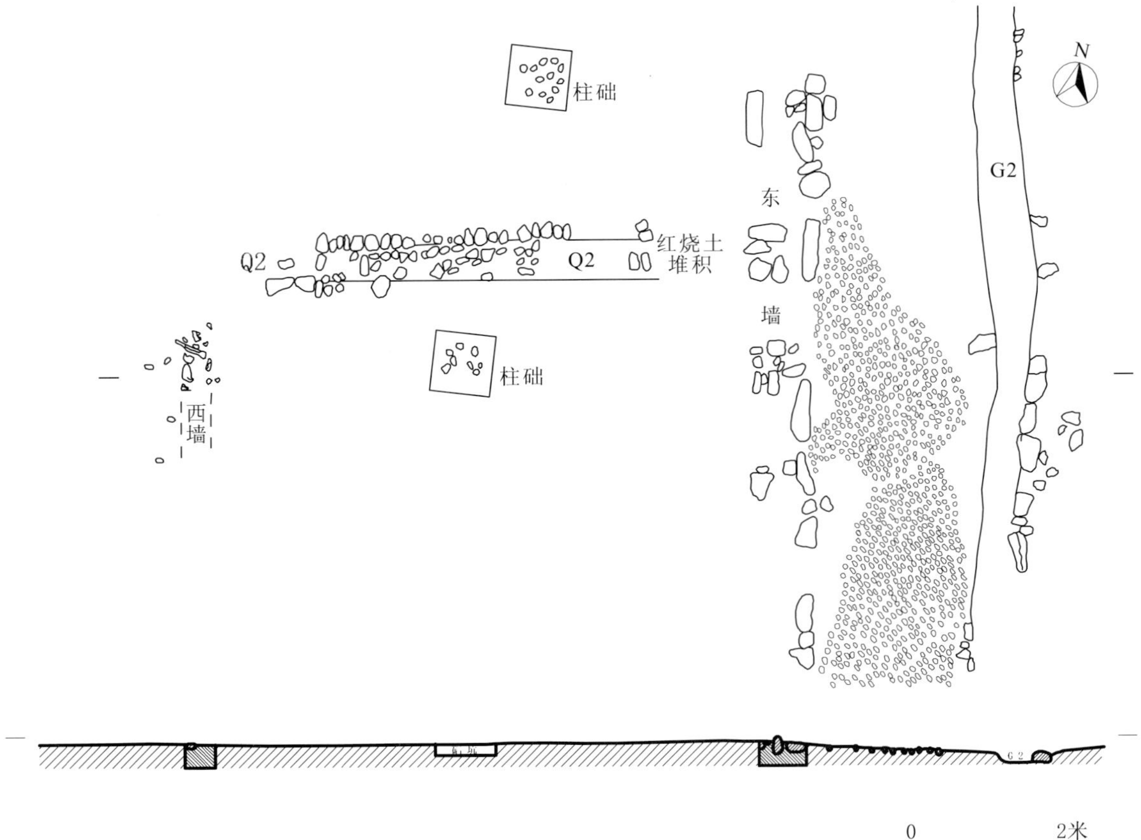

图3-31 F2平、剖面图

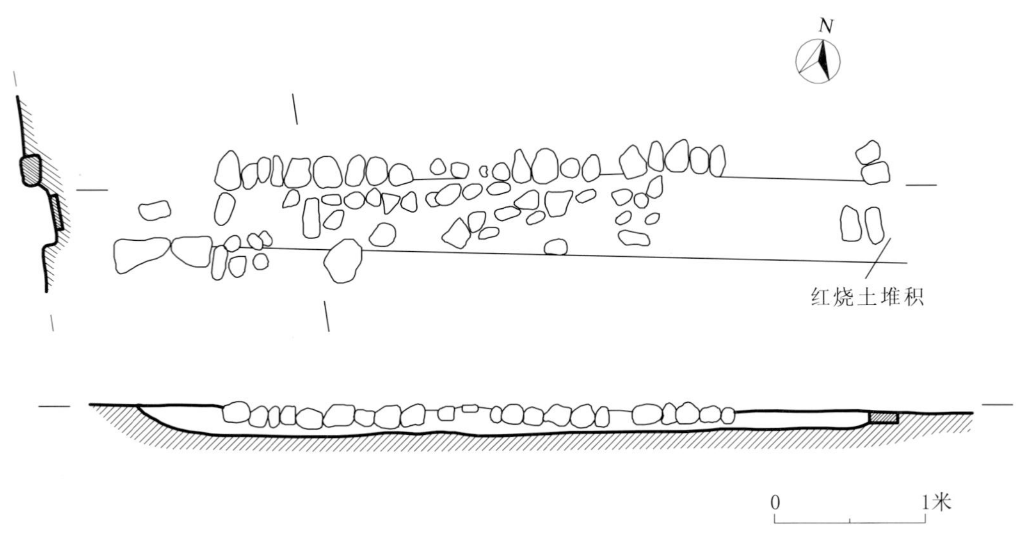

图3-32 Q2平、剖面图

边较规整。残长510、外宽80、内宽40、残高25厘米。墙基东端残存有红烧土堆积，其间夹杂有较多炭粒，此处原来应设有灶。此墙应为火墙。墙内底部有瓦砾及长条砖等堆积。（图3-32；彩版四四，3；彩版四五）

内部填土为灰褐色，土质疏松，出土有粗瓷壶等。

F2南侧发现一处墙基，该墙基与东墙内壁处于同一条线上，并于Z7附近向西转折，墙基由石块垒砌而成，包边规整，南北长750、东西宽520、墙体厚约50厘米，墙基东侧发现板瓦构成的倒塌堆积，该墙基应该与F2存在密切关系。（参见图3-7）

F3

位于T6、T7内，方向174°。东临G2，北部为Z7残迹，西临G9，南临G1，东南侧为G7及C3。

未见墙体，仅见由残存柱础构成的柱网结构，清理发现有6个柱础。柱础平面不甚规则，柱础置于柱坑内，柱础坑深约15厘米。柱础均由规格不一的石块堆积而成。南北宽约12米，东西长约8.77米。房内平面较为平整，其内南部发现两处烧结的红烧土堆积。（图3-33；彩版四六，1）

根据南北向的柱础分布情况，我们认为该房址应该属于抬梁式建筑。

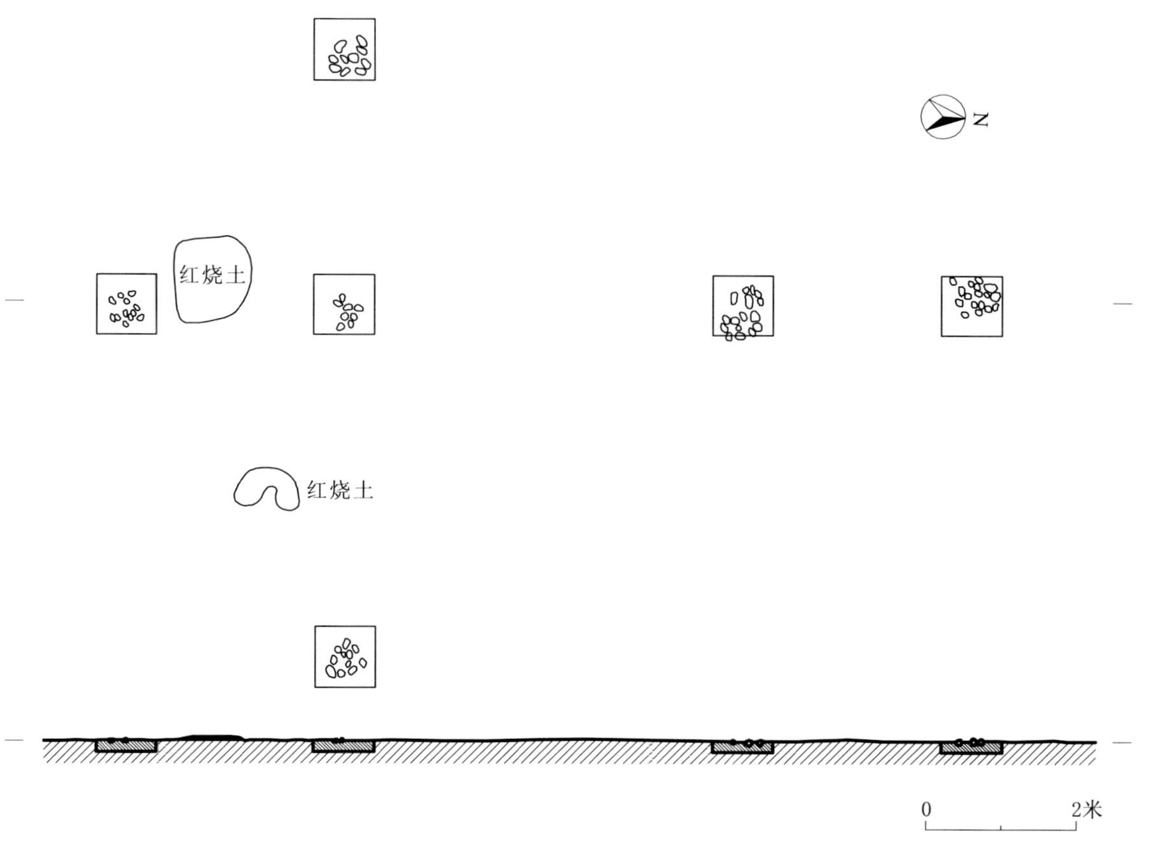

图3-33　F3平、剖面图

F4

位于T15东南角，方向178°。西临G9，北侧为石子铺砌的路面，路北为G8。

仅清理出房址一角，北墙外侧较为平直，使用石块包边，垒砌规整。西墙紧邻G9东壁，亦为石块垒砌而成。墙内侧为相对平整的地面。北墙清理长度为155、宽45、残高22厘米，西墙清理长度为176、残高约12厘米。（彩版四六，2；彩版四七）

（五）墙基

共清理3堵。按发掘先后顺序编号为Q1～Q3，均打破第3层（Q2见F2有关描述）。

Q1

位于T1，方向为194°，南部与Z3相连。

由石块铺砌而成，铺砌不甚规整，稍嫌凌乱。残长415、宽约150厘米。（图3–34；彩版四八，1）

Q3

位于T15南部，方向为95°，东部与G9相连，北侧为石子铺砌的路面，路北为G8。

墙体使用大石块垒砌而成，两侧规整，中间填灰褐色土。清理长约166、宽68、残高15～30厘米。（图3–35；彩版四八，2）

（六）道路

1条，编号L2。

L2

位于T10、T19、T20内，北与G8紧紧相连，南侧为F1、G2。

整体走向为东西向，南侧有两处向南突出的平台，两台之间向北弧。清理长度为21米，宽45～270、厚约7厘米。用石块铺砌而成，铺砌较为规整、考究。路中心由大小基本相同的石块横铺，两侧则为竖铺。路的边缘经过特殊修理，南缘的石块斜砌，起到包边的作用，有利于排水。T10内L2的南缘除用石块斜砌外，其外侧还用规格为25×14–5厘米的长方砖包边。路东段有转弯，转弯处经过精细处理，保存较好；路西段破坏严重，保存稍差。（图3–36；彩版四九、五〇、五一）

（七）陶缸

共清理4口，按发掘先后顺序编号为G缸1～G缸3、G缸5。

G缸1

位于T2中部G1内，南临H1。打破第3层及生土。

口底均为圆形，口部残。口径约84、底径40、残深46厘米，缸壁厚约4厘米。（图3–37；彩版五二，1）

缸内填土为灰褐色，其内出土大量陶缸残片及少量青瓷残片等。

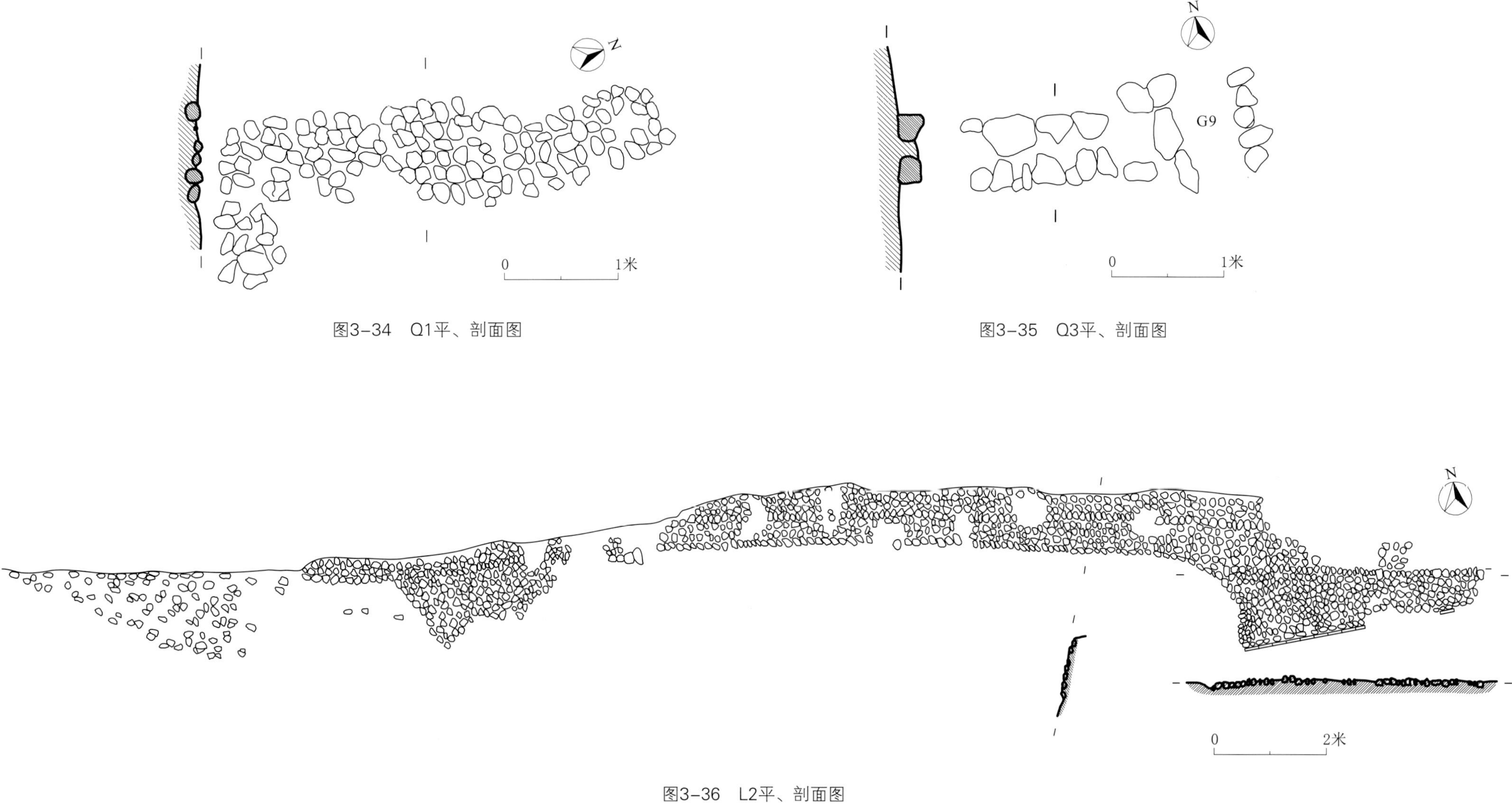

图3-34　Q1平、剖面图

图3-35　Q3平、剖面图

图3-36　L2平、剖面图

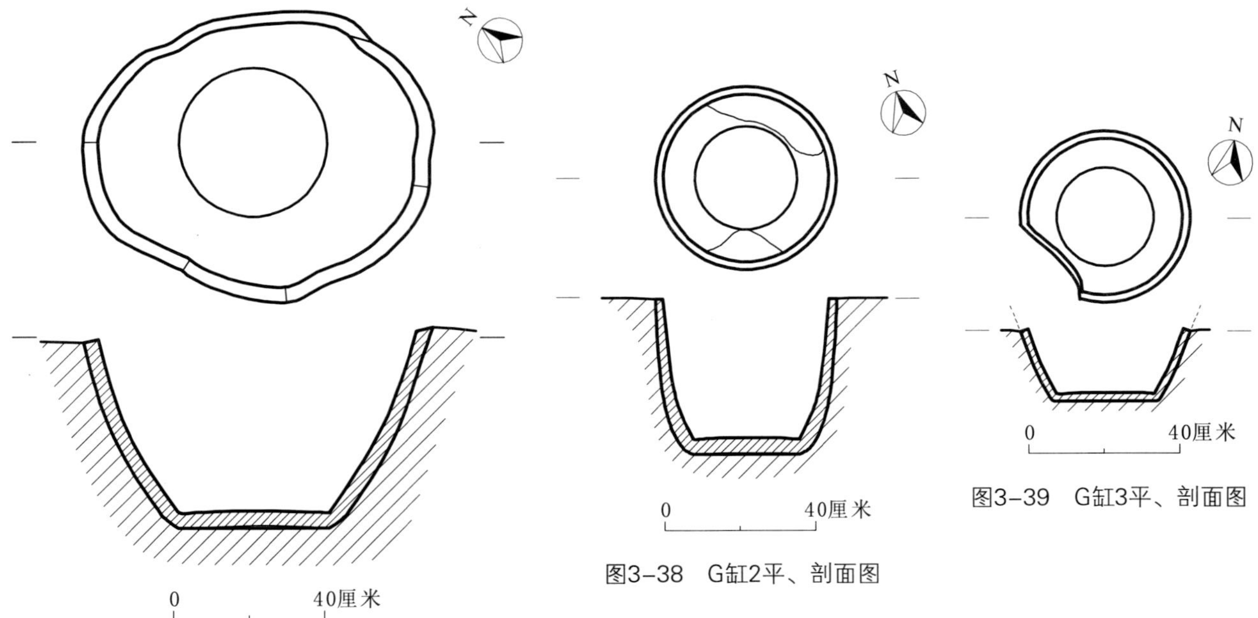

图3-37 G缸1平、剖面图

图3-38 G缸2平、剖面图

图3-39 G缸3平、剖面图

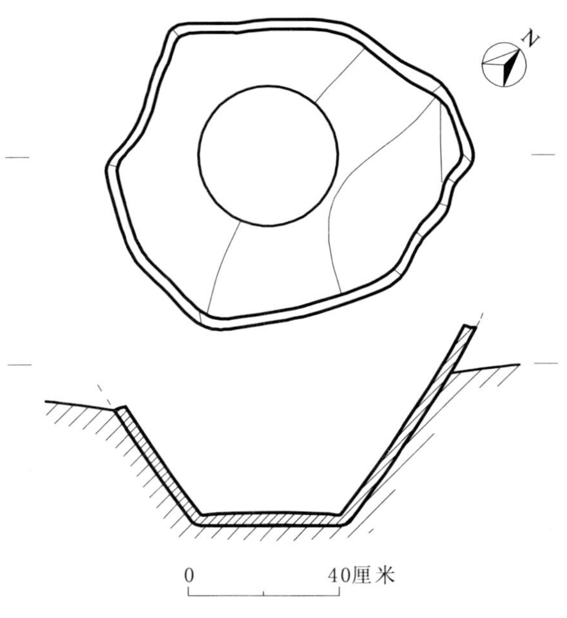

图3-40 G缸5平、剖面图

G缸2

位于T5中部，北临F1。打破第3层。

口底均为圆形，口部残。口径约44、底径28、残深约37厘米，缸壁上部薄下部厚，厚约2~4厘米。（图3-38；彩版五二，2）

缸内填土为灰褐色，出土物多为自身残片。

G缸3

位于T4东隔梁内。打破第3层及生土。

口底均为圆形，口部残。口径约42、底径26、残深约17厘米，缸壁施米黄釉，壁厚2厘米。缸制作较为粗糙。

缸内填土为灰褐色，含有少量红烧土颗粒及碎瓦砾。（图3-39；彩版五二，3）

G缸5

位于T10西北部。打破第3层及生土。

口底均为圆形，口部残。残口径约85、底径38、残深约50厘米，缸壁厚3厘米。（图3-40；彩版五二，4）

缸内填灰黑色土，土质松软，其内夹杂有石块、炭灰等。缸内壁粘附土样经浙江省文物考古研究所郑云飞博士检测，发现其内包含有竹纤维和其他植物纤维。

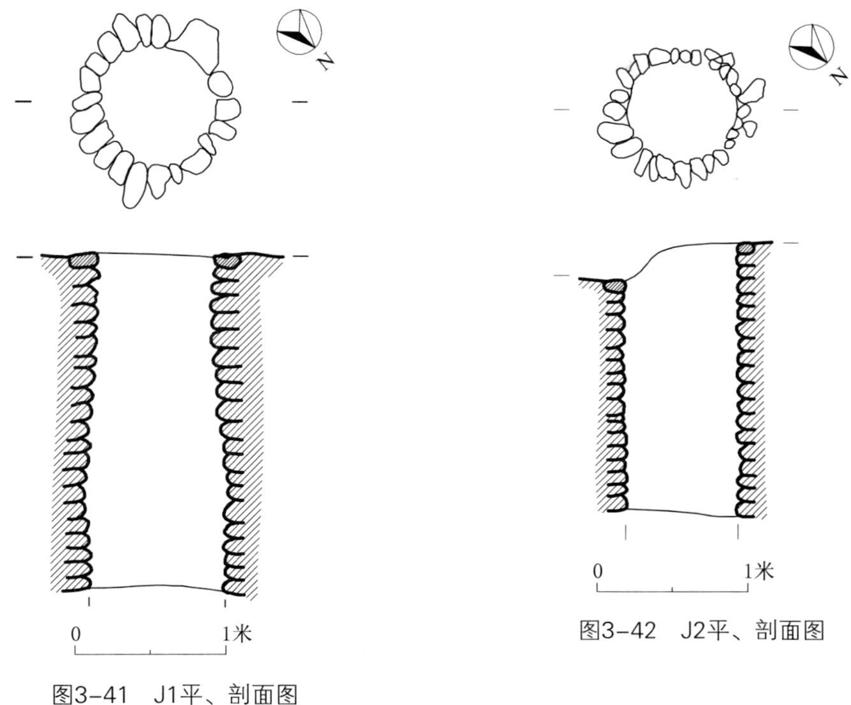

图3-41　J1平、剖面图

图3-42　J2平、剖面图

（八）水井

共清理2口，按发掘先后顺序编号为J1、J2。均打破第3层及生土。

J1

位于T2北部正中，西距G2约80厘米。

平面呈圆形，井壁由石块砌成，构筑规整考究。口径110、内径75、清理深225厘米。

井口外有石子铺成的活动面，活动面较为坚实，应该是经过长期踩踏而成的。（图3-41；彩版五三，1~4）

井内填土为灰褐色，其内包含大量石块，其中有一件废弃的石碓头。出土少量青瓷及粗瓷残片等，器形有碗、盆、盏、瓶、碟、缸等。

J2

位于T2西北部，西距G1约40厘米，东距G2约170厘米。

平面呈圆形，井壁由石块砌成，构筑规整考究。口径100、内径65、清理深180厘米。（图3-42；彩版五三，5、6）

井内填土为灰褐色，其内包含大量石块。出土少量青瓷、黑釉瓷及粗瓷残片等，器形有碗、盆、盏、瓶、碟、缸、钵、壶等。

（九）灰坑

共清理8个，按发掘先后顺序编号为H1～H5、H7、H9、H10。

H1

位于T2中部，北近G缸1。打破第3层及生土。

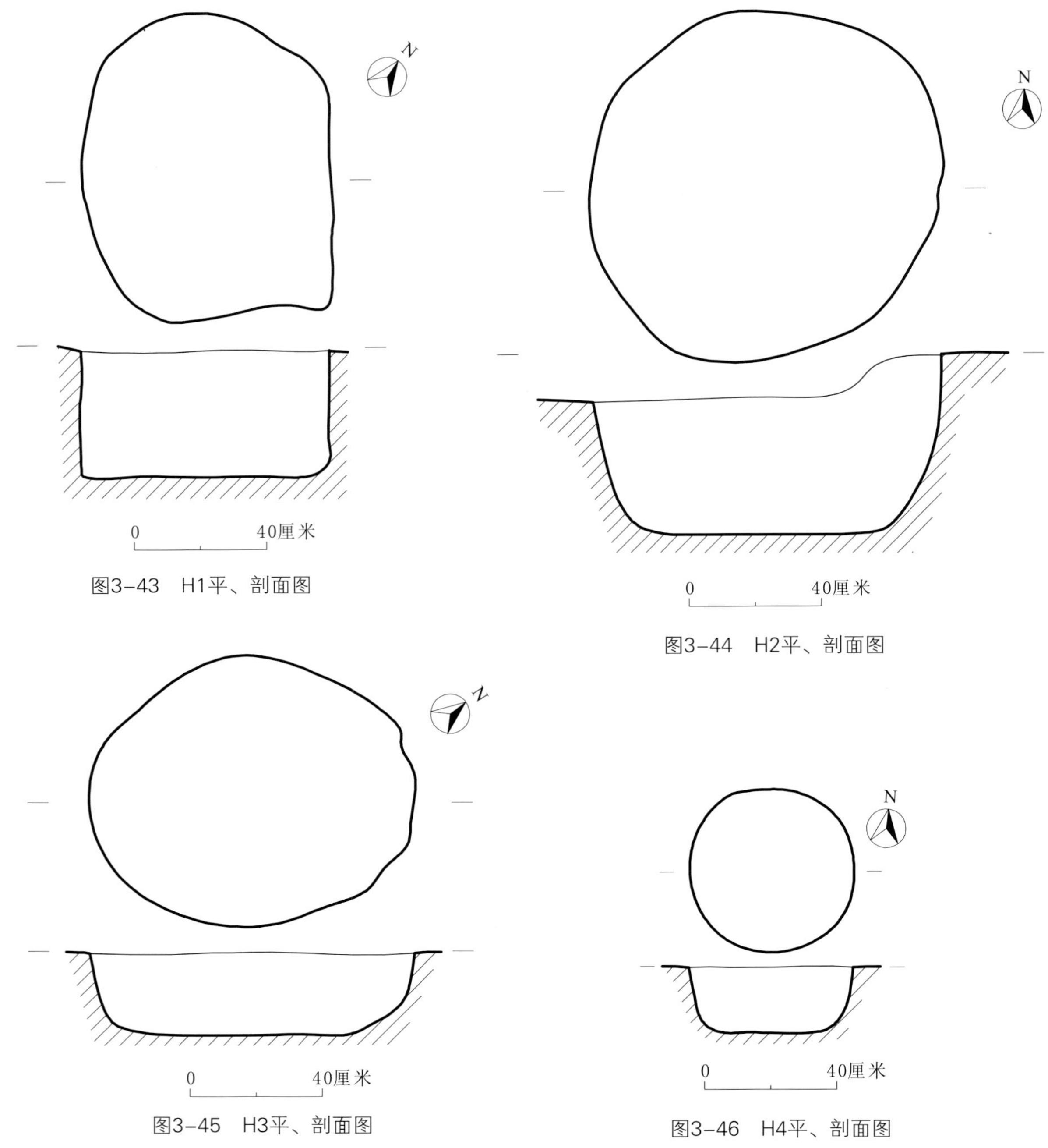

图3-43 H1平、剖面图

图3-44 H2平、剖面图

图3-45 H3平、剖面图

图3-46 H4平、剖面图

平面不甚规则，略呈方形，长约93、宽约75、深38厘米。坑壁较直，修治不规整，坑底平。（图3-43；彩版五四，1）

坑内填土为灰褐色，内含瓦砾、石块、砖块等，出土有青瓷、黑釉瓷和粗瓷残片等，可辨器形有碗、盘、盏、瓶、钵等。

H2

位于T2东南部，在G2向南的延伸线上，东临H4及H5。打破第3层及生土。

平面略呈圆形，坑壁弧内收，修治规整，坑底略平。直径约108、深54厘米。（图3-44；彩版五四，2）

坑内填土为灰褐色，含大量瓦砾及少量石块，出土少量青瓷碗底及粗瓷钵、缸残片等。

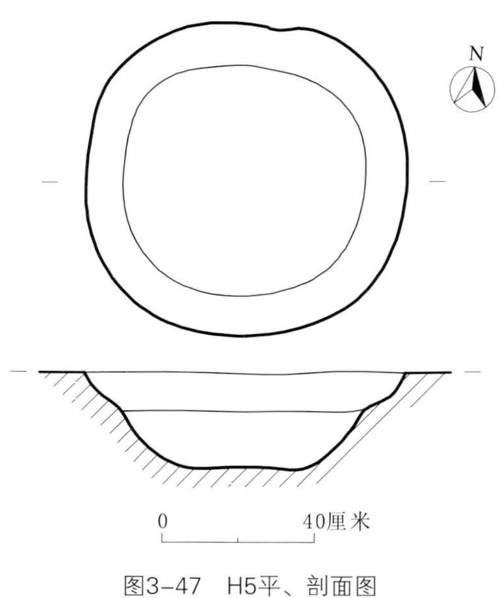

图3-47 H5平、剖面图

H3

位于T2西南部，延伸至探方南壁内。打破第3层及生土。

平面呈椭圆形，坑壁规整、略斜直，坑底平。长径约99、短径约82、深25厘米。（图3-45；彩版五四，3）

坑内填土为黄褐色，内含较多的砖块、瓦砾、石块等，出土少量青瓷及粗瓷残片等。

H4

位于T2东南部，西临H2、北临H5。打破第3层。

平面略圆形，坑壁规整，坑底平。直径约50、深20厘米。（图3-46；彩版五四，4）

填土为灰褐色，含瓦砾、石块及红烧土颗粒，出土零星的青瓷残片及陶片等。

H5

位于T2东南部，南临H2、H4。打破第3层及生土。

平面略呈圆形，灰坑分上下两层，上层开口直径85厘米，下层开口低于上层开口约10厘米，直径约60厘米，下部深15厘米。坑壁不甚规整，坑底略平。坑壁土色为黄褐色。（图3-47；彩版五五，1）

填土为灰褐色，含有较多瓦砾、砖块及石块，出土少量青瓷、黑釉瓷和粗瓷残片等。

H7

位于T2西北部，东临G2。打破第3层及生土。

平面不规则，长约188、宽44～112、深约50厘米。坑壁不规整，坑底略平。（图3-48；彩版五五，2）

填土为灰黄色，内含大量砾石，出土有青瓷盘、钵等。

H9

位于T5南部中间，打破第3层及生土。

平面略呈椭圆形，底部略平，坑壁竖直。东西长径约148、南北短径约113、深约80厘米。（图3-49；彩版五五，3）

填土为灰褐色，其内包含大量石子、瓦砾、砖块及少量红烧土、草木灰。出土少量遗物，釉色有青瓷、青白瓷、黑釉瓷等。可辨器形有碗、盏、瓶、壶等。

H10

位于T16东南部，打破第3层及生土。

平面略呈圆形，坑壁为土壁，略呈斜坡状，底部为弧形。直径约245、深约50厘米。（图3-50；彩版五五，4）

填土为褐色，南半部包含大量红烧瓦砾及红烧土，北半部较为纯净，坑底出土较多的草

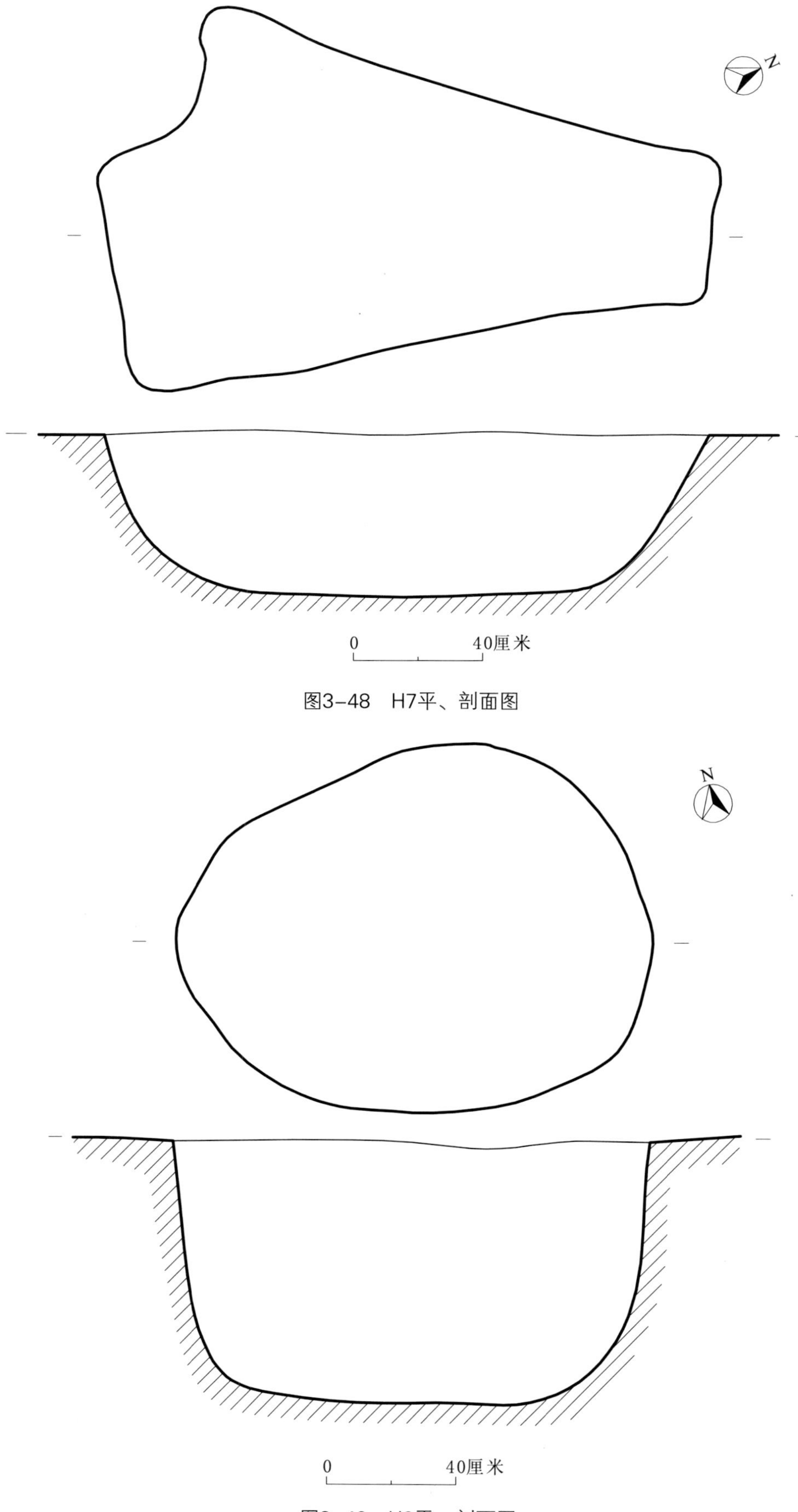

图3-48　H7平、剖面图

图3-49　H9平、剖面图

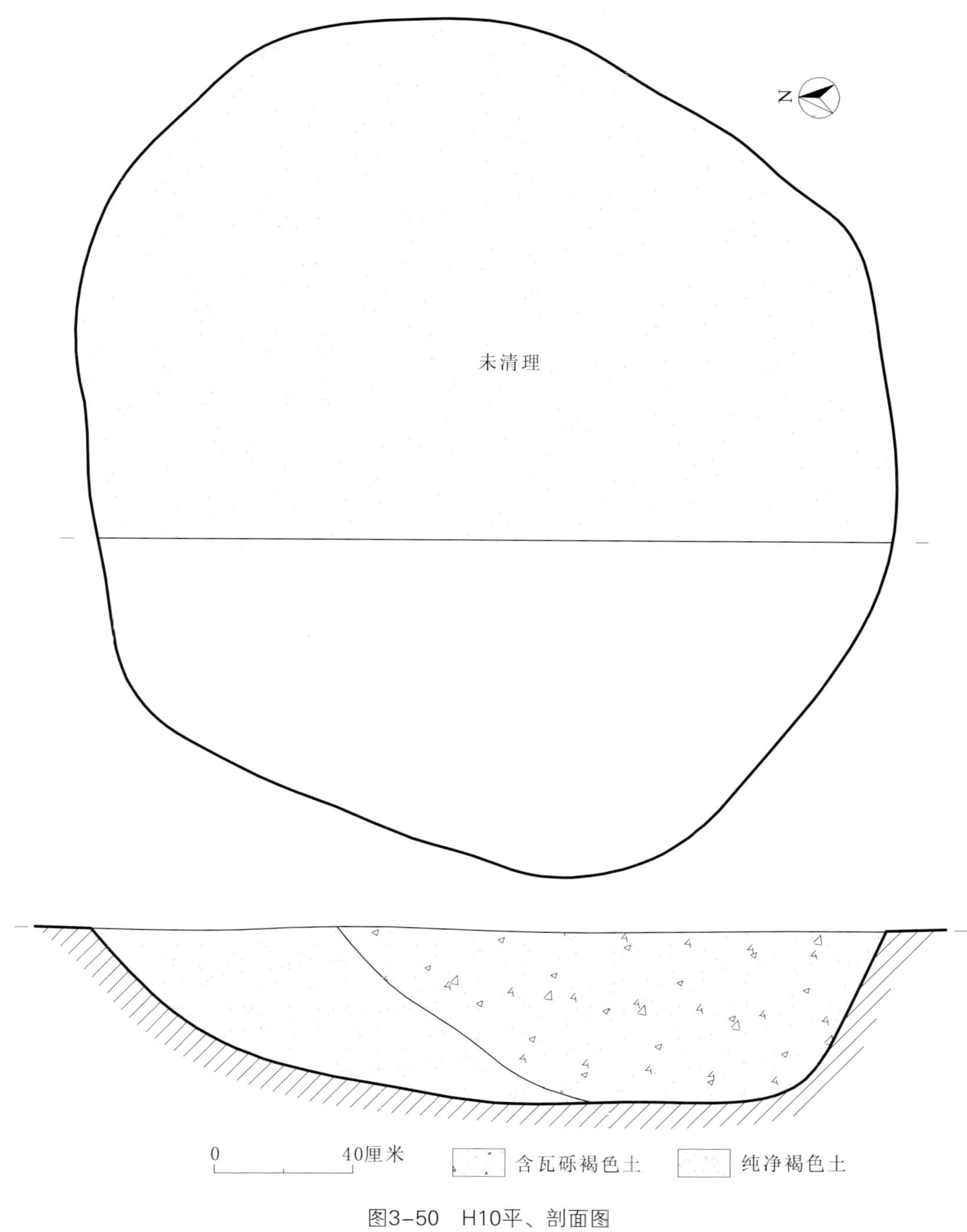

图3-50 H10平、剖面图

木灰及炭粒等。出土遗物较为单纯，多为粗瓷缸残片。

二 探沟内遗迹

在发掘的24条探沟内，多条探沟内第2层下发现有遗迹现象（图3-51），其中以TG10、TG11、TG12、TG15、TG16、TG19、TG20、TG21和TG24内的遗迹最为重要，现概述如下：

TG10东部、TG11最南端、TG12中部和TG16东北部的遗迹可以连成一体，整体为一堵东西向的墙基残体，编号Q4（彩版五六，1）。墙基使用规格不一的石块垒砌而成，包边不甚规整。清理总长10.43米，宽约45、残高约10厘米。TG10中部和TG16西北部还有一段垒砌规整的墙体，编号Q5，用石块垒砌而成，包边规整，墙内填灰褐色土（彩版五六，2）。清理长200、宽50厘米。Q5北侧还有石子和瓦片等铺砌的地面。（彩版五六，3）

TG19内亦发现墙基遗迹，编号Q6，该墙基由石块及夯土堆积组成，方向111°。清理长18.57米，宽120、残高54厘米。下部用规格不一的石块垒砌，其上用较为纯净的土堆筑，墙体经过夯筑，较为坚实。解剖发现其南边有用青砖包边的现象，青砖平铺，规格不一。探沟西端有一堆石块堆积，从其平面形态看似乎为一口井的井圈部分，因未作清理，性质不明。（图3–51；彩版五七）

TG20内发现类似墙基的遗迹，共两处，间距约380厘米，用石块铺砌而成。东侧一堵宽约40厘米；西侧一堵宽约25厘米，其西侧为石子铺就的地面。（彩版五八，1）

TG21西部也发现石子铺砌的地面。TG24内发现古河道的南岸，T2南部发现古河道的北岸（彩版五九）。河道宽7.8米，深不明。因中部有一条灌渠，可看到河道南岸，河内堆积未作清理。但是，从工程队在探沟西侧挖开的坑壁上可以看出，河道深达1米以上，下部为鹅卵石堆积，中部堆积较厚，两侧堆积较薄。

另外，我们在T11南侧的道路界线沟内发现了一段石砌墙基Q7，南北长约15、东西宽约5厘米，垒砌较为规整，应为墙基的包边残迹。从石块垒砌方向可看出其为南北向。（彩版五八，2）

这些遗迹可以围成一体，构成这个造纸遗址的“界墙”和“界河”。

第三节　第1b层下遗迹

1b层下的的遗迹包括道路（L1）、灶（Z1、Z2、Z4、Z5、Z6）和缸（G缸4）。其中五个灶紧密相连，关系密切。（图3–52）

（一）道路

共清理1条，编号L1。

L1

位于T5、T10、T21、T18内，叠压在2层上。方向为192°。

由石块铺砌而成，路南段（T5内）铺砌的石子较为密集，北段（T18内）则较为松散，T10内路面表现不甚明朗，路南端残断。路基较为坚实，中部略微隆起，路面不甚平整。清理残长约43.45米，宽约80~200厘米。（彩版六〇）

（二）灶

共清理5个，编号Z1、Z2、Z4~Z6，均打破2层。五个灶距离较近，特别是Z4～Z6紧紧相连，似为同一整体。（彩版六一）

Z1

位于T4东北部。

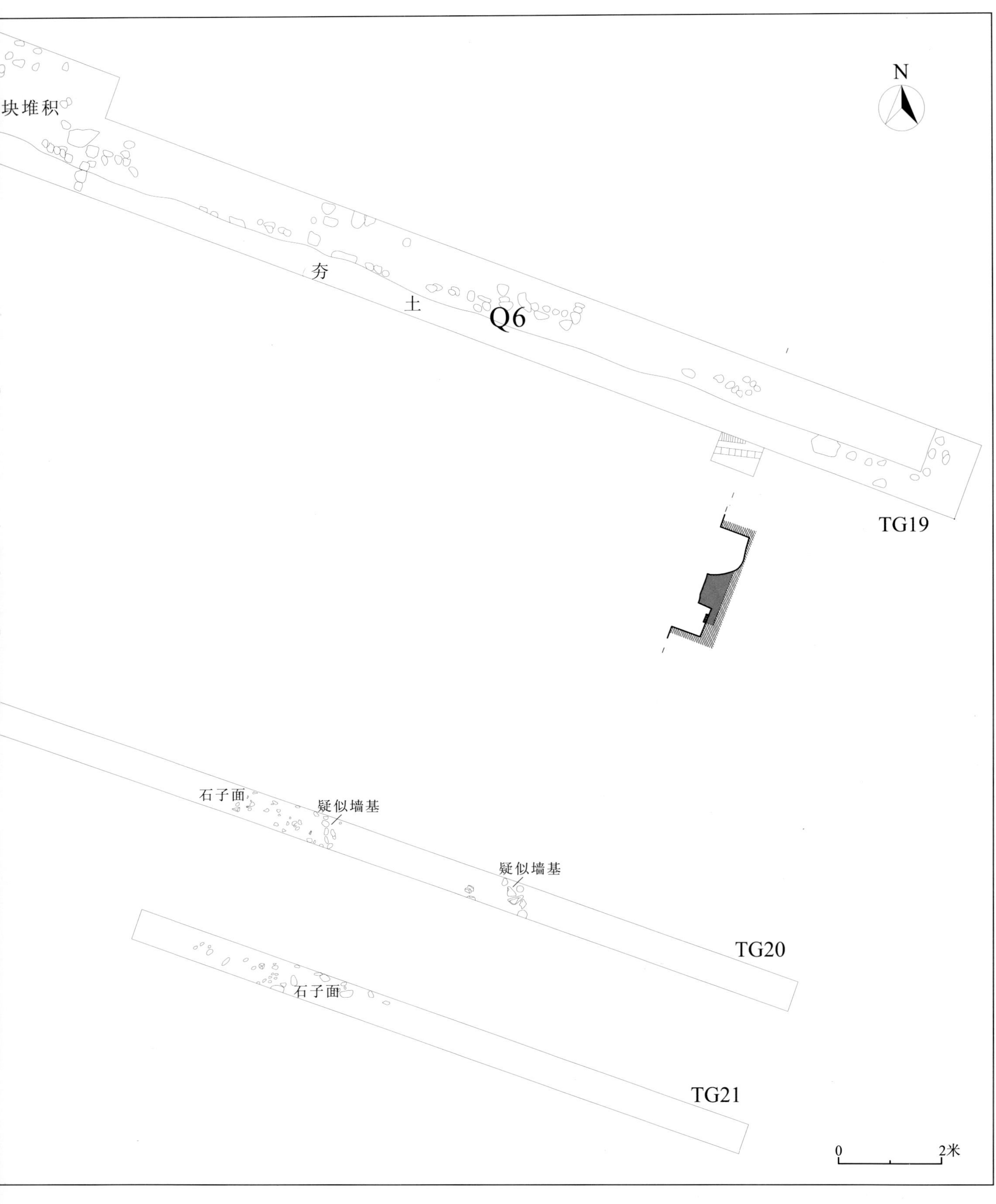

N
块堆积
夯
土
Q6
TG19
石子面
疑似墙基
疑似墙基
TG20
石子面
TG21
0
2米

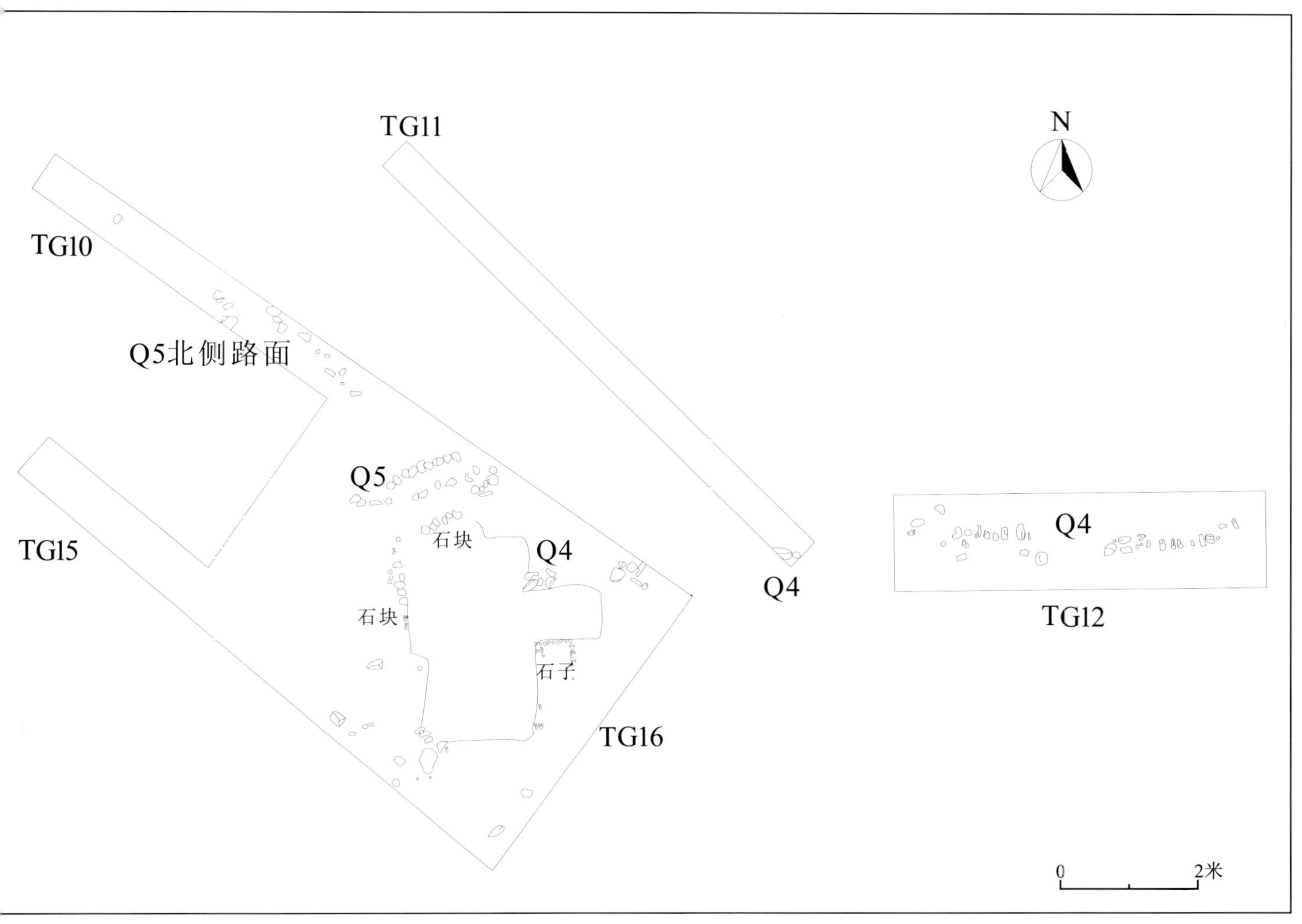

图3-51　2层下探沟内遗迹平面图

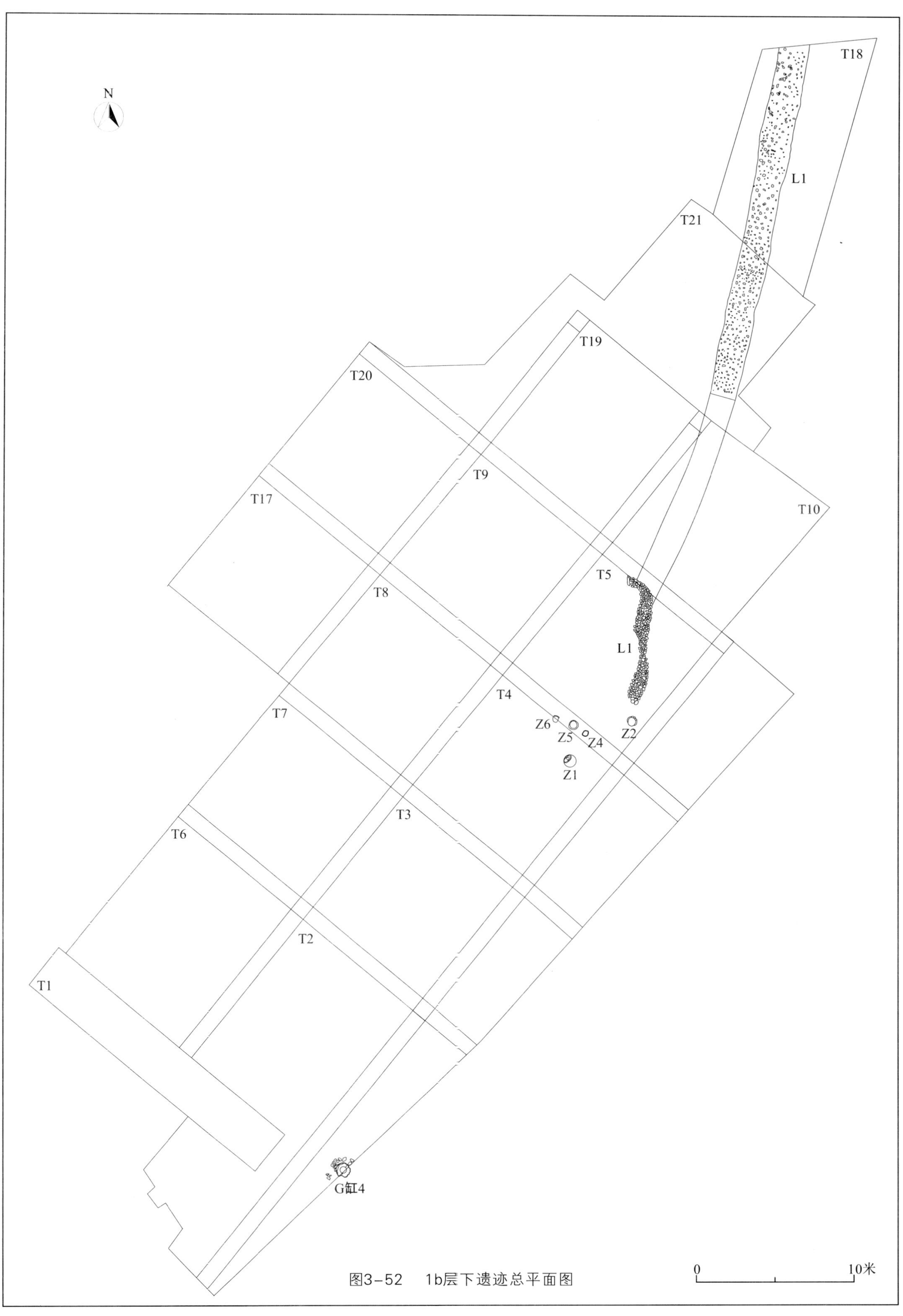

图3-52　1b层下遗迹总平面图

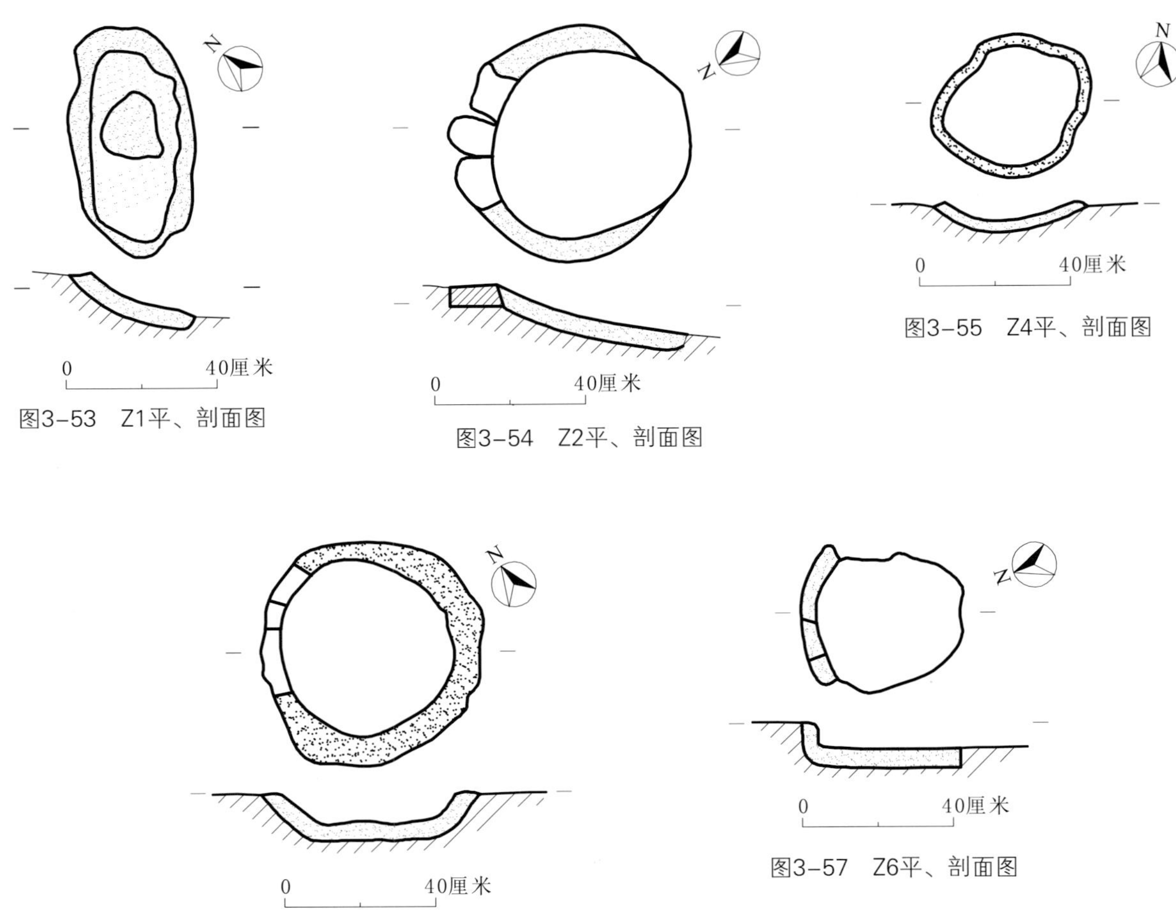

图3-53 Z1平、剖面图

图3-54 Z2平、剖面图

图3-55 Z4平、剖面图

图3-56 Z5平、剖面图

图3-57 Z6平、剖面图

仅存灶底残迹，红烧土残迹南北长约60、东西宽约32、残存深度约10厘米。底部有明显烧结痕迹，烧结厚度约5厘米。从残迹观察，其火门应开在东南侧。（图3-53；彩版六一，1、2）

Z2

位于T5东南部，北临L1。

仅残存少量痕迹，其东北部为砖块堆积，西南部为红烧土堆积，未见明显烧结痕迹，红烧土较为松散。东西略呈圆形，直径长约62、残深约14厘米，红烧土厚约3厘米。（图3-54；彩版六一，3）

Z4

位于T4北隔梁内，北临C2，东临Z5。

仅存灶底残迹，红烧土残迹南北长约45、东西宽约33、残存深度约5厘米。底部有明显烧结痕迹，烧结厚度约3厘米。（图3-55；彩版六二，1）

Z5

位于T4北隔梁内，西临Z4，北临C2，东临Z6。

仅存灶底残迹，红烧土残迹平面略成圆形，四周隆起，中部下凹。直径60、残存深度约8厘米。底部有明显烧结痕迹，烧结厚度约4厘米。（图3-56；彩版六二，2）

Z6

位于T4北隔梁内，北临G4，西临Z5。

仅存灶底残迹，红烧土残迹南北长约45、东西宽约35、残存深度约7厘米。底部有明显烧结痕迹，烧结厚度约5厘米。（图3-57；彩版六二，3）

（三）陶缸

共清理1口，编号G缸4。

G缸4

位于T2东部，部分延伸到东壁内，打破2层。

口底均为圆形，口部残，曲壁内收，平底。口径约90、底径45、残深约54厘米。缸壁施米黄釉，壁厚4厘米。（图3-58；彩版六二，4）

缸内填土为灰褐色，其内包含较多瓦砾、石块及少量青瓷、粗瓷残片。

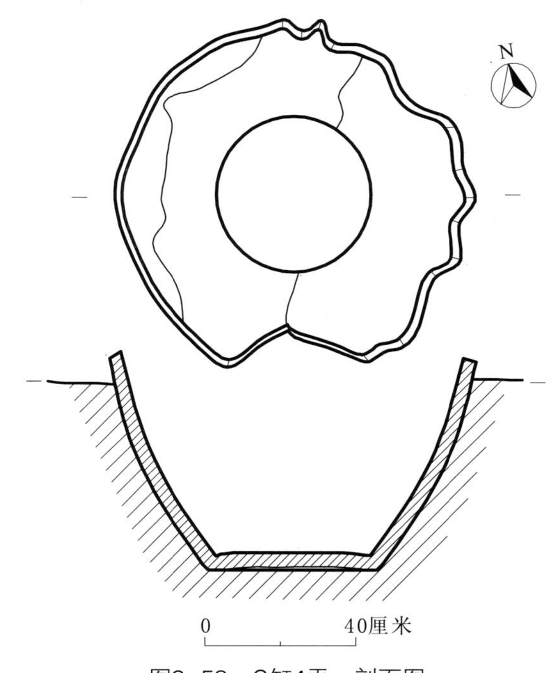

图3-58　G缸4平、剖面图

第四章　出土遗物

遗址内出土遗物丰富，以第2层出土遗物最多，水池、水沟等遗迹内出土遗物次之。所出遗物，按质地可分为陶、瓷、石、铁、铜等；按器形，陶器可细分为砖、瓦等建筑构件和盆、罐等生活用器，石器可细分为臼、碓、碾、磨、砚台等，瓷器可细分为碗、盏、杯、盘、碟、洗、炉、瓶、壶、罐、粉盒、灯盏、器盖等，另有铁刀一件、铜钱数十枚。

第一节　第3层堆积出土遗物

有陶质建筑构件、瓷器和铜钱。

（一）陶质建筑构件

板瓦

标本T5③：2，残。泥质灰陶，质细。凸面素面，凹面饰布纹。长25.6、残宽14.0、厚1.6厘米。（图4–1，1；彩版六三，1）

（二）瓷器

有青瓷和青白瓷。

1.青瓷

器形有碗、盏和灯盏，所属窑口未能确定，釉色以青釉为主，可见淡青釉器。

碗

标本T2③：1，可复原。圆唇，侈口，弧腹，内底较平，圈足，挖足欠规整。胎浅灰色，质略粗。釉青灰色，有光泽，釉面可见极细碎开片，散见芒眼。腹外壁隐约可见轮旋痕，下腹近足处及足壁、足跟处经旋削。口径16.0、足径6.0、高6.3厘米。（图4–1，3；彩版六三，2）

标本T2③：2，可复原。凸圆唇，敞口，斜直腹，内底较平，圈足，挖足浅。胎色不匀，红褐色局部夹深灰色，胎质较细，夹零星细砂。釉青黄色，生烧，釉面粗涩，剥蚀严重，无光泽。施釉不及底。口径15.0、足径7.4、高6.1厘米。（图4–1，4；彩版六四，1）

盏

标本T4③：1，可复原。厚圆唇外凸，侈口，弧腹，小平底下凹，外底隆起，圈足稍内敛，挖足较浅。胎浅灰色，器表露胎处呈灰黄色，质较细。釉色淡青偏白，显乳浊，亚光，釉面散见棕眼。施釉不及底。外底墨书“商”字。口径9.6、足径3.2、高4.8厘米。（图4–1，

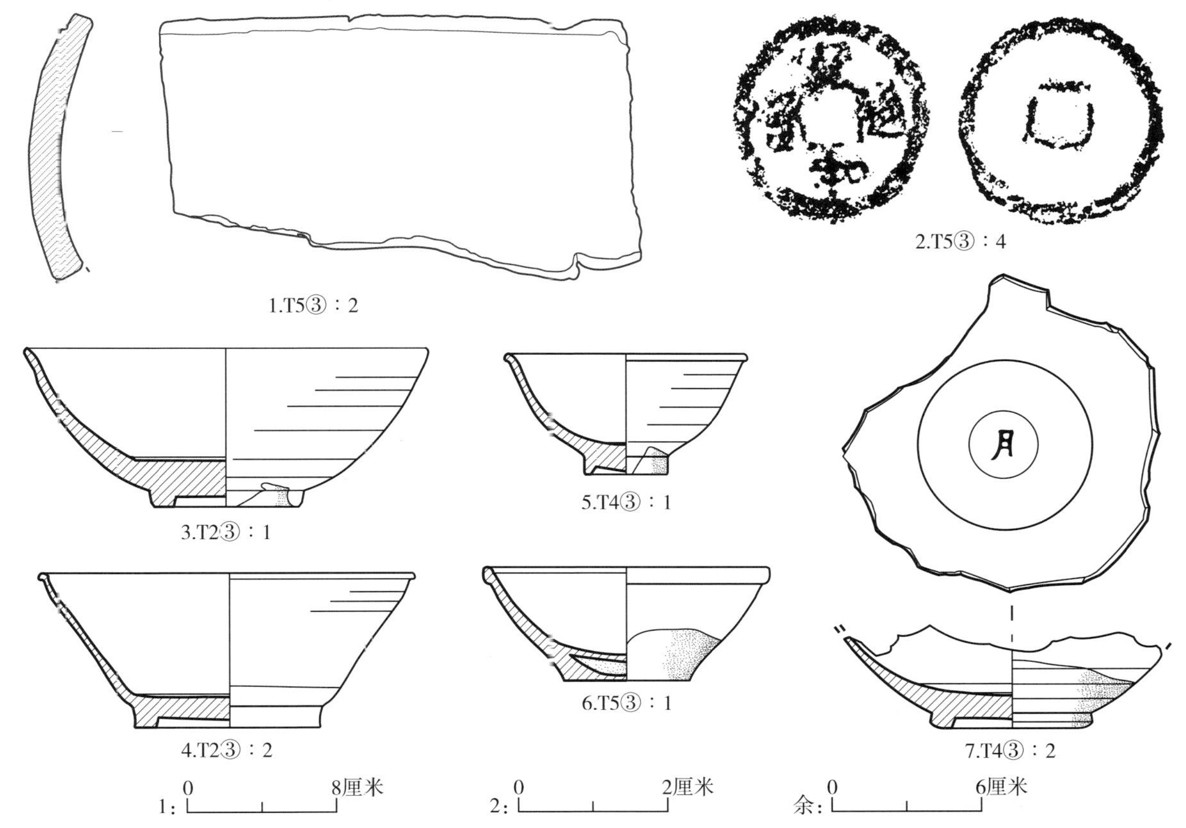

图4-1　第3层堆积出土板瓦、瓷器、铜钱

1.板瓦　2.铜钱“宣和通宝”　3、4.青瓷碗　5.青瓷盏　6.青瓷灯盏　7.景德镇窑青白瓷碗（图中瓷器凡未标明窑口的均为未定窑口，下同）

5；彩版六四，2）

灯盏

标本T5③：1，可复原。厚圆唇外凸，敞口，斜腹，平底。胎灰褐色，质较细，底部有较大气隙。釉青褐色，釉面粗糙，无光泽。仅内壁及外壁上腹局部施釉。腹部外壁可见一圈叠烧痕，其上腹壁无釉处呈灰褐色、其下呈青灰色。口径11.4、底径5.0、高4.5厘米。（图4-1，6；彩版六五，1）

2.青白瓷

包括景德镇窑碗及少量未能确定窑口瓷片。

碗

标本T4③：2，腹底残件。弧腹，内底稍向下弧凹，圈足，挖足。胎灰白色，质细。釉色青白偏青，釉面光滑，光泽较好，开片细密。施釉不及底。内底心印一“月”字。圈足外缘经旋削。内底及足底可见叠烧痕。足径6.5厘米。（图4-1，7；彩版六五，2）

（三）铜钱

宣和通宝

1枚。北宋徽宗宣和年间（1119~1125年）铸。

标本T5③：4，完整，对读。直径2.6厘米。（图4-1，2）

第二节 第3层下遗迹出土遗物

一 H6出土遗物

均为未能确定窑口的青瓷器，其中有6件青褐釉粗瓷瓶，余为不辨器形的细小残片。

瓶

均可复原。口沿处可见垫烧痕，下腹近底处可见指捏痕。依肩部形态分两类：

Ⅰ.肩部不明显。其器形为尖圆唇，宽平沿，敛口，束颈，腹稍鼓，平底微内凹。

标本H6：4，可复原。胎灰褐色，质略粗。口至上腹部施釉，釉薄，局部生烧，釉灰青

图4-2 第3层下遗迹H6出土青褐釉粗瓷瓶

或灰黄色。口径8.9、腹径12.0、底径8.2、高21.3厘米。（图4–2，1；彩版六六，1）

标本H6：1，可复原。胎红褐色，质略粗。口及上腹局部施薄釉，生烧，釉灰白或灰黄色。口径8.4、腹径11.4、底径7.5~8.4、高23.2厘米。（图4–2，2；彩版六六，2）

Ⅱ.肩部近颈处经旋削。其器形为圆唇，斜平沿，敛口，溜肩，直腹略曲，底较平。

标本H6：2，可复原。胎灰褐色，质略粗。口肩部施薄釉，釉褐色。口径8.0~8.9、腹径11.1、底径7.8、高21.6厘米。（图4–2，3；彩版六六，3）

标本H6：3，可复原。外底略下凸。胎色不匀，呈灰、灰褐、红褐色，质略粗。口肩部施薄釉，釉深褐色。口径7.8、腹径11.0、底径8.0、高22.0厘米。（图4–2，4；彩版六六，4）

标本H6：5，可复原。胎红褐色，质略粗。口肩部施薄釉，釉红褐或青褐色。口径7.7、腹径10.0、底径6.7~7.1、高21.4厘米。（图4–2，5；彩版六七，1）

标本H6：6，可复原。胎灰褐色，质略粗。口肩部施薄釉，釉青褐色。口径6.7、腹径8.4、底径6.4、高22.0厘米。（图4–2，6；彩版六七，2）

二　J3出土遗物

有陶质建筑构件和瓷器。其中，瓷器仅见少量青瓷及粗瓷小碎片。陶质建筑构件均为砖。

砖

标本J3：1，完整。泥质灰陶，夹细砂。长28.3、宽9.3、厚5.5厘米。（图4–3，1；彩版

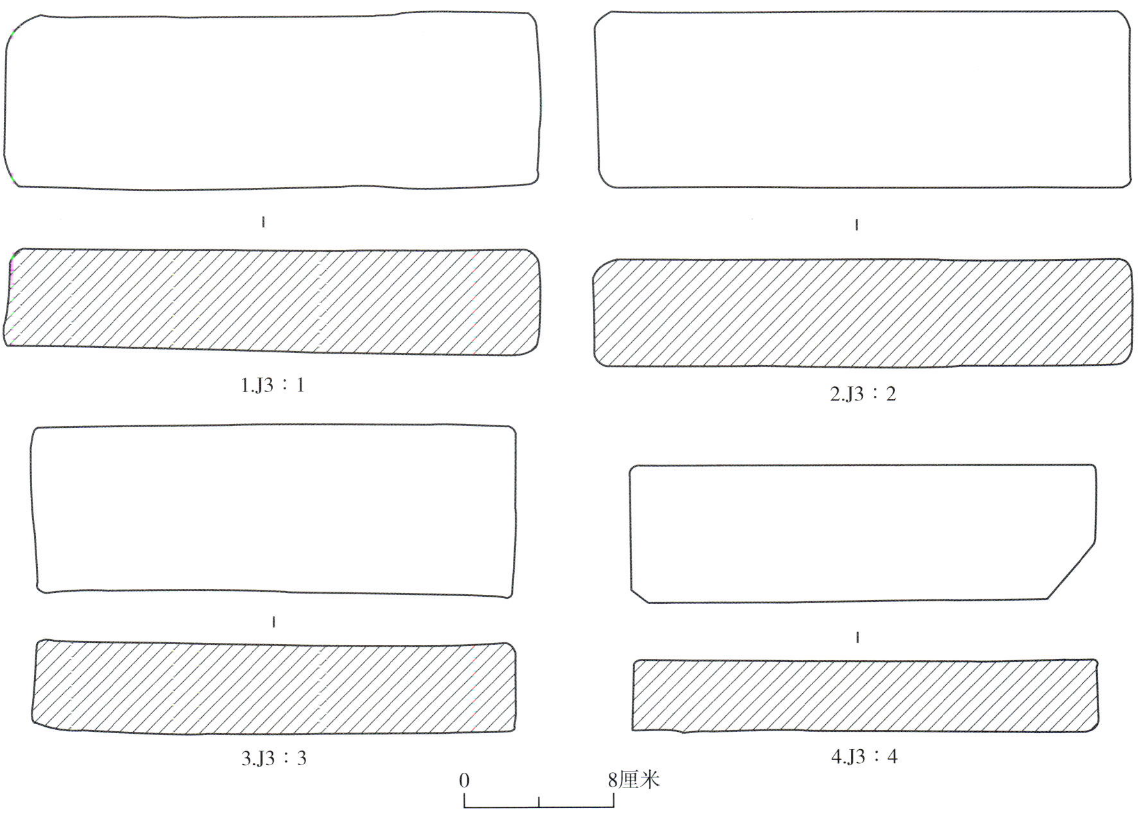

图4–3　第3层下遗迹J3出土砖

六八，1）

标本J3：2，稍残。泥质灰陶，夹细砂。长28.6、宽9.5、厚5.7厘米。（图4–3，2；彩版六八，2）

标本J3：3，完整。泥质灰陶，泥质细。长25.7、宽8.8、厚4.6厘米。（图4–3，3；彩版六八，3）

标本J3：4，稍残。泥质灰陶，夹细砂。长24.7、宽7.2、厚3.9厘米。（图4–3，4；彩版六八，4）

第三节　第2层堆积出土遗物

包括陶质建筑构件、陶器、瓷器、石质遗物和铜器等。

（一）陶质建筑构件

砖

标本T2②：67，稍残。泥质灰陶，质细。正面刻“大中祥符二年九月二日记”字样。长28.3、宽14.1、厚3.5厘米。（图4–4，1；彩版六九，1）

标本T19②：8，残。泥质灰陶，质细。短边模印一阳文“西”字，长边一侧有粘连痕。残长11.7、宽9.8、厚2.9厘米。（图4–4，2；彩版六九，2）

标本T2②：66，完整。泥质灰陶，质细。长25.3、宽10.9、厚3.3厘米。（图4–4，3；彩版七〇，1）

标本T2②：68，稍残。泥质灰陶，夹砂。长25.0、宽8.3、厚3.4厘米。（图4–4，4；彩版七〇，2）

标本T1②：2，残。泥质灰陶，质细。一端显深灰色。残长13.3、宽8.0、厚2.7厘米。（彩版七〇，3）

标本T19②：10，残。夹砂。一面修出凹槽。残长5.4、宽8.8、厚5.7厘米。（图4–4，5；彩版七〇，4）

标本T19②：9，残。夹砂。一面凿一口径3.2厘米的近圆形凹孔。残长11.0、宽8.0、厚4.0厘米。（图4–4，6；彩版六九，3）

板瓦

泥质灰陶，质细。

标本T2②：69，残。凸面为素面，凹面饰布纹。长29.5、宽19.0、厚1.6厘米。（彩版七一，1）

标本T10②：8，残。凸面饰两组纵向数道细绳纹，凹面饰布纹。残长25.7、宽20.5、厚1.5厘米。（图4–4，7；彩版七一，2）

标本T15②：5，残。表面呈红褐色。凸面饰细密绳纹，凹面饰布纹。残长20.6、残宽14.5、厚1.4厘米。（图4–4，8；彩版七二，1）

图4-4 第2层堆积出土砖瓦

1~6.砖 7~9.板瓦

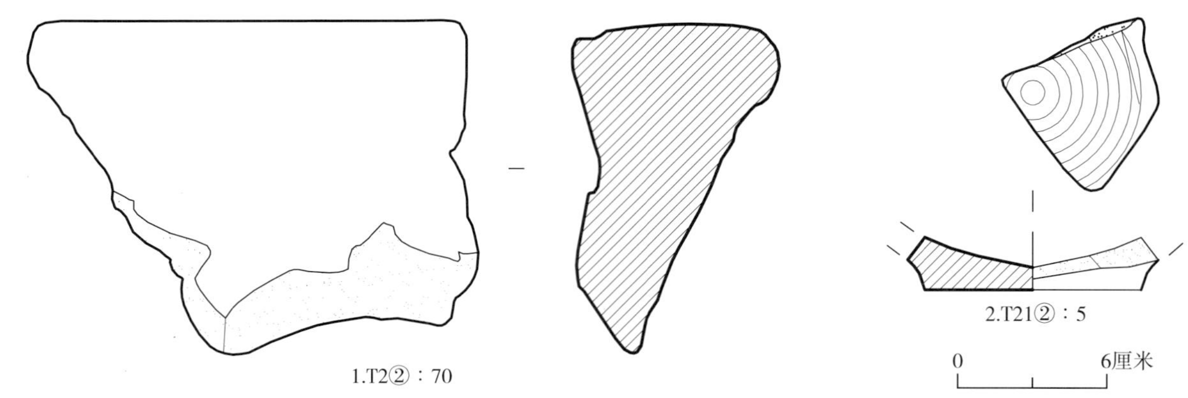

图4-5 第2层堆积出土陶器

标本T19②：7，残。凸面饰细密绳纹，凹面饰布纹。残长23.8、残宽19.1、厚1.5厘米。（图4-4，9；彩版七二，2）

（二）陶器

标本T2②：70，口沿残件。器形不明。泥质灰陶。宽方唇，敛口。残长17.4、残宽13.2、厚8.5 厘米。（图4-5，1；彩版七三，1）

标本T21②：5，器底残件。器形不明。釉陶。平底。内底饰八周螺旋纹。螺旋处施少量薄釉，釉层剥落严重。底径8.6厘米。（图4-5，2；彩版七三，2）

（三）瓷器

有青瓷、白瓷、白釉褐彩瓷、青白瓷、黑（酱）釉瓷、褐釉瓷和素胎粗瓷。

1.青瓷

包括龙泉窑、越窑、铁店窑产品，另有一些未能确定窑口的残件。

（1）龙泉窑

器形有碗、盘和炉。

碗

莲瓣碗

标本T2②：9，可复原。圆唇，敞口，弧腹，内底平，圈足，挖足浅。胎灰色，质较细。釉色青黄偏褐，较有光泽，散布细小棕眼。底足无釉。莲瓣较宽，分层叠压，内底心刻划莲花纹。外底有墨书文字，字迹漫漶不清。口径14.8、足径5.0、高7.0厘米。（图4-6，1；彩版七四，1）

标本T2②：11，可复原。圆唇，敞口，弧腹，内底平，圈足，挖足浅。胎浅灰色，质细。釉色近粉青，亚光。外底无釉。莲瓣分层叠压。口径16.6、足径6.0、高6.8厘米。（图4-6，2；彩版七四，2）

标本T5②：1，可复原。圆唇，侈口，弧腹，内底平，外底心稍隆起，圈足稍内敛。胎灰色，质较细。釉色灰青偏乳浊，亚光，有开片纹。足底刮釉。莲瓣窄长。口径14.6、足径

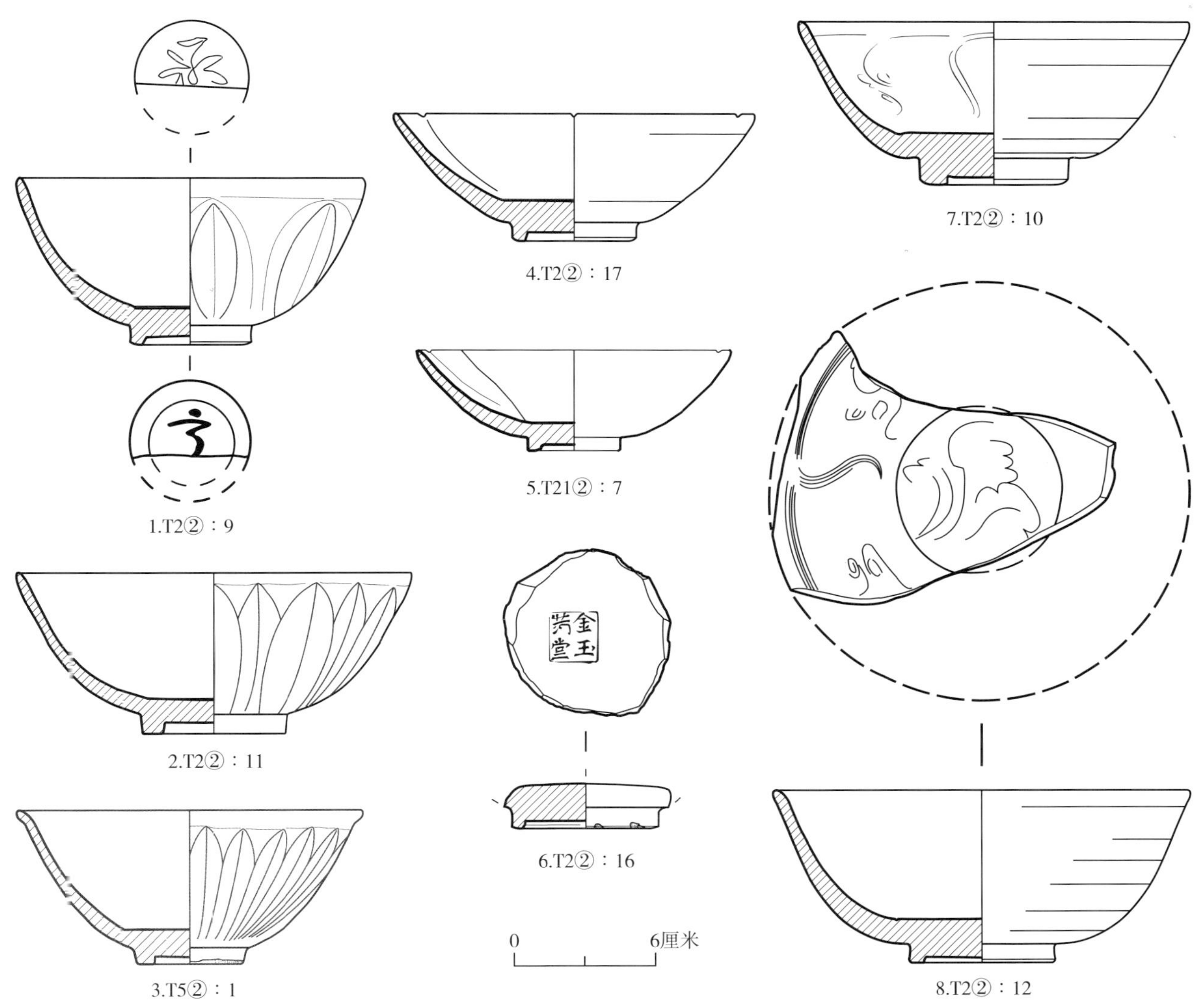

图4-6　第2层堆积出土龙泉窑青瓷碗

4.5、高6.5厘米。（图4-6，3；彩版七五，1）

葵口碗　腹内壁葵口凹缺下出白筋，即“葵口出筋”。

标本T2②：17，可复原。圆唇，敞口，弧腹，内底平，圈足，挖足浅。胎灰色，质欠细，有气隙。釉色青灰偏绿，有光泽，釉面散见开片细纹。底足无釉。内底心戳印。口径15.2、足径5.2、高5.4厘米。（图4-6，4；彩版七五，2）

标本T21②：7，可复原。圆唇，敞口，弧腹，内底平，圈足，挖足浅，且欠规整。胎灰色，质细。釉色青灰偏绿，有光泽。底足无釉。内底心戳印“河滨遗范”四字。口径13.3、足径3.9、高4.2厘米。（图4-6，5；彩版七六，1）

敞口碗　刻划纹饰相近，腹内壁用复线“S”形纹分隔成五等分，内刻划缭绕状云彩，“S”纹上端以多线圆弧纹相连。

标本T2②：10，可复原。圆唇，弧腹，内底平，圈足，挖足浅。胎灰色，质细。釉色近粉青，有光泽，釉面零星可见棕眼。底足无釉。口径16.5、足径6.2、高6.9厘米。（图4-6，7；彩版七六，2）

标本T2②：12，可复原。圆唇，弧腹，内底较平，圈足，挖足浅。胎灰色，质细。釉色近粉青，亚光。外底无釉，可见垫烧痕。内底刻简化荷叶纹。口径17.6、足径6.2、高7.4厘米。（图4–6，8；彩版七七，1）

碗残件

标本T2②：16，底部残件。内底平，圈足，挖足浅。胎灰色，质细。釉色青绿，有光泽。底足无釉。内底心印“金玉满堂”四字。足径6.2厘米。（图4–6，6；彩版七七，2）

盘

莲瓣盘　腹外壁刻莲瓣纹。器形相近，圆唇，敞口，弧腹，内底较平，挖圈足。

标本T2②：13，可复原。挖足浅。胎浅灰色，质细。釉色青翠，有光泽。底足无釉。莲瓣窄长，分层叠压。内壁底腹连续处划浅凹弦纹一周。口径14.6、足径5.6、高3.7厘米。（图4–7，1；彩版七八，1）

标本T2②：14，可复原。挖足浅。胎浅灰色，质细。釉青灰色，亚光。底足无釉。内壁底腹连续处划凹弦纹一周。口径15.5、足径5.6、高4.4厘米。（图4–7，2；彩版七八，2）

标本T5②：2，可复原。挖足浅。胎灰色，质细。釉青灰色，较有光泽。外底无釉，可见

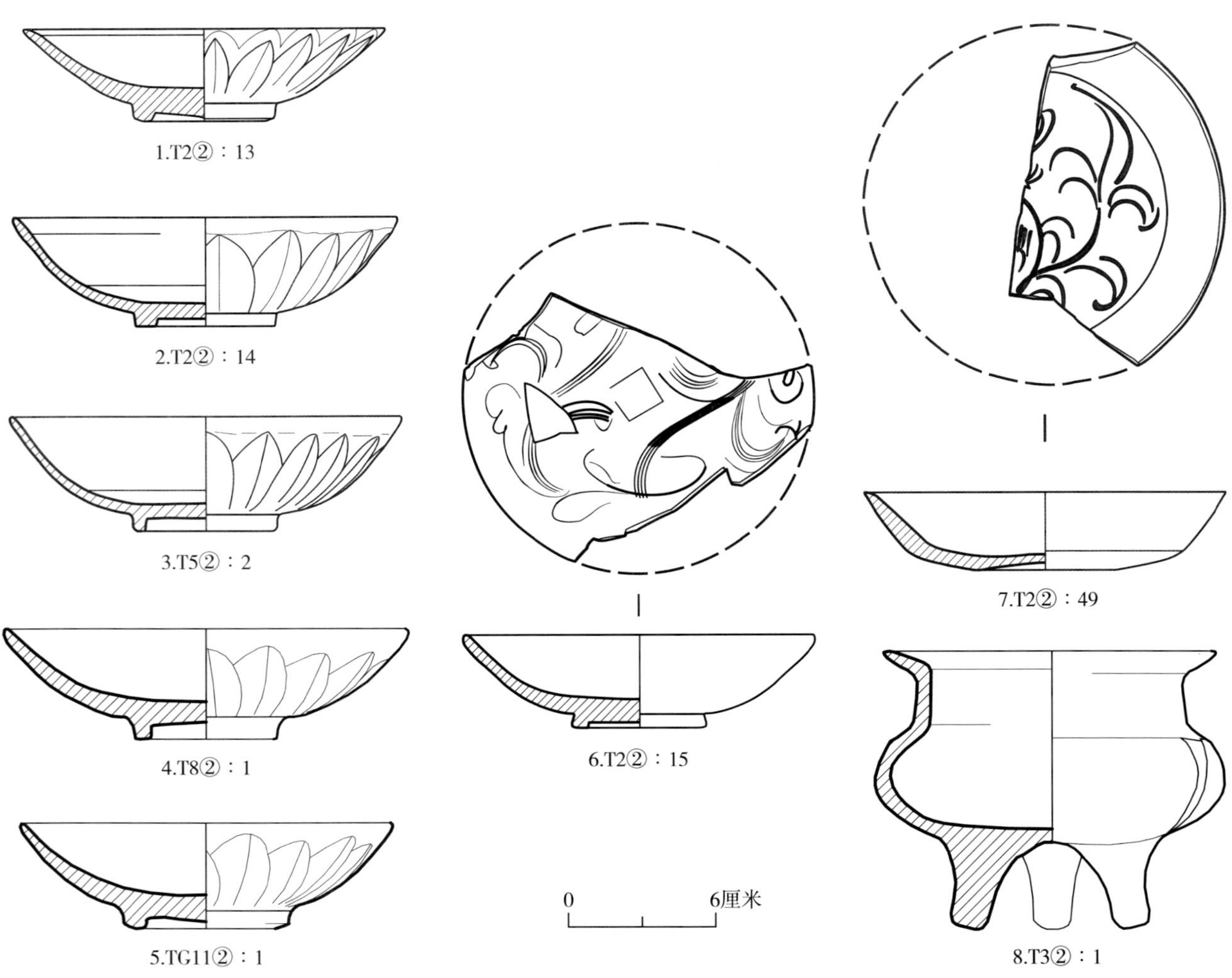

图4–7　第2层堆积出土龙泉窑青瓷器

1~7.盘　8.炉

垫烧痕。底腹连续处内壁刻凹弦纹一周。口径15.8、足径5.8、高4.6厘米。（图4-7，3；彩版七九，1）

标本T8②：1，可复原。挖足较浅。胎灰色或灰黄色，质较细。釉厚，呈青灰色，略显乳浊，有光泽，釉面开片处片纹细碎。底足无釉。口径16.1、足径5.7、高4.4厘米。（图4-7，4；彩版七九，2）

标本TG11②：1，可复原。挖足浅。胎灰色，质较细。釉青灰色，光泽暗淡，釉层较厚，釉面可见灰黄、灰褐色细小斑点。底足无釉。口径15.0、足径6.6、高4.2厘米。（图4-7，5；彩版八〇，1）

敞口盘

标本T2②：15，可复原。圆唇，弧腹，内底平，圈足稍外侈，挖足浅。胎浅灰色，质细。釉色青翠，有光泽。底足无釉。内壁刻划缠枝花卉，底心印“金玉满堂”四字。口径14.2、足径5.4、高3.7厘米。（图4-7，6；彩版八〇，2）

平底盘

标本T2②：49，可复原。圆唇，敞口，斜直腹，下腹急收，内底平，外底稍内凹。胎灰色，质细。釉青色，偏淡，有光泽。外底无釉。内底刻花。口径14.6、底径5.8、高3.1厘米。（图4-7，7；彩版八一，1）

炉

标本T3②：1，可复原。圆唇，宽折沿，高领，折肩，鼓腹，底较平，三柱状足。腹至足部纵向出脊。胎浅灰色，质细。釉色粉青，釉厚，釉面光滑，光泽好。足底无釉。足内侧近器底处镂圆孔。口径13.4、腹径14.1、高11.1厘米。（图4-7，8；彩版八一，2）

（2）越窑

碗

侈口碗

标本T2②：72，可复原。圆唇，弧腹，内底压圈、较平，高圈足。器底厚重。胎浅灰色，质较细，有气隙。釉青绿色，有光泽，釉层较薄，开片细密。腹外壁刻蕉叶纹。外底可见支烧痕。口径15.0、足径6.6、高8.7厘米。（图4-8，1；彩版八二，1）

碗残件

标本T5②：3，底腹残件。斜弧腹，小内底较平，外底心稍隆起，圈足。胎灰色，质细。釉色青黄偏暗，釉面散见棕眼。裹足支烧，外

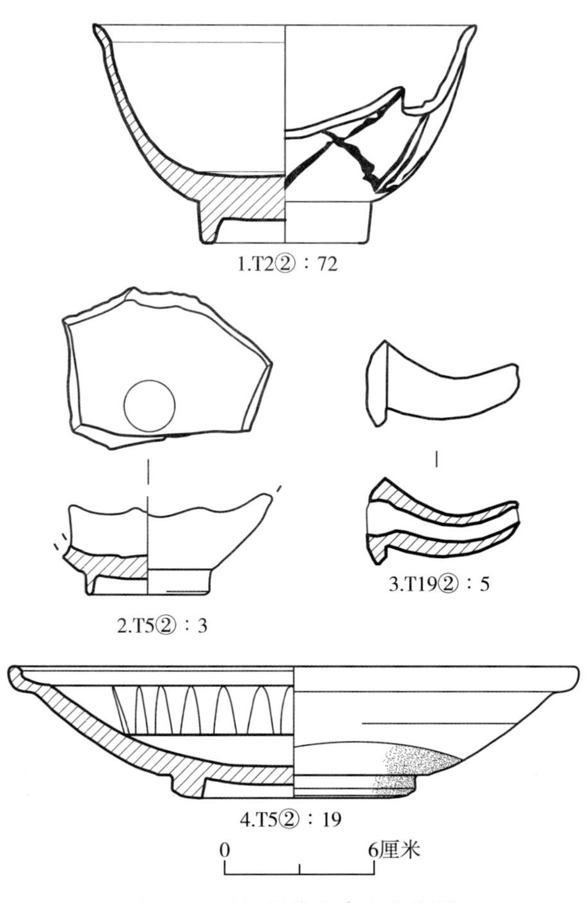

图4-8　第2层堆积出土青瓷器
1、2.越窑青瓷碗　3.越窑青瓷壶　4.铁店窑青瓷盘

底可见支烧痕。足径4.8厘米。（图4–8，2；彩版八二，2）

壶

标本T19②：5，壶流残件。管状壶流上翘，口部斜削。胎灰色，质细。釉色青翠，有光泽，开片细密。流口直径0.9、残长6.0厘米。（图4–8，3；彩版八二，3）

（3）铁店窑

盘

标本T5②：19，可复原。圆唇，卷沿，敞口，斜弧腹，底稍弧形下凹，圈足。胎灰黄色，质略粗。釉色青褐、蓝白，亚光，有流釉。施釉不及底。腹内壁饰菊瓣纹。内底及足底可见叠烧痕。口径22.6、足径9.6、高5.2厘米。（图4–8，4；彩版八三，1）

（4）未定窑口

釉色上有青釉和淡青釉的差别，另有部分生欠烧器。

A.青釉器　器形有碗、盏、盘。以叠烧为主，叠烧时内底处理方式有所不同，大部分内底满釉，部分内底涩圈，内底及足底均可见叠烧痕。另有少量碗类产品仅足底可见垫烧痕。

碗

以叠烧为主。依内底处理方式不同可分为如下几类：

Ⅰ.内底满釉叠烧。有敞口碗和侈口碗。有部分碗外底墨书。

敞口碗　依腹部形态有弧腹、斜弧腹和上腹弧折之分。

a.弧腹。

标本T2②：22，可复原。圆唇，凹内底较平，圈足微外侈。胎浅灰或灰黄色，较有光泽，开片极细碎。施釉不及底。下腹近足处可见修足跳刀痕。腹外壁可见轮旋痕。口径15.8、足径6.0、高7.5 厘米。（图4–9，1；彩版八三，2）

标本T2②：25，可复原。圆唇，内底稍弧形下凹，圈足。胎灰黄或灰色，质较细。釉色青黄，有细密开片。施釉欠匀且不及底。口径16.8、足径5.8、高6.2 厘米。（图4–9，2；彩版八四，1）

标本T2②：26，可复原。圆唇，内底稍弧形下凹，圈足，挖足较浅。胎灰色，质欠细，夹细砂，有气隙。釉色青灰偏黄，较有光泽，釉面开片细碎。施釉不及底。腹外壁刻划数组纵向篦纹，内壁刻宽线条纹饰。口径16.7、足径5.4、高6.4厘米。（图4–9，3；彩版八四，2）

标本T2②：29，可复原。圆唇，凹内底较平，圈足，挖足欠规整。胎灰色，质较细。釉色青绿泛黄白，木光，开片细密，有剥落。施釉不及底。口径15、足径5.2、高6.1厘米。（图4–9，4；彩版八五，1）

标本T2②：51，可复原。圆唇，凹内底较平，圈足，挖足欠规整。胎灰色，质略粗，夹砂粒。釉色灰青偏黄，无光，釉面粗涩。施釉不及底。下腹外壁及足壁经旋削。口径16.8、足径5.7、高5.9厘米。（图4–9，6；彩版八五，2）

标本T5②：7，可复原。圆唇，内底稍下凹，圈足，挖足规整。胎灰色或灰黄色，质较细。釉色灰青偏黄，较有光泽，开片较细密。施釉不及底。上腹内壁近口沿处刻凹弦纹一

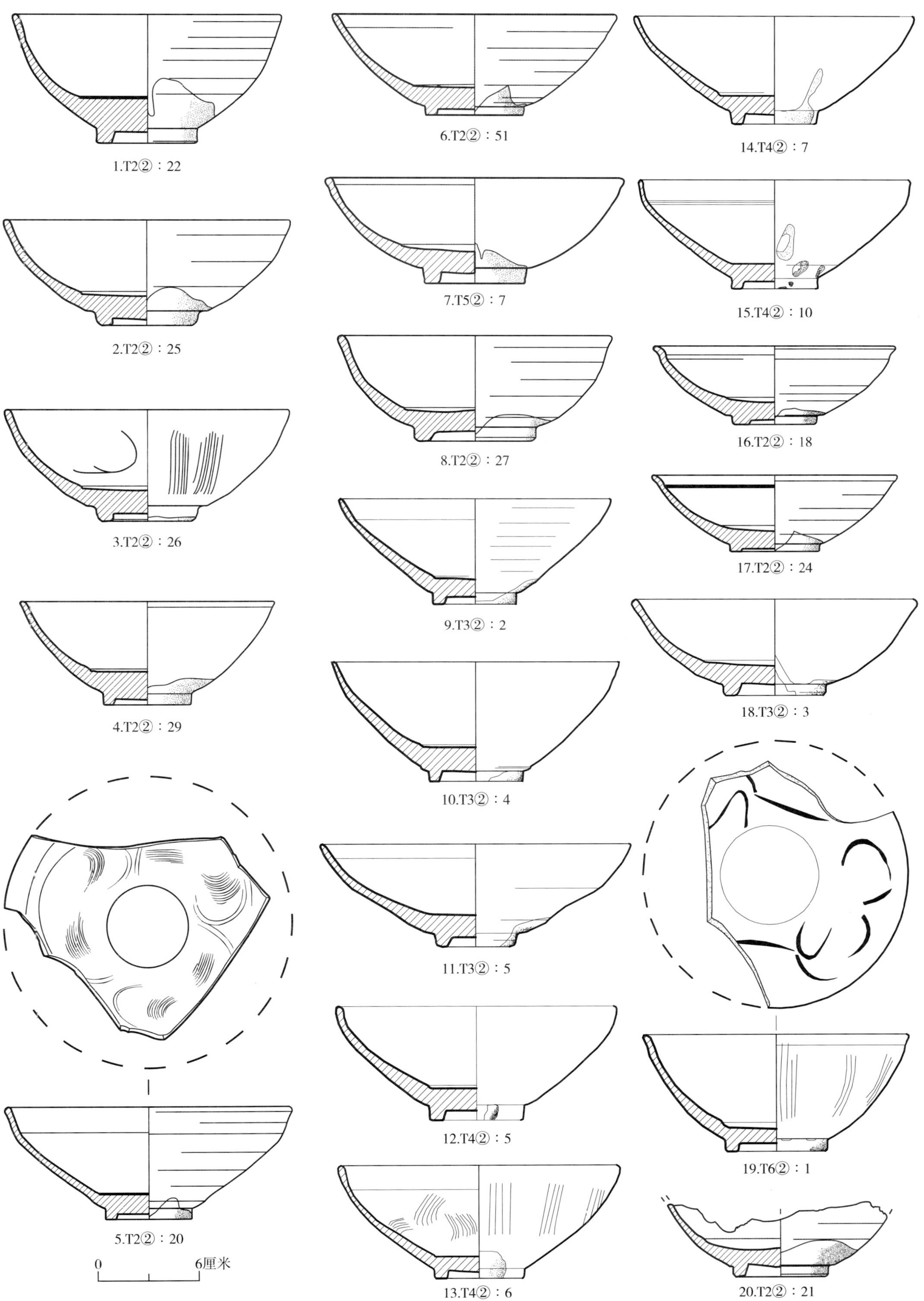

图4-9　第2层堆积出土青釉碗

周。外底墨书。口径17.6、足径5.8、高6.2厘米。（图4–9，7；彩版八六，1）

b.斜弧腹。

标本T2②：27，可复原。圆唇，凹内底较平，圈足。胎灰黄或灰色，质欠细。釉色青黄，光泽较差，开片细密，釉面有剥蚀。施釉不及底。口径16.2、足径7.2、高6.2 厘米。（图4–9，8；彩版八六，2）

c.上腹弧折，口近直。

标本T2②：20，可复原。圆唇，下腹斜直，凹内底欠平整，圈足，修足欠规整。胎灰黄色，质略粗。釉青褐色泛黄白点，光泽较差，散见棕眼。施釉不及底。腹内壁刻划海浪纹，饰篦纹。口径16.9、足径5.0、高6.6厘米。（图4–9，5；彩版八七，1）

标本T3②：2，可复原。圆唇，下腹斜弧，凹内底较平，圈足，挖足不规整。胎灰色，质略粗，夹细砂。釉色青黄，较有光泽，开片细碎。施釉不及底。上腹近口处划凹弦纹一周。下腹近足处外壁及足壁经旋削。口径16、足径4.8、高6.2厘米。（图4–9，9；彩版八七，2）

标本T3②：4，可复原。圆唇，下腹斜弧，内底平凹，圈足，挖足不规整。胎灰褐色，质偏粗，有气隙。釉色青黄偏褐，泛黄白点，有开片，光泽较差。施釉不及底。下腹及足壁经旋削。口径17.0、足径5.6、高7.0厘米。（图4–9，10；彩版八八，1）

标本T3②：5，可复原。圆唇，下腹斜弧，凹内底较平，圈足。胎浅灰色，质略粗，有气隙。釉灰青色，泛细小黄白点，光泽较差。施釉不及底。上腹内壁近口沿处划凹弦纹一周。下腹近足处及足壁经旋削。口径18.3、足径4.6、高6.0厘米。（图4–9，11；彩版八八，2）

标本T4②：5，可复原。圆唇，下腹斜弧，凹内底较平，圈足，挖足较浅。胎灰褐色，质偏粗，夹细砂。釉色灰青偏黄，光泽较差，开片细碎。施釉不及底。上腹内壁环刻数道凹弦纹。下腹及足壁经旋削。口径16.4、足径5.6、高6.6厘米。（图4–9，12；彩版八九，1）

标本T4②：6，可复原。圆唇，下腹斜弧，凹内底较平，圈足，挖足欠规整。胎灰色，质略粗，有气隙。釉灰青色，有开片纹，亚光。施釉不及底。腹内壁篦划纹饰，近口沿处划凹弦纹一周，外壁分组划竖向篦纹。下腹外壁及足壁经旋削。口径16.5、足径5.2、高6.6厘米。（图4–9，13；彩版八九，2）

标本T4②：7，可复原。圆唇，下腹斜直，凹内底较平，圈足，挖足略欠规整。胎红褐色，质略粗，有气隙。釉色灰青偏褐，亚光，开片极细碎。施釉不及底。上腹外壁划两周凹弦纹。下腹近足处及足壁经旋削。口径16.3、足径4.9、高6.3厘米。（图4–9，14；彩版九〇，1）

标本T4②：10，可复原。圆唇，下腹斜直，凹内底较平，圈足，挖足较浅。胎灰色，质略粗。釉色灰青偏黄，木光，有流釉。施釉不及底。上腹内壁环刻数道凹弦纹。下腹及足壁经旋削。口径15.8、足径5.1、高6.4厘米。（图4–9，15；彩版九〇，2）

侈口碗

标本T2②：18，可复原。圆唇，弧腹，凹内底较平，圈足，挖足浅。胎灰色或灰褐色，质略粗，夹细砂。釉色青灰偏黄，亚光，釉面可见细碎开片。施釉不及底。上腹内壁近口沿处饰凹弦纹一周。口径14.1、足径5.0、高4.6厘米。（图4–9，16；彩版九一，1）

标本T2②：24，可复原。圆唇，弧腹，凹内底较平，圈足，挖足浅。胎灰黑或灰褐色，质欠细，夹细砂。釉色灰青偏褐，亚光，可见细密开片。施釉不及底。下腹近足处及足壁经旋削。口径14.3、足径5.2、高4.5 厘米。（图4–9，17；彩版九一，2）

标本T3②：3，可复原。圆唇，斜弧腹，凹内底欠平，圈足。胎浅灰色，质较细。釉青黄色，光泽较差，开片极细碎。施釉不及底。下腹外壁至足跟经旋削。口径16.8、足径6.0、高5.7厘米。（图4–9，18；彩版九二，1）

标本T6②：1，可复原。圆唇，弧腹，圈足，挖足较浅。胎灰黑色，质略粗，夹细砂。釉色青灰泛黄，亚光，釉面开片极细碎。施釉不及底。外壁刻九组纵向折扇纹，内壁刻划简化纹饰。下腹近足处及足壁经旋削。口径15.6、足径6.0、高6.8厘米。（图4–9，19；彩版九二，2）

碗残件　外底有墨书。

标本T2②：21，腹底残件。弧腹，凹内底较平，圈足，挖足略欠规整。胎浅灰褐色，质欠细，夹细砂。釉青黄色，开片极细碎，釉面有剥蚀。施釉不及底。下腹近足处至足跟经旋削。外底墨书“王”字。足径5.6厘米。（图4–9，20；彩版九二，2）

Ⅱ.内底涩圈叠烧。均为敞口碗，其中少量足底可见垫烧痕迹。

敞口碗　依腹部形态有斜腹、斜弧腹与上腹弧折之分。

a.斜腹。

标本T2②：28，可复原。圆唇，底稍弧形下凹，圈足，挖足浅且不规整。胎浅灰或红褐色，质较细。釉灰青色，偏乳浊，局部聚釉。施釉不及底。下腹近足处及足壁经旋削。口径16.6、足径8.2、高4.6厘米。（图4–10，1；彩版九三，2）

标本T5②：5，可复原。圆唇，底弧形下凹，圈足。胎深灰或灰褐色，质略粗。釉灰青色，亚光，局部聚釉。施釉不及底。内壁底腹连续处刻凹弦纹一周。下腹外壁及足部经旋削。口径17.4、足径8.8、高4.2厘米。（图4–10，2；彩版九四，1）

标本T5②：6，可复原。圆唇，内底稍弧形下凹，圈足，挖足浅。胎灰色，质略粗，夹细砂。釉色灰青乳浊，光泽差，釉面散见棕眼。施釉不及底。口径16.5、足径8.0、高4.0厘米。（图4–10，3；彩版九四，2）

标本T5②：8，可复原。尖唇，底弧形下凹，圈足。胎深灰色，质略粗。釉色灰青偏暗，亚光，局部聚釉。施釉不及底。腹内壁近口沿处、下腹近底处各刻凹弦纹一周。下腹近足处及足部经旋削。口径16.2、足径7.2、高5.1厘米。（图4–10，4；彩版九五，1）

标本T15②：3，可复原。圆唇，底弧凹，圈足。胎灰黑色，器表露胎处局部显灰褐色，质略粗，夹细砂。釉青褐色，光泽差，釉面粗涩，局部有剥落。施釉不及底。下腹及足壁、足跟处经旋削。口径15.2、足径7.4、高5.0厘米。（图4–10，5；彩版九五，2）

b.斜弧腹。足底可见垫烧痕迹。

标本T4②：4，可复原。圆唇，内底平凹，圈足，挖足不规整。胎灰色，质较细，夹细砂。釉色灰青偏绿，有光泽，釉面可见开片纹，散见窜烟斑点。施釉欠匀，且不及底。下腹及足部经旋削，足底可见垫烧粘连痕。口径13.6、足径4.6、高4.8厘米。（图4–10，7；彩版

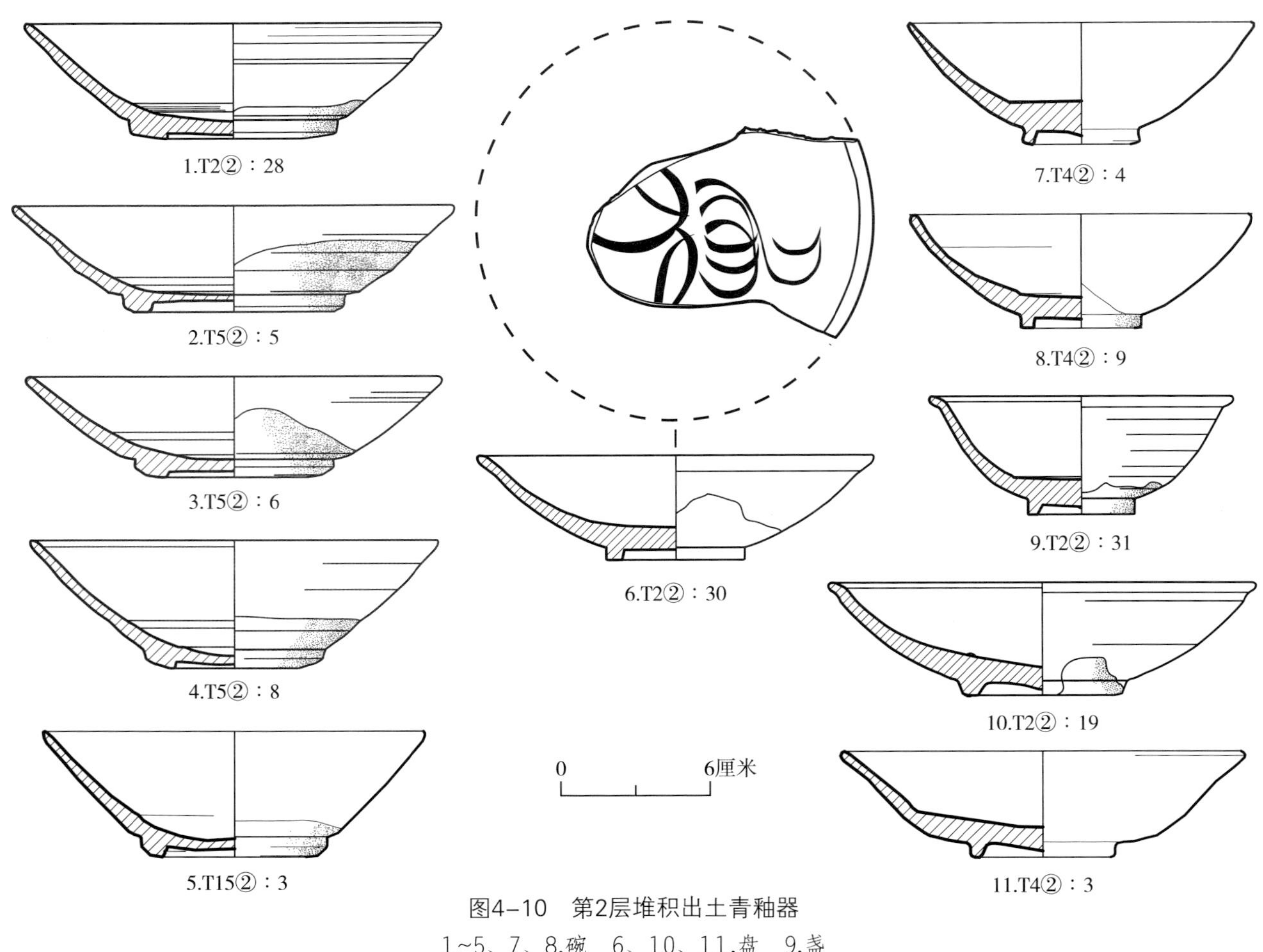

图4-10　第2层堆积出土青釉器

1~5、7、8.碗　6、10、11.盘　9.盏

九六，1）

c.上腹弧折。足底可见垫烧痕迹。

标本T4②：9，可复原。圆唇，下腹斜弧，凹内底底心稍隆起，圈足，挖足较浅。胎灰色，质较细，夹细砂，器表露胎处呈红褐色。釉青黄色，泛白点，亚光，有流釉。下腹及足壁经旋削。口径13.6、足径4.8、高4.5厘米。（图4-10，8；彩版九六，2）

盏

标本T2②：31，可复原。圆唇，敞口，唇微外翻，弧腹，内底较平，圈足。胎灰色，质较细。釉青灰色，光泽暗淡，釉层薄，有开片，下腹部有滴釉。施釉不及底。叠烧。口径12.1、足径4.2、高4.7厘米。（图4-10，9；彩版九七，1）

盘

侈口盘

标本T2②：19，可复原。圆唇，沿部有弧折痕，弧腹，内底较平，圈足内敛。胎灰色，质略粗，有气隙。釉色青灰偏褐，较有光泽，开片细密。施釉不及底。仅足底可见垫烧粘连痕。口径17.0、足径6.4、高4.5厘米。（图4-10，10；彩版九七，2）

标本T2②：30，可复原。圆唇，弧腹，内底较平，圈足，挖足不规整。胎灰色，质较细。釉青灰色，亚光，开片细密。施釉不及底。内壁刻划宽线条纹饰。叠烧，腹外壁粘连窑

渣。口径15.8、足径5.4、高4.2厘米。（图4-10，6；彩版九八，1）

折腹盘

标本T4②：3，可复原。圆唇，侈口，内底心稍下凹，圈足。胎灰褐色，质略粗，夹细砂。釉色青黄偏灰，光泽较差，开片细密。施釉不及底。内壁底腹连续处修圈。足底可见垫烧痕。口径16.2、足径5.8、高4.2厘米。（图4-10，11；彩版九八，2）

B.淡青釉器　器形有碗、盏和盘，以碗类产品为主。

碗

仅T3②：7一件碗内底弧形下凹，内底及足底可见叠烧痕。其余均内底修圈，多平凹，仅圈足较高者内底平凸。

标本T3②：7，可复原。圆唇，敞口，斜直腹，圈足，挖足较浅。胎浅灰色，质较细。釉色淡青偏黄，略显乳浊，亚光，釉面散见开片裂纹。施釉不及底。下腹及足部经旋削。口径14.8、足径6.4、高5.2厘米。（图4-11，1；彩版九九，1）

内底修圈者，根据内底底径与圈足足径比值的不同，又可分为如下几类：

Ⅰ.内底底径大于圈足足径。有侈口碗和高圈足撇口碗。

侈口碗

标本T5②：14，可复原。尖唇，内底较平，圈足，挖足较浅且欠规整。胎浅灰色，质较细。釉色淡青偏乳浊，亚光，局部聚釉。施釉不及底。内壁底腹连续处刻凹弦纹一周，内壁刻划波浪纹，间划篦纹。口径17.2、足径5.8、高4.5厘米。（图4-11，2；彩版九九，2）

高圈足撇口碗

标本T2②：59，可复原。尖唇，弧腹，内底稍平凸，修足欠细致。胎灰黄色，质欠细，有气隙。釉色淡青偏灰，显乳浊，亚光，散见棕眼，局部聚釉，施釉不及底。上腹内壁划浅凹弦纹一周。口径16.1、足径6.2、高7.1厘米。（图4-11，3；彩版一〇〇，1）

Ⅱ.内底底径与圈足足径相近。有墩式碗和花口碗，多为花口碗。

墩式碗

标本T2②：60，可复原。圆唇，侈口，弧腹，内底平凸，圈足较高，挖足浅。胎浅灰色，质细，有气隙。釉色淡青偏灰，木光，散见棕眼，局部聚釉。底足无釉。外壁划斜向折扇纹。口径12.2、足径5.2、高5.7厘米。（图4-11，4；彩版一〇〇，2）

花口碗　有内壁刻划纹饰与素面之分。

刻划纹饰者：

标本T2②：57，可复原。薄圆唇，侈口，斜弧腹，内底较平，圈足。胎浅灰色，质较细。釉淡青色，施釉欠匀，局部聚釉，有光泽。施釉不及底。腹内壁刻划海浪纹，并划篦纹。口径17.8、足径6.0、高6.5厘米。（图4-11，5；彩版一〇一，1）

标本T2②：65，可复原。尖唇，侈口，弧腹，内底平，圈足。胎灰色，质较细。釉色淡青偏灰，亚光，散见棕眼，有流釉，釉面可见开片纹。施釉不及底。腹内壁刻划波浪纹。口径17.8、足径5.1、高6.7厘米。（图4-11，7；彩版一〇一，2）

标本T3②：6，可复原。尖唇，侈口，斜弧腹，内底平，圈足，挖足较浅。胎浅灰色，质

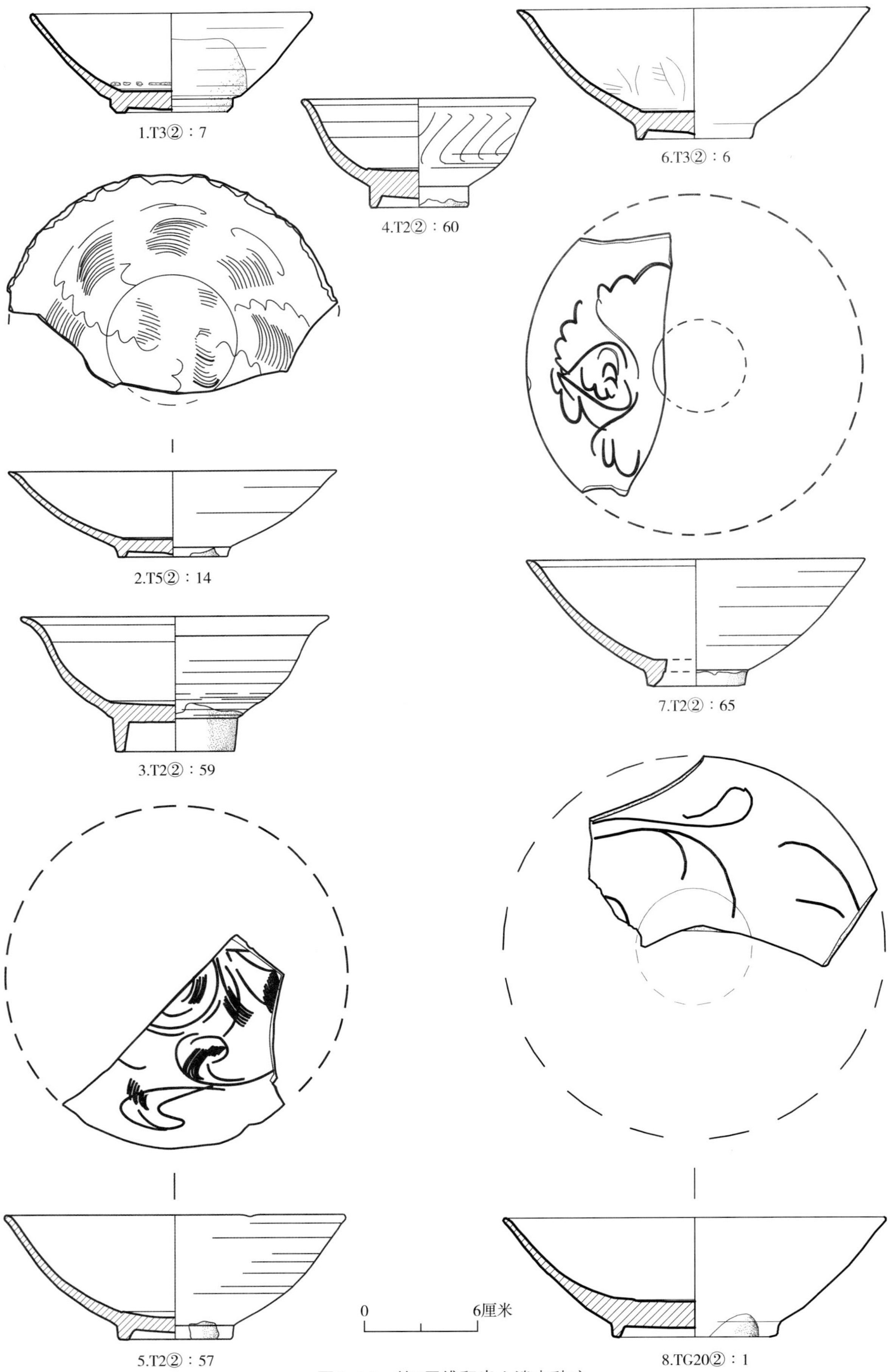

图4-11　第2层堆积出土淡青釉碗

较细。釉淡青色，施釉欠匀，有流釉，较有光泽。腹内壁刻划简化花卉纹，间划篦纹。下腹与圈足连续处经旋削。口径18.6、足径6.2、高6.8厘米。（图4-11，6；彩版一〇二，1）

标本TG20②：1，可复原。圆唇，侈口，弧腹，内底平，圈足内敛，挖足欠规整。胎灰色，质较细，有气隙。釉淡青色，显乳浊，口唇部聚釉。施釉不及底。内壁划简化花草纹。腹外壁隐约可见轮旋痕。口径20.2、足径8.6、高6.2厘米。（图4-11，8；彩版一〇二，2）

素面者：

标本T2②：63，可复原。圆唇，敞口，斜弧腹，内底较平，圈足，挖足浅。胎浅灰色，质较细，有气隙。釉淡青色，显乳浊，釉层厚，有开片。底足无釉。口径15.8、足径5.4、高5.4厘米。（图4-12，1；彩版一〇三，1）

标本T4②：12，可复原。尖唇，敞口，斜弧腹，内底平，圈足稍内敛，挖足较浅，且欠规整。胎浅灰色，质细。釉色青灰偏黄，较有光泽，有流釉。施釉欠匀，且不及底。外底墨书。口径16.2、足径6.0、高5.9厘米。（图4-12，2；彩版一〇三，2）

Ⅲ.内底底径略小于圈足足径。有敞口与侈口之分，均为素面。

敞口碗

标本T5②：16，可复原。尖唇，弧腹，小内底较平，圈足稍内敛。胎浅灰色，质较细。釉色淡青偏灰，亚光，有聚釉，散见棕眼。施釉不及底。口径16.0、足径4.6、高6.2厘米。（图4-12，3；彩版一〇四，1）

标本T5②：10，可复原。尖唇，斜弧腹，小内底较平，圈足，挖足欠规整，外底心稍隆起。胎浅灰色，质细。釉淡青色，偏乳浊，局部聚釉。施釉不及底。腹外壁及足壁经旋削，腹壁可见轮旋及跳刀痕。口径16.2、足径5.4、高6.1厘米。（图4-12，4；彩版一〇四，2）

标本T5②：12，可复原。尖唇，斜弧腹，小内底较平，圈足，挖足浅且欠规整。胎浅灰色，质较细。釉淡青色，偏乳浊，亚光，釉面散见棕眼，局部聚釉。施釉不及底。腹壁可见轮旋痕。口径 15.7、足径5.6、高5.1厘米。（图4-12，5；彩版一〇五，1）

侈口碗

标本T1②：1，可复原。圆唇，弧腹，内底平，底缘稍下凹，外底心稍隆起，圈足。胎灰色，质较细。淡青釉色，光泽较好，局部缩釉。施釉不及底。内壁上腹近唇处饰一周凹弦纹。口径15.4、足径5.2、高5.5厘米。（图4-12，6；彩版一〇五，2）

标本T5②：15，可复原。圆唇，斜弧腹，小内底较平，圈足，挖足较浅。胎灰色或灰黄色，质较细。淡青釉色，显乳浊，亚光，釉面可见棕眼，局部流釉。施釉不及底。口腹连续处内壁饰凹弦纹一周。口径14.4、足径5.6、高5.4厘米。（图4-12，7；彩版一〇六，1）

Ⅳ.内底底径明显小于圈足足径。小内底稍隆起，内壁刻划纹饰。有敞口碗、侈口碗和碗残件。

敞口碗

标本T5②：11，可复原。圆唇，斜弧腹，圈足。胎浅灰色，质细。釉色淡青乳浊，亚光，散见棕眼，局部聚釉或流釉。施釉不及底。上腹内壁划弦纹一周，腹内壁刻划波浪纹。口径17.6、足径5.8、高6.4厘米。（图4-12，8；彩版一〇六，2）

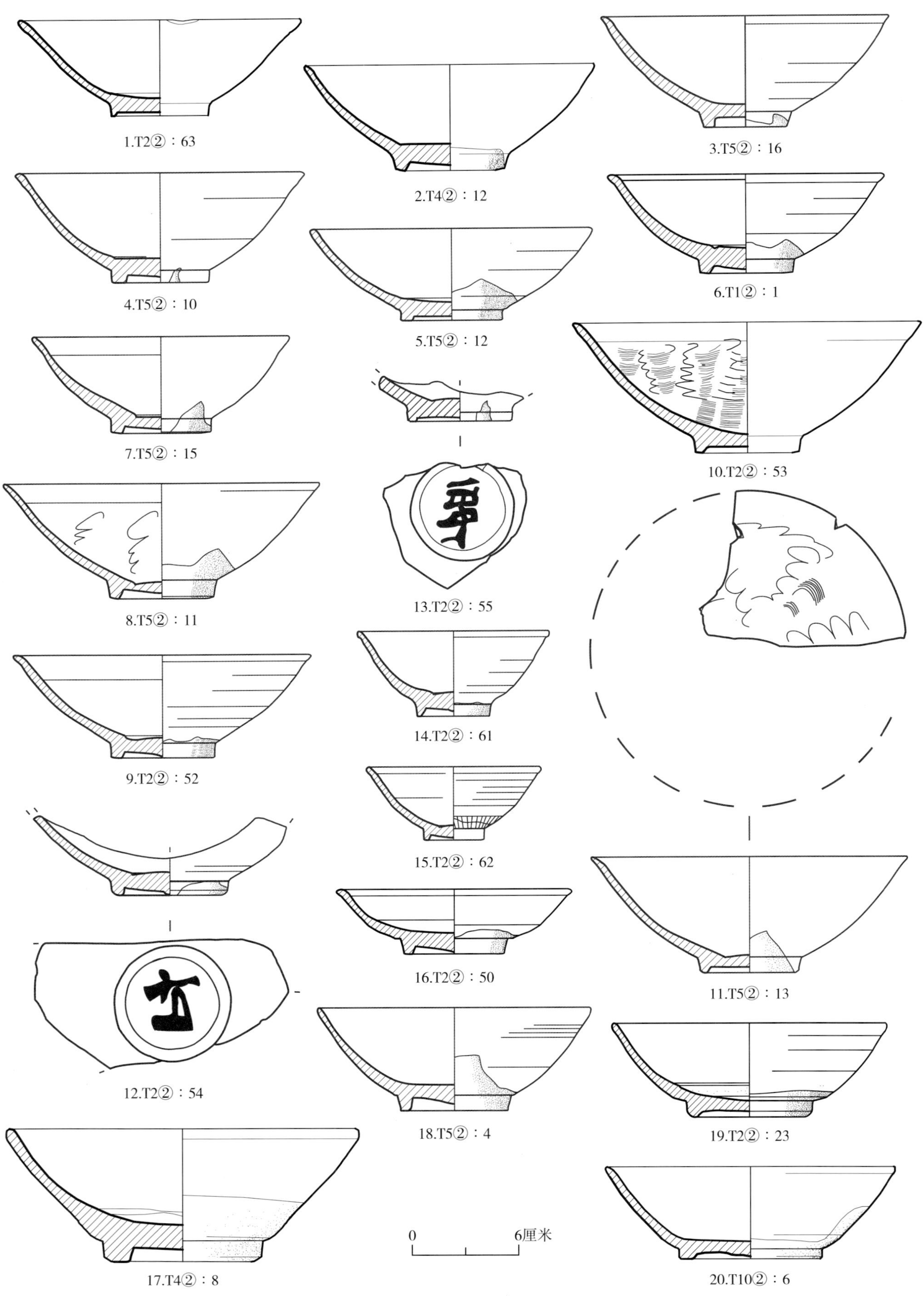

图4-12　第2层堆积出土青瓷器

1~13.淡青釉碗　14、15.淡青釉盏　16.淡青釉盘　17~20.生欠烧碗

侈口碗

标本T2②：52，可复原。尖唇，弧腹，圈足，挖足浅，外底心稍下凸。胎浅灰色，质较细，有气隙。釉色淡青偏灰黄，亚光，散见棕眼，局部聚釉或缩釉。施釉不及底。上腹内壁划凹弦纹一周。口径16.6、足径5.8、高5.8厘米。（图4-12，9；彩版一〇七，1）

标本T2②：53，可复原。尖唇，弧腹，圈足，挖足较浅。胎浅灰色，质较细，有气隙。釉色淡青偏白，光泽较好。内壁划波浪纹，饰篦纹。口径19.4、足径5.8、高7.3厘米。（图4-12，10；彩版一〇七，2）

标本T5②：13，可复原。尖唇，弧腹，圈足，挖足浅。胎浅灰黄色，质较细，有气隙。釉色偏黄，木光，釉面散见棕眼，有流釉，开片细密。施釉不及底。腹内壁划波浪纹，间划篦纹。口径17.6、足径5.4、高6.4厘米。（图4-12，11；彩版一〇八，1）

碗残件　外底有墨书。

标本T2②：54，腹底残件。弧腹，圈足，挖足浅且欠规整。胎灰黄色，质较细，有气隙。釉色淡青偏黄，显乳浊，亚光，有流釉，釉面开片较细碎。施釉不匀，且不及底。外底墨书文字。足径6.5、残高4.4厘米。（图4-12，12；彩版一〇八，2）

标本T2②：55，腹底残件。斜弧腹，圈足，挖足浅。胎灰色，质较细，有气隙。釉淡青色，显乳浊，亚光，可见开片纹，局部聚釉。施釉不及底。外底墨书“象”字。足径5.7、残高2.5厘米。（图4-12，13；彩版一〇九，1）

盏

均圆唇，侈口，弧腹，小内底稍隆起，圈足。

标本T2②：61，可复原。底缘环凹，外底心稍下凸。胎灰白，质细，有气隙。釉色淡青偏白，显乳浊，较有光泽，散见棕眼，局部聚釉。底足无釉。足部经旋削。口径10.7、足径4.0、高4.8厘米。（图4-12，14；彩版一〇九，2）

标本T2②：62，可复原。圈足稍内敛，挖足浅。胎浅灰色，质细。釉色淡青偏白，亚光，散见棕眼，局部聚釉。施釉不及底。下腹外壁可见修削跳刀痕。口径9.8、足径3.4、高4.1厘米。（图4-12，15；彩版一一〇，1）

盘

标本T2②：50，可复原。尖唇，敞口，斜弧腹，底稍弧形下凹，圈足。胎浅灰色，质较细。釉色淡青偏白，显乳浊，亚光，散见棕眼，有开片。施釉不及底。内壁底腹连续处环刻一圈，腹内壁近口沿处划浅凹弦纹。口径13.1、足径5.8、高3.6厘米。（图4-12，16；彩版一一〇，2）

C.生欠烧器　器形有碗。

碗

分敞口碗和侈口碗，均叠烧而成。

敞口碗　内底及足底可见叠烧痕，以内底满釉叠烧者为主，另有少量内底涩圈者。

内底满釉叠烧者：

标本T4②：8，可复原。圆唇，斜弧腹，内底弧凹，底心稍隆起，圈足。胎红褐色，质略粗，夹细砂。釉青黄色，生烧，无光泽，釉面有剥落。施釉不及底。下腹及足部、外底经旋削。口径19.5、足径8.7、高7.3厘米。（图4–12，17；彩版一一一，1）

标本T5②：4，可复原。圆唇，斜弧腹，内底弧凹，外底心稍下凸，圈足。胎灰褐或红褐色，质略粗。釉灰青色，欠烧，光泽较差，有流釉。施釉不及底。下腹及足部经旋削。口径15.2、足径6.0、高5.7厘米。（图4–12，18；彩版一一一，2）

内底涩圈者：

标本T2②：23，可复原。圆唇，斜弧腹，内底稍弧形下凹，圈足，挖足浅。胎红褐色，质欠细，夹细砂。釉色青黄偏白，欠烧，木光，釉面粗涩，局部聚釉。下腹近足处至足跟经旋削。口径15.4、足径7.0、高5.2厘米。（图4–12，19；彩版一一二，1）

侈口碗

标本T10②：6，可复原。圆唇，斜弧腹，内底较平，圈足，挖足浅且欠规整。胎红褐色或黄褐色，质较粗，夹细砂。釉灰黄色，生烧，聚釉处微泛蓝白，无光泽，釉面粗涩。施釉不及底。下腹近足处及足壁经旋削。内底及足底可见叠烧痕。口径16.0、足径8.0、高5.0厘米。（图4–12，20；彩版一一二，2）

2.白瓷

包括景德镇窑仿定白瓷和其他未定窑口白瓷产品。

（1）景德镇窑

仿定白瓷。

碗

标本T2②：33，腹底残件。弧腹，内底微凸，矮圈足。胎细白。釉色白中微泛青黄，光泽较好，开片细密。模印纹饰，外壁为莲瓣纹，内底为水波双鱼纹。足径5.6厘米。（图4–13，1；彩版一一三，1）

盏

标本T2②：34，腹底残件。弧腹，外底心隆起，圈足。胎细白。釉色白中微泛青，光泽好，外壁隐约可见放射状开片纹。模印纹饰，腹内壁为多层莲瓣纹，内底心为菊花纹，环以一圈凸棱。足径3.8厘米。（图4–13，2；彩版一一三，2）

标本T2②：35，腹底残件。弧腹，内底平，外底心稍隆起，矮圈足。胎细白。釉色白中微泛青黄，光泽较好，开片细密。内底心印菊纹。足径3.4厘米。（图4–13，3；彩版一一四，1）

（2）未定窑口

罐

标本T21②：4，可复原。方唇，直口，溜肩，弧腹，平底，底心内凹。胎灰黄色，质较细。釉色白中泛黄，光泽较好，有开片。口径21.6、底径17.0、高17.6厘米。（图4–13，4；彩版一一四，2）

3.白釉褐彩瓷

窑口未定。

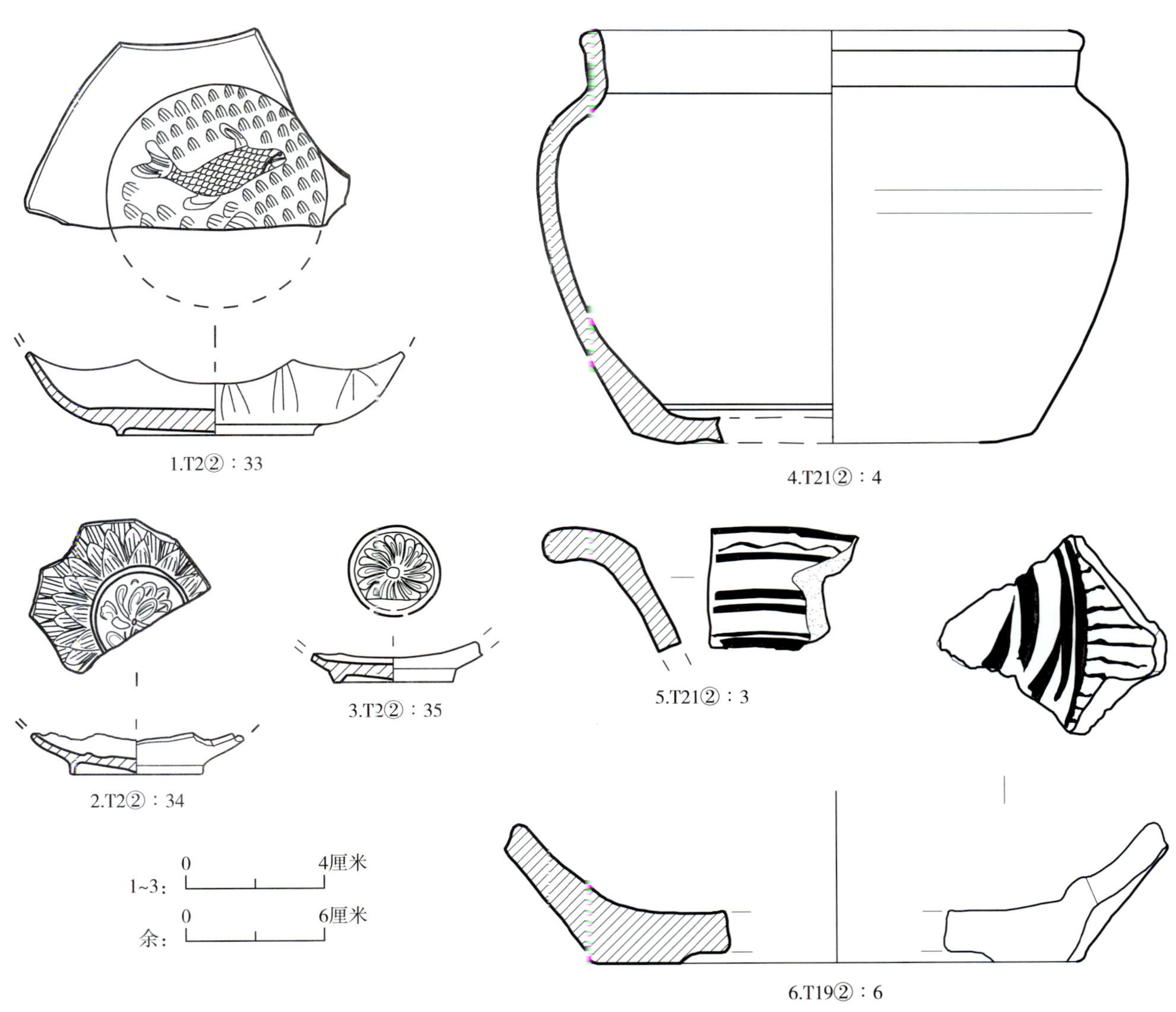

图4-13　第2层堆积出土瓷器
1.景德镇窑仿定白瓷碗　2、3.景德镇窑仿定白瓷盏　4.白瓷罐　5、6.白釉褐彩瓷盆

盆

标本T19②：6，腹底残件。斜腹，平底，隐圈足。胎灰黄色，质较细，夹有较粗砂性颗粒。釉黄白色，较有光泽，釉面有细碎开片。釉下褐彩，腹内壁绘褐彩竖线纹，近底部绘两周粗弦纹，内底绘草叶纹。足径21.0厘米。（图4-13，6；彩版一一五，1）

标本T21②：3，口腹残件。圆唇，展沿，斜腹。胎灰黄色，质较细，可见细小气隙，夹砂性颗粒。釉黄白色，较有光泽，可见细碎开片及较密的细小棕眼。外壁唇下至上腹处无釉，下部施酱黑釉。内壁釉下褐彩，绘宽弦纹及波浪纹。口径40.0、残高5.3厘米。（图4-13，5；彩版一一五，2）

4.青白瓷

包括景德镇窑产品及一些未能确定窑口的残件。

（1）景德镇窑

器形有碗、盏、盘、碟、洗、盒、罐和器盖。

碗

撇口碗

标本T4②：11，可复原。圆唇，弧腹，底腹连续处一圈凹痕，内底弧凹，底心微隆起，高圈足内敛，挖足浅。胎浅灰色，质欠细。釉青白色，有光泽，釉面可见开片纹。施釉不及底。口径16.6、足径5.8、高6.9厘米。（图4-14，1；彩版一一六，1）

浅腹芒口碗

标本T2②：43，可复原。方唇，敞口，弧腹，圈足。胎细白。釉青白色，莹亮。内底周缘刻划一周凹弦纹。口径17.8、足径5.9、高4.5厘米。（图4-14，2；彩版一一六，2）

碗残件

标本T2②：56，腹底残件。斜弧腹，内底平，圈足稍内敛，挖足浅。胎细白，局部显黄褐色。釉色青白偏灰，较有光泽，开片细碎。底足无釉。外底墨书“五”字。足径5.3厘米。（图4-14，3；彩版一一七，1）

标本T2②：64，腹底残件。弧腹，内底平，圈足稍内敛，挖足浅。胎浅灰色，质细。釉色青白泛黄，有光泽，开片细密。底足无釉。内壁刻划纹饰。外底墨书“库司”二字。足径5.3厘米。（图4-14，4；彩版一一七，2）

标本T2②：38，腹底残件。弧腹，鸡心底，圈足。器壁薄。胎细白。釉青白色，色泽莹亮，釉面有开片裂纹。内底模印花卉纹。足径3.6厘米。（图4-14，5；彩版一一八，1）

标本T4②：1，腹底残件。斜弧腹，内底平，圈足微内收，挖足浅。胎细白。釉青白色，釉厚处偏青，有光泽。开片较细碎。内壁刻划花卉，间划篦纹。底足无釉。足径6.0厘米。（图4-14，6；彩版一一八，2）

标本T4②：2，腹底残件。斜弧腹，矮圈足微内敛，挖足浅。胎细白。釉青白色，透亮。底足无釉。内底刻划花卉，间划篦纹。足径4.7厘米。（图4-14，7；彩版一一九，1）

标本T10②：1，底残件。内底平，圈足稍内敛，挖足极浅。胎浅灰色，细洁。釉色青白偏青，有光泽。内底刻划纹饰，间划篦纹。足径6.3厘米。（图4-14，8；彩版一一九，2）

标本T19②：2，底残件。内底平，圈足内敛，挖足浅。胎细白。釉青白色，釉厚处泛绿，有光泽。外底心无釉。内底刻划纹饰。足径5.1厘米。（图4-14，9；彩版一二〇，1）

标本TG11②：2，腹底残件。弧腹，内底心下凹，饼形足微内凹，足壁内收。胎细白。釉色偏青，有光泽。外壁刻莲瓣纹，内壁刻划纹饰，饰篦纹。底足无釉。足径4.6厘米。（图4-14，10；彩版一二〇，2）

盏

斗笠盏

标本T4②：13，可复原。尖唇，侈口，斜直腹，小内底较平，圈足稍内敛，挖足极浅。胎细白。釉青白色，光泽莹润，釉面可见开片纹。腹内壁刻划“Z”形纹。口径12.6、足径3.0、高4.5厘米。（图4-14，11；彩版一二一，1）

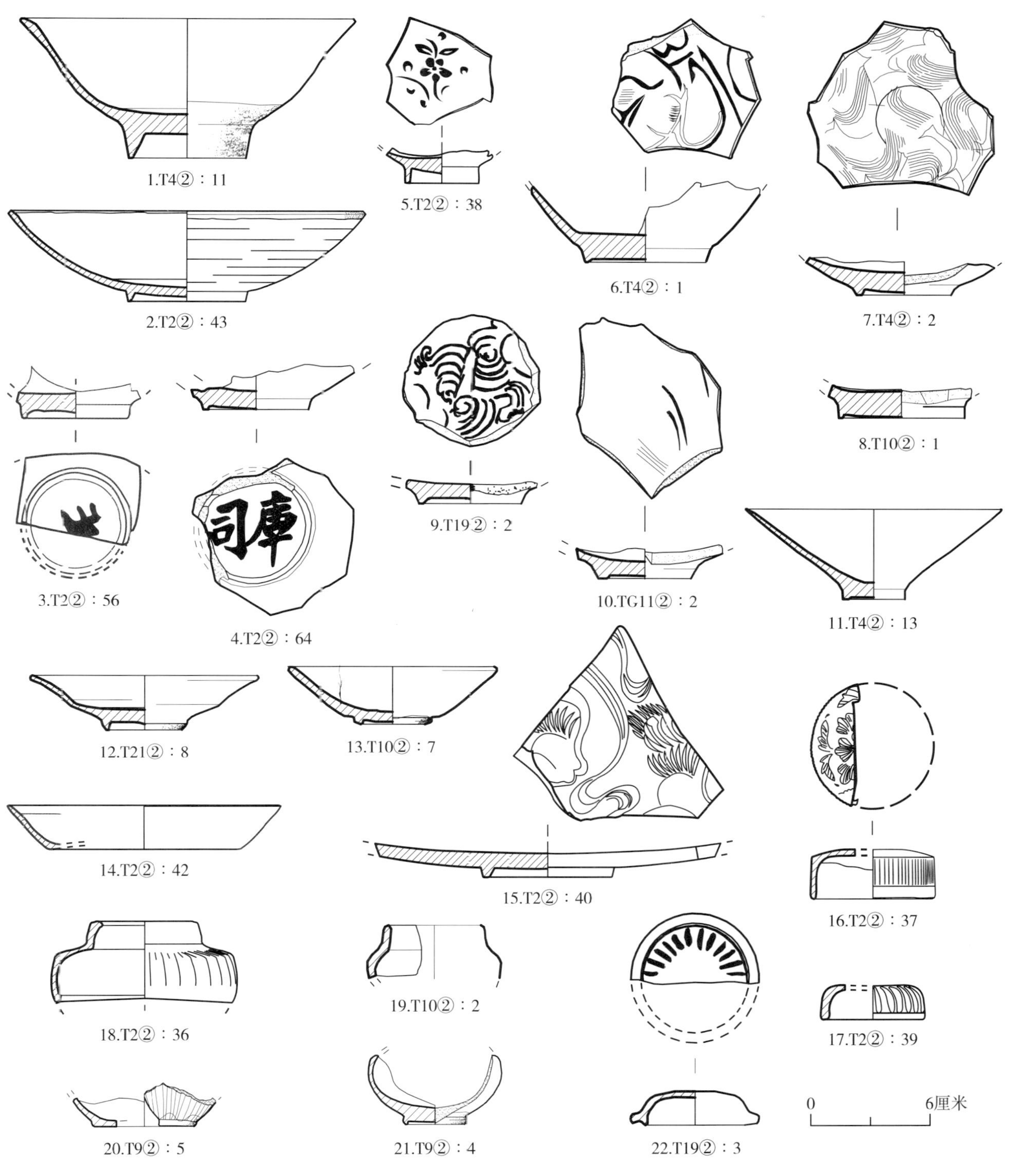

图4-14　第2层堆积出土景德镇窑青白瓷器

1~10.碗　11.盏　12、15.盘　13.碟　14.洗　16、17.盒盖　18、19、21.罐　20.盒　22.器盖

盘

折腹盘

标本T21②：8，可复原。方唇，侈口，内底稍弧凹，外底心稍下凸，圈足，足底尖。胎浅灰色，质细。釉青白色，有光泽。足跟处刮釉，外底无釉。内底涩圈。口径11.4、足径

3.8、高2.7厘米。（图4-14，12；彩版一二一，2）

盘残件

标本T2②：40，底残件。平底，矮圈足。胎细白。釉色青白莹润。内底有印花纹饰。足径6.3 厘米。（图4-14，15；彩版一二二，1）

碟

标本T10②：7，可复原。圆唇（局部方平），芒口，斜腹，内底较平，圈足，挖足较规整。胎浅灰色偏黄，质细。釉青白色，有光泽。施釉不及底。下腹近足处及足壁经旋削。口径10.4、足径3.9、高2.9厘米。（图4-14，13；彩版一二二，2）

洗

标本T2②：42，残。方唇，芒口外敞，平底。胎细白。釉色青白偏白，有光泽。口径13.6、底径9.4、高2.2厘米。（图4-14，14；彩版一二三，1）

罐

标本T2②：36，口腹部残件。唇方折，敛口，折肩、斜弧腹。胎细白。釉色青白，光泽好，开片细碎。口唇部刮釉。肩部模印一周斜向放射状凸纹，腹部模印菊瓣纹。口径5.4厘米。（图4-14，18；彩版一二四，1）

标本T10②：2，口肩部残件。圆唇，口微敛，矮领，斜肩。胎细白。釉青白色，有光泽。肩部模印梳齿状放射纹，肩下可见数瓣模印菊瓣纹。口径5.0厘米。（图4-14，19；彩版一二四，2）

标本T9②：4，腹底残件。鼓腹，内底心稍凸起，矮圈足，挖足浅。胎细白。釉青白色，略显乳浊，有光泽。施釉不及底。足径3.1、残高3.4厘米。（图4-14，21；彩版一二三，2）

盒

盒身

标本T9②：5，残。斜弧腹，内浅圜底，饼足。胎浅灰色，质细。釉色青白偏绿，有光泽，釉面开片细碎。施釉不及底。腹外壁模印窄长菊瓣纹。足径5.2厘米。（图4-14，20；彩版一二五，1）

盒盖

标本T2②：37，可复原。粉盒盖。盖顶微隆起，直壁。胎浅灰色，质细。釉青白色，光泽较好，开片细密。顶面模印花卉纹，壁面模印梳齿状纹饰。外壁及内顶施釉。直径6.2、高2.4厘米。（图4-14，16；彩版一二五，3）

标本T2②：39，残。粉盒盖。弧顶，壁较直。胎细白。釉青白色，有光泽，开片细密。外壁及盖顶施釉。壁部模印一周菊瓣纹。直径5.2、高1.7厘米。（图4-14，17；彩版一二五，2）

器盖

标本T19②：3，残。盖顶微拱，盖沿平折，子口。胎细白。釉色青白泛绿，有光泽。盖面模印一周菊瓣纹。仅盖顶面施釉。直径6.4、残高1.7厘米。（图4-14，22；彩版一二六，1）

（2）未定窑口

器形有碗、盏、罐、灯和炉。

碗

标本T15②：1，可复原。圆唇，口近直，弧腹，内底弧形下凹，圈足，挖足浅。胎体厚重，浅灰色，质较细，有气隙。釉色青白偏灰，光泽较好。施釉不及底。腹外壁可见轮旋痕。下腹近足处及足部经旋削。口径16.3、足径5.6、高6.7厘米。（图4-15，1；彩版一二六，2）

标本T2②：58，底残件，欠烧。平底，圈足。胎色灰黄，质细。釉色灰黄乳浊。外底墨书，似“古”字。足径6.3厘米。（图4-15，2；彩版一二七，1）

盏

标本T19②：1，可复原。尖唇，束口，斜弧腹，内浅圜底，圈足，挖足浅。胎浅灰色，质细。釉色青白偏黄，有光泽，开片细密。施釉不及底。内底涩圈，底足残留泥点痕。口径9.2、足径4.3、高4.8厘米。（图4-15，3；彩版一二七，3）

罐

标本T2②：41，残。唇方折，敛口，矮领，折肩，鼓腹。胎浅灰色，质细。釉色青白乳浊。口唇部刮釉。模印纹饰，肩部为一周菊瓣状凸纹，上腹饰缠枝花纹。口径5.5厘米。（图4-15，4；彩版一二七，2）

灯

标本T2②：32，残存盏部。方唇，直口，弧腹。胎浅灰色，质细。釉青白色，显乳浊。内壁无釉。模印纹饰，腹壁为缠枝花纹，下部为一周菊瓣纹。口径8.0厘米。（图4-15，6；彩版一二八，1）

炉

标本T2②：48，底足残件。炉腹应为筒状，平底，残存两足，足部饰兽面。胎浅灰色，

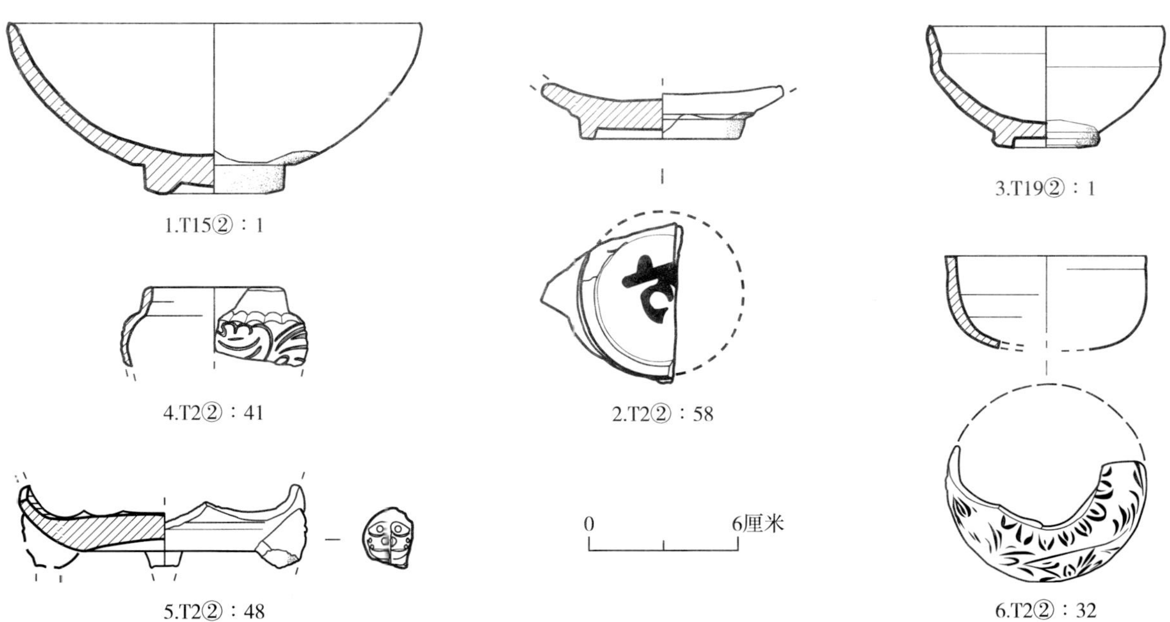

图4-15　第2层堆积出土青白瓷器

1、2.碗　3.盏　4.罐　5.炉　6.灯

质较细，有气隙。釉色青白偏青，有光泽，开片细密。内壁及外底心无釉。底径6.6厘米。（图4–15，5；彩版一二八，2）

5.黑（酱）釉瓷

包括遇林亭窑和一些未能确定窑口的产品。

（1）遇林亭窑

束口盏

胎质较细，胎中夹细砂，釉黑，施釉不及底。下腹及足部经旋削。垫烧。

标本T2②：2，可复原。尖唇，口沿处有凹缺，斜直腹，内小圜底，矮圈足，挖足浅。胎深灰色，器表露胎处显灰黄色。釉黑色，有光泽，口唇部及釉薄处显棕褐色。口径12.2、足径3.9、高5.8厘米。（图4–16，1；彩版一二九，1）

标本T2②：4，可复原。尖唇，斜直腹，内小圜底，矮圈足，挖足浅。胎灰色，器表露胎处显灰黄色。釉黑色，较有光泽，口唇部及釉薄处显棕褐色。口径11.6、足径3.4、高5.9厘米。（图4–16，2；彩版一二九，2）

标本T4②：14，可复原。圆唇，斜直腹，内小圜底近平，矮圈足，挖足浅。胎色灰黄或灰黑。釉黑色，口唇部显红褐色，有光泽，釉面可见细密棕眼。口径13.4、足径4.4、高6.2厘米。（图4–16，3；彩版一三〇，1）

标本T4②：15，可复原。圆唇，斜直腹，内小圜底，矮圈足，挖足浅。胎灰色。釉黑色，口唇及釉薄处呈红褐色，较有光泽，釉面可见细密棕眼。口径11.2、足径3.6、高5.5厘米。（图4–16，4；彩版一三〇，2）

标本T4②：17，可复原。圆唇，斜直腹，内小圜底近平，矮圈足，挖足浅。胎色灰黄或灰黑。釉黑色，口唇部显红褐色，有光泽，釉面可见开片纹，散见棕眼。口径11.4、足径3.6、高5.3厘米。（图4–16，5；彩版一三一）

标本T5②：17，可复原。薄圆唇，内小圜底，矮圈足，挖足浅。胎深灰或灰褐色。釉黑色，口唇部显褐色，较有光泽，釉面可见棕眼。口径11.2、足径3.9、高5.9厘米。（图4–16，6；彩版一三二，1）

标本T9②：1，可复原。圆唇，斜直腹，内小圜底，矮圈足，挖足浅。胎深灰或灰黄色，器表露胎处显灰黄色。釉黑褐色，口唇部釉薄，呈紫褐色，较有光泽，釉面可见细密棕眼。口径11.8、足径5.0、高5.5厘米。（图4–16，7；彩版一三二，2）

（2）未定窑口

盏

白覆轮盏 应为福建地区所产。

标本T2②：6，可复原。圆唇，束口，斜弧腹，内小圜底，圈足，挖足浅。胎灰色，质细。釉酱黑色，木光，可见棕眼，口唇部显灰黄色，有光泽。施釉不及底。下腹及足部经旋削。口径14.8、足径4.6、高5.6厘米。（图4–16，8；彩版一三三，1）

标本T5②：18，口腹残件。圆唇，束口，斜弧腹。胎浅灰黄色，质细。釉酱黑色，木光，可见棕眼，口唇部显灰黄色，有光泽。下腹外壁无釉。口径11.3厘米。（图4–16，9；彩

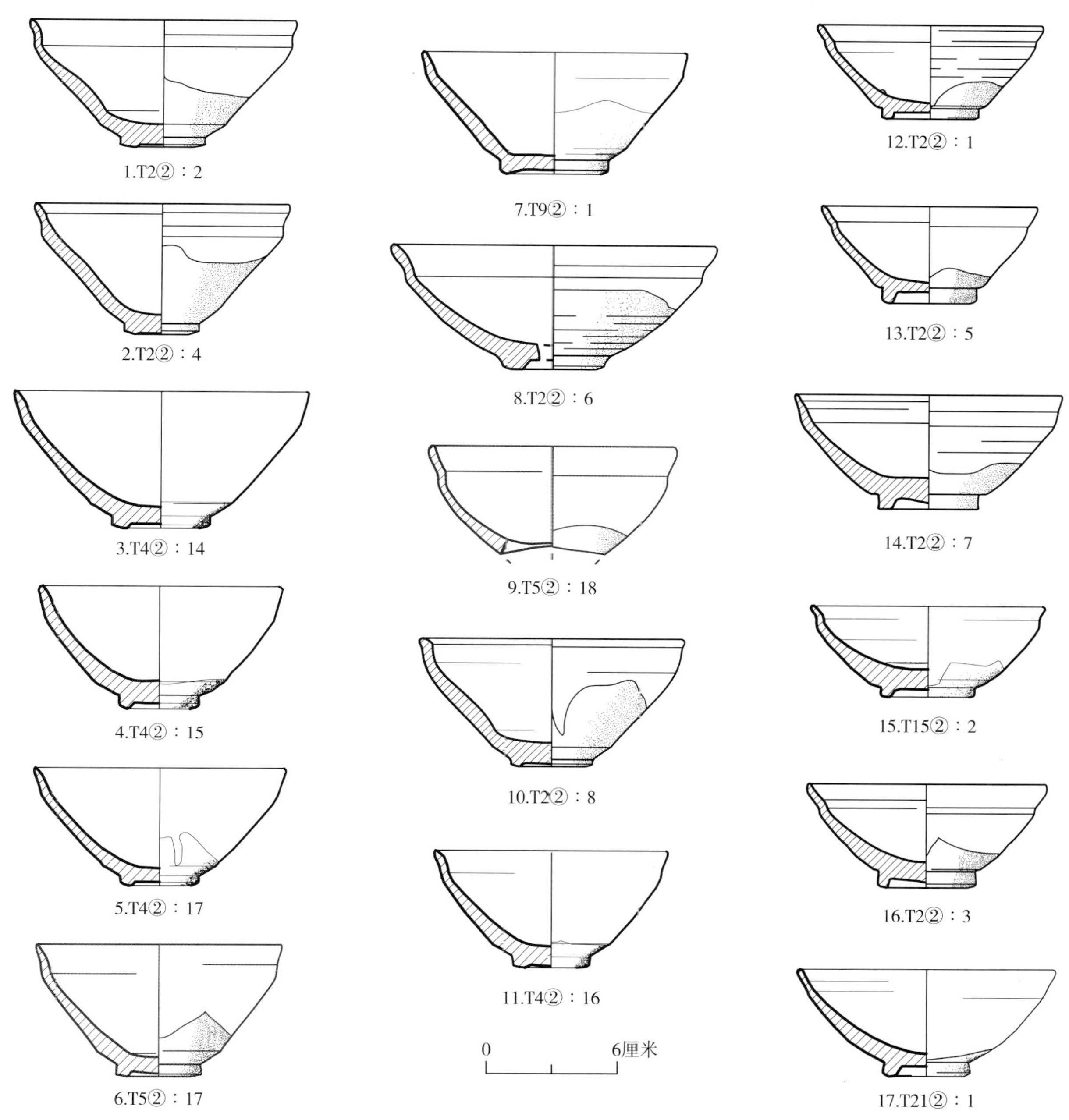

图4-16　第2层堆积出土黑（酱）釉瓷盏
1~7.遇林亭窑盏　8~17.盏

版一三三，2）

束口盏　综合分析胎釉特征及装烧方式，可分为二类：

Ⅰ.胎质较细，呈灰黄色，釉色偏黑褐，垫烧。[1)]

标本T2②：8，可复原。圆唇，斜腹，内小圜底，矮圈足，挖足极浅。胎中夹有细小气隙。釉色较有光泽，釉面密布黄白点。施釉不及底。下腹及足部经旋削。口径12.0、足径3.7、高5.8厘米。（图4-16，10；彩版一三四，1）

1）似湖田窑类建盏。参见江西省文物考古研究所、景德镇民窑博物馆编著，《景德镇湖田窑址》，文物出版社，2007年。

标本T4②：16，可复原。尖唇，斜直腹，内小圜底，矮圈足，挖足浅。釉色较有光泽，釉面可见细密棕眼及黄白点，口唇部釉薄呈红褐色。施釉不及底。下腹及足部经旋削。口径10.5、足径3.5、高5.3厘米。（图4–16，11；彩版一三四，2）

Ⅱ.胎质略粗，釉色偏褐，缺乏光泽，叠烧，除T2②：3外，内底及足底均可见叠烧痕。

标本T2②：1，可复原。圆唇，斜腹，内圜底，圈足，挖足较浅。胎深灰色，质略粗。釉黑褐色，光泽较差，有细密开片。下腹近足处及足壁经旋削。口径10.3、足径4.4、高4.3厘米。（图4–16，12；彩版一三五，1）

标本T2②：5，可复原。尖唇，斜腹，内圜底，圈足，挖足略欠规整。胎深灰或灰褐色，质偏粗，夹细砂。釉酱褐色，亚光，开片细碎，釉面较粗涩，有剥蚀。施釉不及底。下腹近足处及足壁经旋削。口径9.8、足径4.2、高4.4厘米。（图4–16，13；彩版一三五，2）

标本T2②：7，可复原。薄圆唇，斜腹，内底平，圈足，挖足。胎深灰或灰褐色，质略粗。釉酱褐色，光泽差，釉层粗涩，剥落严重。下腹近足处及足壁经旋削。口径12.2、足径4.6、高5.2厘米。（图4–16，14；彩版一三六，1）

标本T15②：2，可复原。圆唇，斜直腹，内圜底，圈足稍外撇，挖足欠规整。胎灰色，局部显灰褐色，质略粗。釉酱褐色，光泽较差，釉面有极细碎开片。下腹近足处及足壁经旋削。口径10.6、足径4.2、高4.1厘米。（图4–16，15；彩版一三六，2）

标本T2②：3，可复原。薄圆唇，斜直腹，内圜底，圈足，挖足。胎深灰色，质略粗。釉黑褐色，木光，开片极细碎，釉层有剥落。施釉不及底。下腹近足处及足壁经旋削。口径11.0、足径4.4、高4.7厘米。（图4–16，16；彩版一三七，1）

敞口盏

标本T21②：1，可复原。圆唇，斜弧腹，内底心下凹，圈足，挖足。胎灰黑色，质略粗。釉黑褐色，木光，釉面开片极细碎。下腹近足处及足壁经旋削。足底可见支烧痕。口径11.7、足径3.9、高4.8厘米。（图4–16，17；彩版一三七，2）

6.褐釉瓷

器形有盘、粉盒、灯盏、瓶、罐、盆、钵、瓮和器盖等，窑口未能确定。

盘

卷沿盘

标本T10扩②：3，可复原。圆唇，口外侈，斜弧腹，底近平，稍下凹，圈足。胎灰褐色，质较粗，有气隙。釉深褐色，卷沿内釉厚处及唇下流釉处显蓝白色，光泽较差，散见小棕眼。施釉不及底，内壁腹底连续处有涩圈。下腹近足处及足壁经旋削。口径16.5、足径8.6、高3.4厘米。（图4–17，1；彩版一三八，1）

粉盒

盒身

标本T5②：9，可复原。子口内敛，腹壁直，假圈足，平底。胎浅灰或灰褐色，质较细。釉褐色，下腹内壁、内底和上腹外壁施釉，光泽较差。腹外壁模印排列较密的纵向细凸棱。直径7.2、高2.3厘米。（图4–17，2；彩版一三八，2）

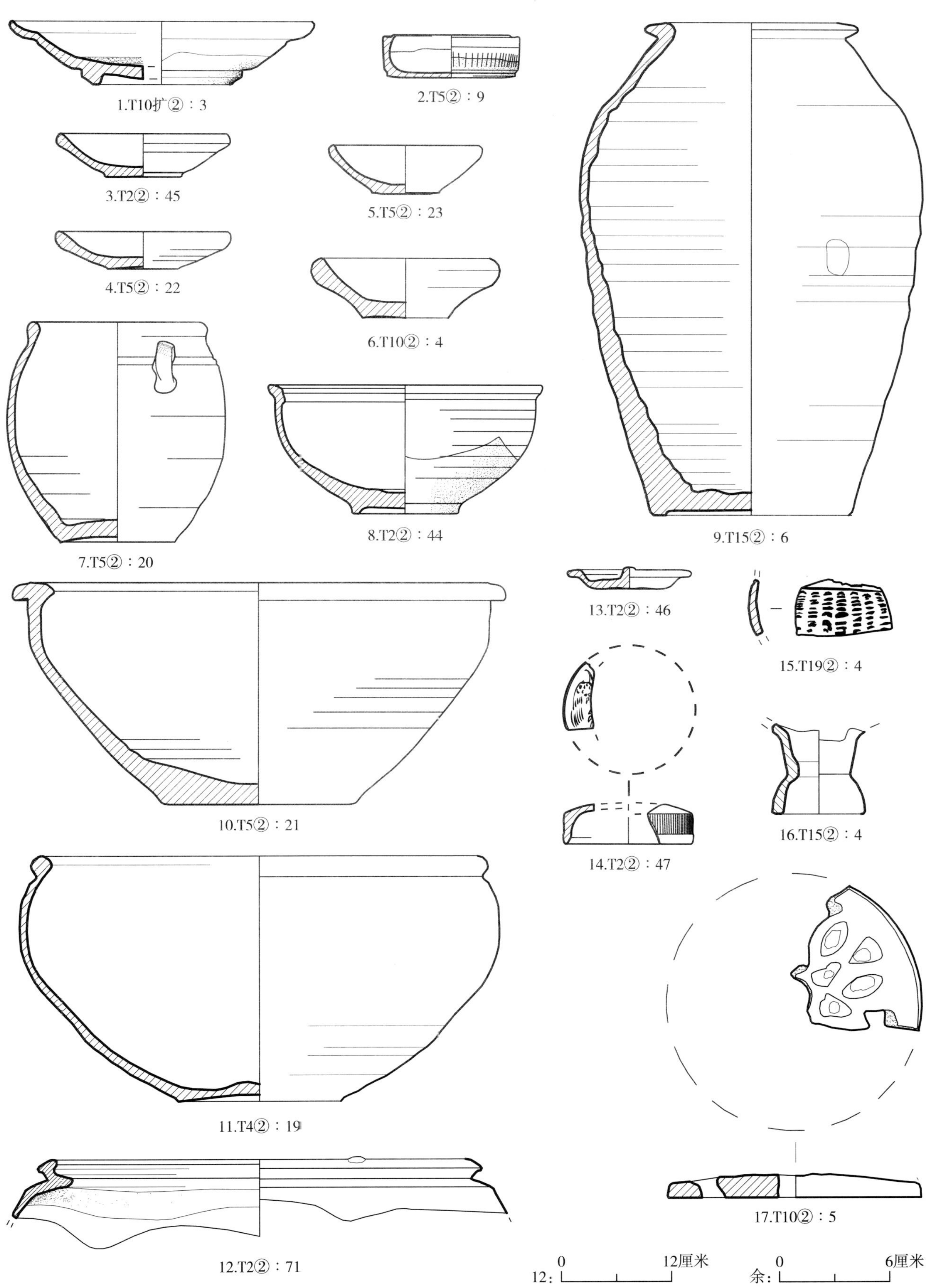

图4-17　第2层堆积出土褐釉瓷器、粗瓷炉箅

1. 褐釉瓷盘　2. 褐釉瓷粉盒　3~6. 褐釉瓷灯盏　7. 褐釉瓷罐　8、11. 褐釉瓷钵　9. 褐釉瓷瓶　10.褐釉瓷盆　12. 褐釉瓷瓮　13. 褐釉瓷器盖　14. 褐釉瓷盒盖　15、16.不明器形褐釉瓷器　17.粗瓷炉箅

盒盖

标本T2②：47，粉盒盖，残。弧顶，壁近直。胎浅灰黄色，质细。釉褐色，较有光泽，釉面可见细密开片。外壁满釉，内壁仅盖顶处施釉。残存顶面可见模印羽纹，壁上部印锯齿状竖线纹。直径7.0、高2.2厘米。（图4-17，14；彩版一三九，1）

灯盏

标本T2②：45，可复原。厚圆唇，敞口，斜直腹，平底。胎灰褐色，质略粗，夹细砂。有釉，灰褐色，无光泽。口径9.4、底径4.2、高2.3厘米。（图4-17，3；彩版一三九，2）

标本T5②：22，可复原。圆唇，敞口，斜弧腹，平底，器体略变形。胎灰褐色，质略粗，夹细砂。有釉，灰褐色，无光泽，多有剥落。口径9.4、底径3.8、高2.0厘米。（图4-17，4；彩版一四〇，1）

标本T5②：23，可复原。圆唇，敞口，斜直腹，平底。胎灰褐或红褐色，质略粗，夹细砂。有釉，薄，灰褐色，无光泽。口径8.2、底径3.6、高2.6厘米。（图4-17，5；彩版一四〇，2）

标本T10②：4，可复原。厚圆唇，敞口，斜腹，平底。胎红褐色，质略粗，夹细砂。有釉，薄，褐色，无光泽。口径10.2、底径4.6、高3.2厘米。（图4-17，6；彩版一四〇，3）

瓶

标本T15②：6，可复原。方唇，平沿，敛口，短颈，溜肩，斜弧腹，平底微内凹。胎灰褐色，质略粗，夹细砂。釉深褐色，较有光泽，釉层薄，有细密开片。满釉。腹壁可见轮旋痕。叠烧，口沿及底缘可见叠烧痕。口径11.5、底径10.8、高26.5厘米。（图4-17，9；彩版一四一，1）

罐

标本T5②：20，可复原。带系罐。圆唇，敛口，矮领，残存一系，腹略鼓，底较平，底心稍向上隆起。胎灰黄色，质略粗，有气隙。釉灰褐色，釉层薄，光泽差，有流釉，局部釉面有剥蚀。施釉不及底。领下刻凹弦纹两周。口径9.8、底径6.2、高11.8厘米。（图4-17，7；彩版一四一，2）

盆

标本T5②：21，可复原。圆唇，展沿，敛口，上腹微鼓，下腹斜弧，平底。胎灰褐或红褐色，质较粗，有气隙。釉青褐色，釉面粗糙，光泽差。内外壁下腹及内外底无釉。口径24.4、底径10.2、高12.0厘米。（图4-17，10；彩版一四二，1）

钵

标本T2②：44，可复原。圆唇，沿外撇，束口，鼓腹，内底一圈环形凸起，圈足，挖足浅。胎灰褐色，质较细，气隙较大。釉褐色，釉面粗涩，脱釉严重。口径14.8、足径5.8、高6.9厘米。（图4-17，8；彩版一四三，1）

标本T4②：19，可复原。厚圆唇外凸，敛口，鼓腹，下腹急收，小平底。胎红褐色，质略粗。釉灰褐色，施釉不匀，仅口唇及腹外壁施釉，有流釉。口唇及下腹外壁可见叠烧痕。口径24.9、底径9.0、高13.1厘米。（图4-17，11；彩版一四三，2）

瓮

标本T2②：71，口肩部残件。唇部方折，敛口，束颈，肩斜折。胎灰色或褐色，质粗。釉青褐色，有流釉，颈肩部内壁无釉。唇部贴塑泥块。口径47.4厘米。（图4–17，12；彩版一四二，2）

器盖

标本T2②：46，可复原。圆柱形小纽，盖面平，盖缘上折。胎灰褐色，质细，有气隙。有釉，褐色，脱釉严重。直径6.7、高1.2厘米。（图4–17，13；彩版一四四，1）

不明残件

标本T19②：4，残。鼓腹。胎浅灰黄色，质较细。釉黄褐色，亚光。外壁饰成排凸点纹。残长5.0、残宽3.0厘米。（图4–17，15；彩版一四四，2）

标本T15②：4，残。残存部分似为圈足及把部。胎灰黄色，质细。釉褐色，亚光，开片细密。外壁饰数周弦纹。足径5.0、残高4.9厘米。（图4–17，16；彩版一四四，3）

7.素胎粗瓷

炉箅

标本T10②：5，残。残存部分呈扇形，整器应为圆形，饼状，镂空。直径13.6、厚1.2厘米。（图4–17，17；彩版一四四，4）

（四）石质遗物

有石杈、石砚、石磨、石碾和石臼等。

石杈

标本T4②：18，残，仅存一半。黑色玄武岩质。乳突状系，鼓腹，内凿空。表面浅刻纹饰。残高6.2、（残）厚2.3厘米。（图4–18，1；彩版一四五，1）

石砚

标本T5②：24，残。抄手砚，两端有破损。黑色玄武岩质。平面呈长方形，正面周缘宽平，缘内起槽，研窝下陷，四壁斜收，底面稍上凹，浅刻“王旦新”三字。长15.4、宽9.3、厚2.5厘米。（图4–18，3；彩版一四五，2）

石磨

标本T5②：25，残。灰褐色砂岩质。正面中心下凹，背面边缘有放射状凿痕。壁中间有一方孔，孔长3.0、宽2.0、深4.0厘米。磨盘直径40.8、沿宽6.6、厚7.7厘米。（图4–18，7；彩版一四六，1）

标本T5②：27，残。紫砂岩质。一面凿放射状凿痕。残长8.3、残宽7.3、厚5.5厘米。（图4–18，4；彩版一四六，2）

标本T5②：28，残。灰褐色砂岩质。正面中心下凹以便盛放研磨物，背面边缘有放射状凿痕。壁中间有一个方孔以便插木柄。孔长2.0、宽1.8、深5.0厘米。磨盘直径46.0、沿宽6.3、厚7.5厘米。（彩版一四六，3）

标本T9②：2，可复原。磨盘底座。灰褐色砂岩质。圆盘形，方唇，敞口，曲腹。四周凸

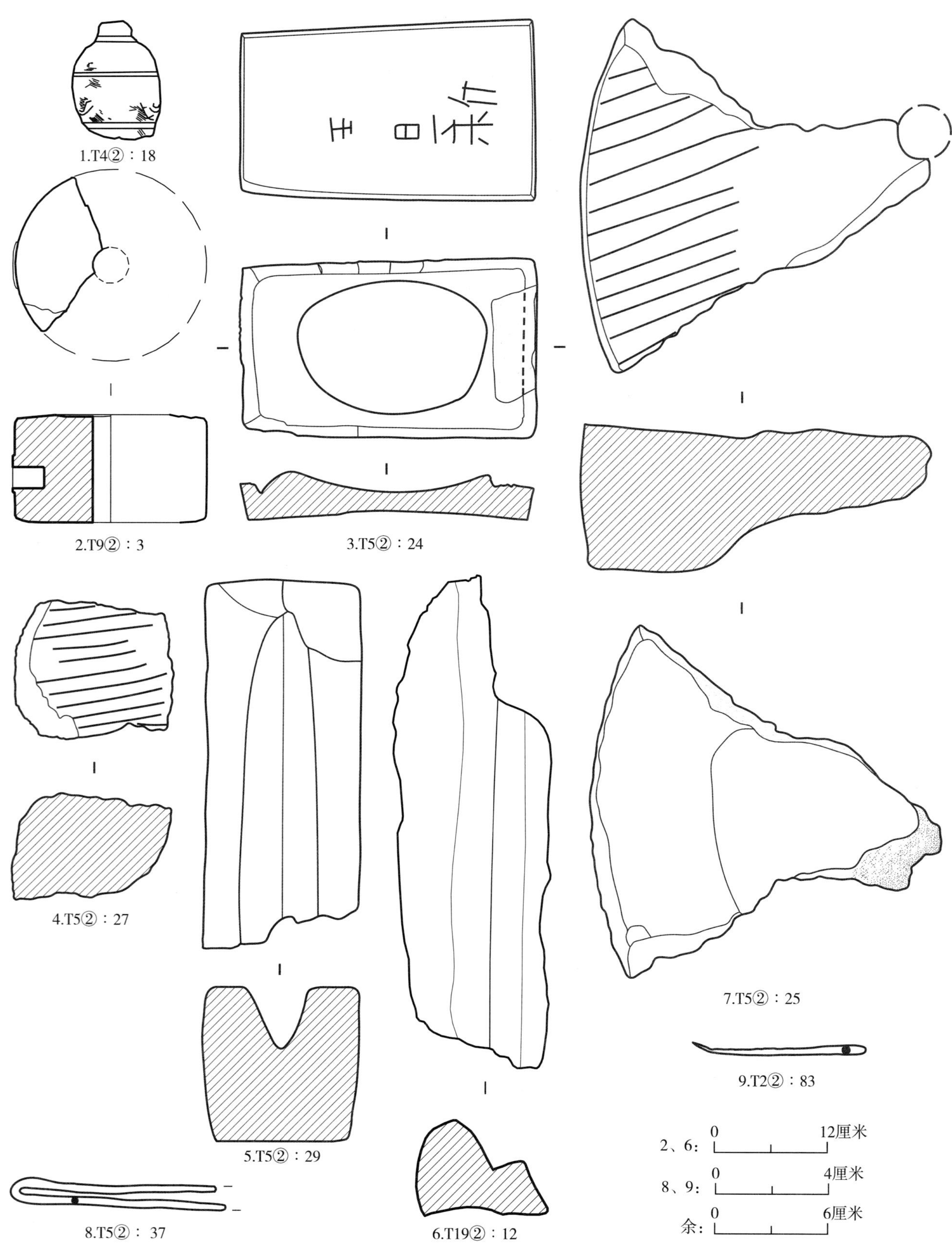

图4-18 第2层堆积出土石器、铜小件

1.石杈 2、4、7.石磨 3.石砚 5.石碾 6.不明器形石器 8.铜钗 9.铜针

起，中心下凹，底微上凸。口径41.2、残高8.8厘米。（彩版一四六，4）

标本T9②：3，残。灰褐色砂岩质。圆柱形，中心有一圆孔，直壁，壁上凿有一方孔。直径20.2、残高11.3厘米，中心孔径3.6、方孔边长2.0厘米。（图4-18，2；彩版一四六，5）

标本T19②：11，可复原。灰褐色砂岩质。圆盘形，正面四周突起，上面刻有放射状凿痕，中部下凹以便盛物，中心为方形穿孔，背面平。直径23.8、厚9.4厘米，中心方孔边长3.3厘米。（彩版一四七，1）

石碾

标本T5②：29，残存一半。灰褐色砂岩质。平面近长方形，断面近方形，正面开一长条凹槽，即研槽。碾体残长19.4、宽8.0、厚8.2厘米，槽残长17.2、最宽处宽3.5、最深处深3.5厘米。（图4-18，5；彩版一四七，2）

石臼

标本T5②：26，残。灰褐色砂岩质。壁斜直、底平，内掏空供捶打用。使用痕迹明显。口径26.0、残高17.3、臼壁厚4.5厘米。（彩版一四八，1）

不明器形石器

标本T19②：12，残。灰白色石灰岩质。残长51.6、宽15.8、厚10.0厘米。（图4-18，6；彩版一四八，2）

（五）铜器

有铜钗、铜针和铜钱。

1.器件

铜钗

标本T5②：37，残。“J”形弯折。锈蚀，表面呈暗绿色。长7.5厘米。（图4-18，8；彩版一四八，3）

铜针

标本T2②：83，完整。锈蚀，表面呈青绿色。长6.0厘米。（图4-18，9；彩版一四八，4）

2.铜钱

包括开元通宝、唐国通宝、太平通宝、咸平元宝、景德元宝、景祐元宝、皇宋通宝、治平通宝、熙宁元宝、熙宁重宝、元丰通宝、元祐通宝、绍圣元宝、圣宋元宝、崇宁通宝、崇宁重宝、政和通宝、嘉定通宝、淳祐元宝、景定元宝等。

开元通宝

2枚。唐高祖武德四年（621年）始铸。

标本T4②：22，残。对读。直径2.4厘米。（图4-19，1）

标本T2②：73，残。对读。直径2.4厘米。（图4-19，2）

唐国通宝

1枚。南唐李璟交泰年间（958~960年）铸。

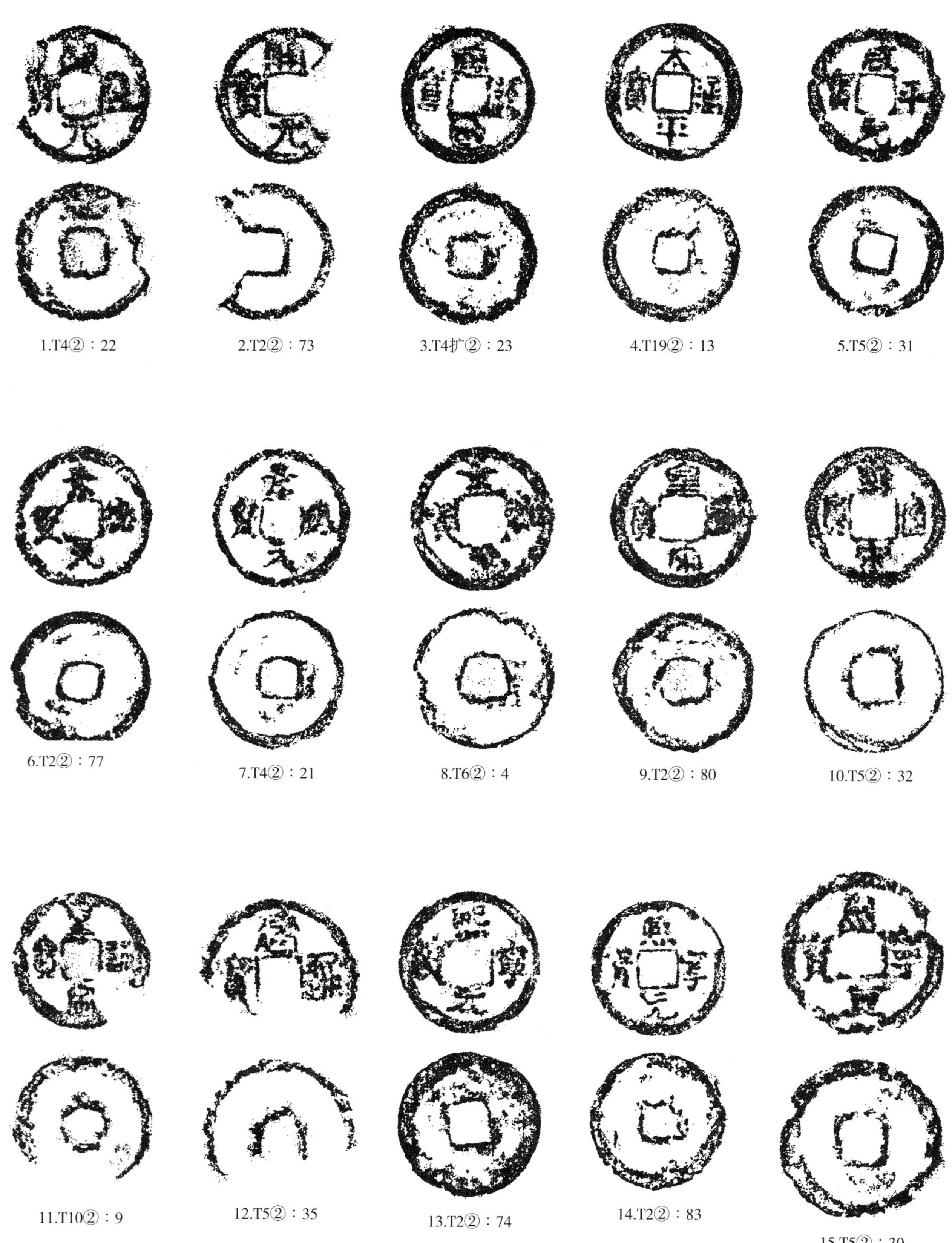

1.T4②：22　2.T2②：73　3.T4扩②：23　4.T19②：13　5.T5②：31

6.T2②：77　7.T4②：21　8.T6②：4　9.T2②：80　10.T5②：32

11.T10②：9　12.T5②：35　13.T2②：74　14.T2②：83　15.T5②：30

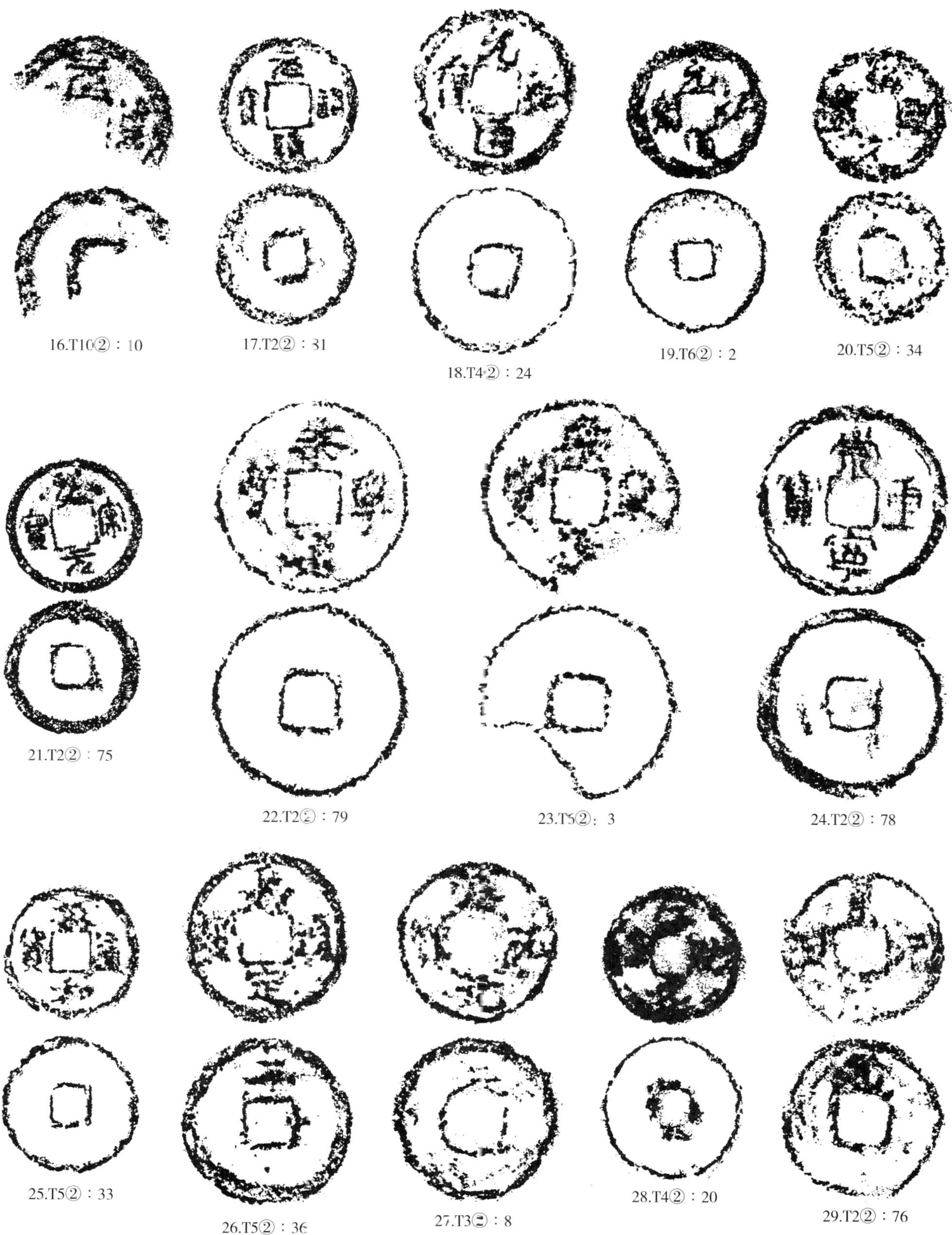

图4-19　第2层堆积出土铜钱

1、2.开元通宝　3.唐国通宝　4.太平通宝　5.咸平元宝　6、7.景德元宝　8.景祐元宝　9~11.皇宋通宝　12.治平通宝　13、14.熙宁元宝　15.熙宁重宝　16.元丰通宝　17~19.元祐通宝　20.绍圣元宝　21.圣宋元宝　22、23.崇宁通宝　24.崇宁重宝　25.政和通宝　26.嘉定通宝　27、28.淳祐元宝　29.景定元宝

标本T4扩②：23，完整。对读。直径2.3厘米。（图4-19，3）

太平通宝

1枚。北宋太宗太平兴国年间（976~983年）铸。

标本T19②：13，完整。对读。直径2.4厘米。（图4-19，4）

咸平元宝

1枚。北宋真宗咸平元年（998年）始铸。

标本T5②：31，完整。右旋读。直径2.3厘米。（图4-19，5）

景德元宝

2枚。北宋真宗景德元年（1004年）始铸。

标本T2②：77，完整。右旋读。直径2.4厘米。（图4-19，6）

标本T4②：21，完整。右旋读。直径2.4厘米。（图4-19，7）

景祐元宝

1枚。北宋仁宗景祐元年（1034年）始铸。

标本T6②：4，完整。右旋读。直径2.5厘米。（图4-19，8）

皇宋通宝

3枚。北宋仁宗宝元二年（1039年）始铸。

标本T2②：80，完整。对读。直径2.5厘米。（图4-19，9）

标本T5②：32，完整。对读。直径2.4厘米。（图4-19，10）

标本T10②：9，残。对读。直径2.4厘米。（图4-19，11）

治平通宝

1枚。北宋英宗治平年间（1064~1067年）铸。

标本T5②：35，残。对读。直径2.7厘米。（图4-19，12）

熙宁元宝

2枚。北宋神宗熙宁年间（1068~1077年）铸。

标本T2②：74，完整。右旋读。直径2.5厘米。（图4-19，13）

标本T2②：83，完整。右旋读。直径2.3厘米。（图4-19，14）

熙宁重宝

1枚。北宋神宗熙宁年间（1068~1077年）铸。

标本T5②：30，稍残。右旋读。直径2.8厘米。（图4-19，15）

元丰通宝

1枚。北宋神宗元丰元年（1078年）始铸。

标本T10②：10，残。右旋读。直径2.9厘米。（图4-19，16）

元祐通宝

3枚。北宋哲宗元祐年间（1086~1093年）铸。

标本T2②：81，完整。右旋读。直径2.4厘米。（图4-19，17）

标本T4②：24，完整。右旋读。直径2.9厘米。（图4-19，18）

标本T6②：2，完整。右旋读。直径2.4厘米。（图4-19，19）

绍圣元宝

1枚。北宋哲宗绍圣年间（1094~1097年）铸。

标本T5②：34，完整。右旋读。直径2.3厘米。（图4-19，20）

圣宋元宝

1枚。北宋徽宗建中靖国年间（1101年）铸。

标本T2②：75，完整。右旋读。直径2.3厘米。（图4-19，21）

崇宁通宝

2枚。北宋徽宗崇宁年间（1102~1106年）铸。

标本T2②：79，完整。右旋读。直径3.3厘米。（图4-19，22）

标本T6②：3，残。右旋读。直径3.3厘米。（图4-19，23）

崇宁重宝

1枚。北宋徽宗崇宁年间（1102~1106年）铸。

标本T2②：78，完整。对读。直径3.3厘米。（图4-19，24）

政和通宝

1枚。北宋徽宗政和年间（1111~1117年）铸。

标本T5②：33，完整。对读。直径2.3厘米。（图4-19，25）

嘉定通宝

1枚。南宋宁宗嘉定年间（1208~1224年）铸。

标本T5②：36，完整。对读。直径2.8厘米。（图4-19，26）

淳祐元宝

2枚。南宋理宗淳祐年间（1241~1252年）铸。

标本T3②：8，完整。右旋读。直径2.7厘米。（图4-19，27）

标本T4②：20，完整。右旋读。直径2.4厘米。（图4-19，28）

景定元宝

1枚。南宋理宗景定年间（1260~1264年）铸。

标本T2②：76，稍残。对读。直径2.7厘米。（图4-19，29）

第四节　第2层下遗迹出土遗物

一　Z7出土遗物

包括陶器和瓷器。

（一）陶器

标本Z7：7，残。器形不明。泥质灰陶。截面近倒“V”字形。顶面宽平，侧缘近直，向下斜内折成颈，下壁斜直，近底处斜削，平底，底中心有一深凹槽，两侧各起浅槽。残长

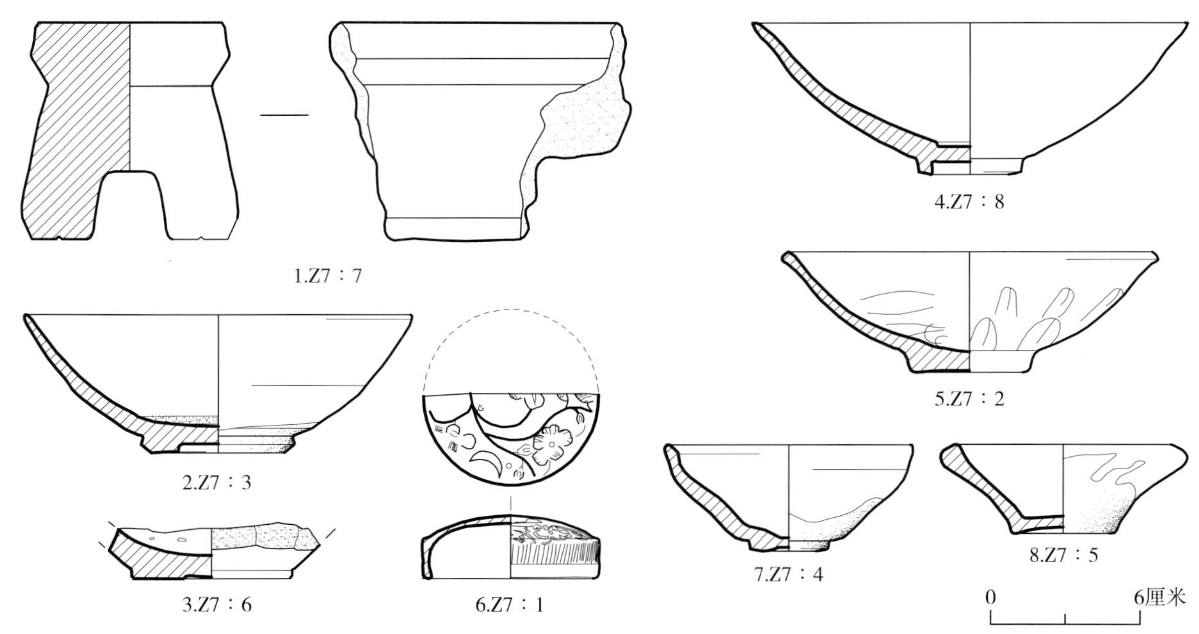

图4-20　第2层下遗迹Z7出土陶器、瓷器

1.不明器形陶器　2.铁店窑青瓷碗　3、4.青瓷碗　5.景德镇窑青白瓷碗　6.青瓷粉盒盖　7.遇林亭窑黑釉瓷盏　8.黑釉瓷灯盏

11.8、宽7.6、高8.6厘米。（图4-20，1；彩版一四九，1）

（二）瓷器

有青瓷、青白瓷和黑釉瓷。

1.青瓷

（1）铁店窑

碗

标本Z7：3，可复原。圆唇，敞口，斜弧腹，圈足，足底较宽，挖足浅。胎灰褐色，质略粗，夹白色细砂。釉青褐色，蓝白色窑变，釉面较有光泽。内底涩圈，施釉不及底。涩圈及足底处可见叠烧痕迹。修足，足缘经旋削，腹外壁可见旋削棱痕。口径15.4、足径6.0、高5.5厘米。（图4-20，2；彩版一四九，2）

（2）未定窑口

碗

包括生烧器及淡青釉器。

标本Z7：6，底残件。弧腹，内浅圜底，外玉璧底。胎灰色，局部显红褐色，质较细，夹零星细砂。生烧，施釉处粗涩，呈灰黄色，无光泽。内底及足底可见叠烧痕。足径6.2厘米。（图4-20，3；彩版一五〇，1）

标本Z7：8，可复原。尖唇，敞口，斜弧腹，内平底、压圈，圈足，挖足浅。胎浅灰色，质较细。釉色淡青偏青黄，亚光，釉面散布棕眼，口唇下局部聚釉。施釉不及底。下腹及足部可见旋削痕。口径17.4、足径4.2、高6.0厘米。（图4-20，4；彩版一五〇，2）

粉盒盖

标本Z7：1，可复原。弧顶，直壁。胎浅灰黄色，质细。外壁及顶内面施釉，釉色淡青偏绿，开片处片纹极细碎。顶面模印缠枝花卉纹和一弯新月，壁面模印梳齿状凸棱纹。直径7.0、高2.5厘米。（图4–20，6；彩版一五一，1）

2.青白瓷

为景德镇窑产品。

碗

标本Z7：2，可复原。方唇，侈口，弧腹，饼形足，挖足极浅，足壁内敛。胎浅灰色，质细。釉色青白偏青，有光泽，釉面密布黄白及黑色细点。唇部刮釉，呈紫褐色，外底无釉。腹内壁及内底划草叶纹，腹外壁刻划上下双层错列莲瓣纹。口径15.0、足径4.8、高4.8厘米。（图4–20，5；彩版一五一，2）

3.黑釉瓷

（1）遇林亭窑

束口盏

标本Z7：4，可复原。圆唇，斜直腹，内小圜底，矮圈足，挖足浅。胎灰黑色，质略粗，夹细砂，有气隙，器表露胎处偏灰褐色。釉黑色，有光泽，口唇及下腹釉薄处显褐色，釉面散见细小棕眼。施釉不及底。口径10.0、足径3.2、高4.2厘米。（图4–20，7；彩版一五二，1）

（2）未定窑口

灯盏

标本Z7：5，可复原。厚圆唇，敞口，斜腹，小平底微上隆。胎灰褐色，器表露胎处呈深灰及灰褐色，质较细，夹细砂。釉黑色，木光，局部流釉。施釉不及底。口径8.9、底径4.0、高3.5厘米。（图4–20，8；彩版一五二，2）

二　C1出土遗物

均为瓷器，有青瓷、青白瓷等。

1.青瓷

为碗，窑口未能确定。

碗

形制相似。圆唇，敞口，斜弧腹，底弧形下凹，圈足。胎灰色，质略粗，夹细砂。施薄化妆土，不及底。唇部刮釉，芒口，施釉不及底，露胎处呈红褐色。下腹近足处、足壁及足跟处经旋削。腹壁可见轮旋痕。

标本C1：1，可复原。釉色青灰乳浊，木光。口径13.6、足径5.9、高6.7厘米。（图4–21，1；彩版一五三，1）

标本C1：2，可复原。釉青灰色，亚光，釉面有细碎开片。口径13.8、足径6.2、高6.7 厘米。（图4–21，2；彩版一五三，2）

另，尚可见少量龙泉窑青瓷小碎片，器形难辨。

2.青白瓷

景德镇窑产品。

盘

标本C1：3，可复原。圆唇，侈口，弧腹，底弧形下凹，圈足。胎浅灰色，质较粗。釉色青白泛绿，有细密开片，有光泽。内底涩圈较宽，施釉不及底。口径14.4、足径4.9、高3.3厘米。（图4-21，3；彩版一五四，1）

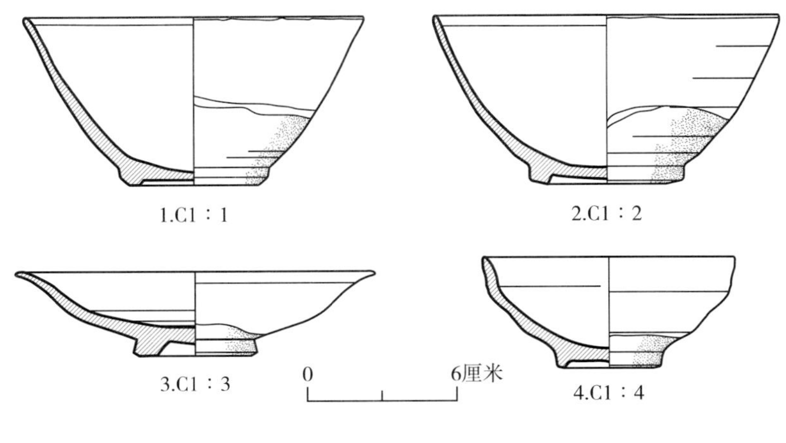

图4-21　第2层下遗迹C1出土瓷器
1、2.青瓷碗　3.景德镇窑青白瓷盘　4.酱釉瓷盏

3.酱釉瓷

盏

生烧，不能确定窑口。形态似建窑系黑釉茶盏。

标本C1：4，可复原。圆唇，束口，斜弧腹，内圜底，圈足，挖足较浅。胎红褐色，质较细，夹零星细砂颗粒。釉层剥落严重，仅局部残留少量生烧釉层，呈浅灰黄色，无光。足部及外壁经旋削，可见削痕。口径10.0、足径4.2、高4.4厘米。（图4-21，4；彩版一五四，2）

三　C2出土遗物

均为瓷器，有青白瓷、黑釉瓷及粗瓷，其中，粗瓷器多为残片。

1.青白瓷

碗

标本C2：2，可复原。圆唇，侈口，斜弧腹，圈足稍内敛，挖足较浅。胎灰色，质较细。釉色青白偏灰，乳浊，局部聚釉较厚，光泽差。施釉不及底。口径16.2、足径5.0、高5.9厘米。（图4-22，1；彩版一五五，1）

2.黑釉瓷

遇林亭窑产品。

盏

标本C2：1，可复原。尖唇，束口欠明显，斜直腹，内小圜底近平，圈足矮小，挖足浅。胎深灰色，露胎处表面呈灰黄色。器表施黑釉，釉面可见开片及芒眼，口沿处釉薄呈棕红色，下腹及底未施釉。口径10.2、足径3.2、高5.4厘米。（图4-22，2；彩版一五五，2）

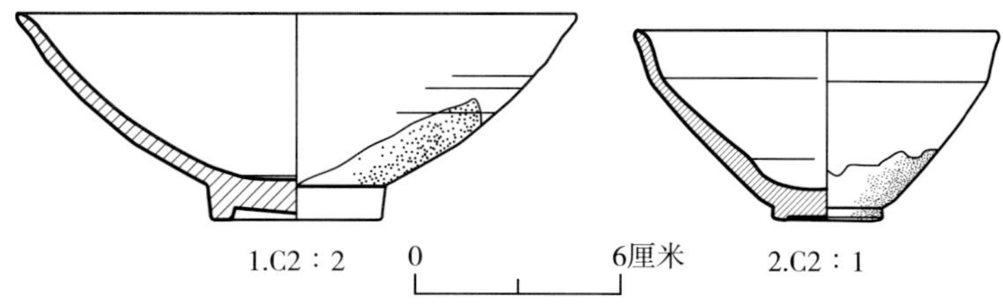

图4-22　第2层下遗迹C2出土瓷器
1.青白瓷碗　2.黑釉瓷盏

四　C3出土遗物

均为瓷器，有青瓷、青白瓷和黑（酱）釉瓷。

1.青瓷

多为具有龙泉窑风格的青釉产品，均为碗，依装烧时内底处理方式不同可分为两类。

碗

Ⅰ.施釉后直接以泥点或泥条间隔叠烧，于器体内底及足底可见叠烧痕（仅标本C3：9碗内底未见叠烧的痕迹，可能是叠烧时置于最上层的缘故。）。胎质偏粗。釉色因烧成温度不同而有所差异，施釉均不及底。器形相似，内底平凹，足部经旋削修整，仅腹部形态有所差异。装饰上分素面和刻划简单纹饰。

标本C3：4，可复原。圆唇，敞口，弧腹，内底较平，圈足，挖足不规整。胎深灰色。釉色青灰偏黄，较有光泽，开片极细碎。腹外壁刻数组纵向篦纹，内壁刻花卉。口径16.8、足径6.0、高6.4厘米。（图4–23，1；彩版一五六，1）

标本C3：6，可复原。圆唇，敞口，斜弧腹，内底较平，圈足，挖足欠规整。胎红褐色，有气隙。釉青灰色，泛黄白点，光泽差，有流釉。口径14.8、足径5.8、高6.0厘米。（图4–23，2；彩版一五六，2）

标本C3：7，可复原。圆唇，敞口，斜弧腹，内底稍弧形下凹，圈足。胎灰或灰褐色。釉色青黄偏灰，光泽差，釉面开片细碎。腹内壁刻划有简单纹饰，腹外壁划数组纵向篦纹。口径16.2、足径6.2、高6.3厘米。（图4–23，3；彩版一五七，1）

标本C3：8，可复原。圆唇，敞口，弧腹，内底较平，圈足，挖足较浅。胎灰色。釉色灰青偏黄，光泽较差，釉面有剥落。腹外壁可见轮旋痕。口径16.0、足径5.8、高6.6厘米。（图4–23，4；彩版一五七，2）

标本C3：10，可复原。圆唇，敞口，弧腹，内底较平，圈足。胎灰色。釉色灰青偏黄，光泽较差，釉面开片极细碎。腹外壁可见轮旋痕，挖足欠规整。口径16.2、足径5.8、高5.6厘米。（图4–23，5；彩版一五八，1）

标本C3：9，可复原。圆唇，敞口，弧腹，内底较平，圈足。胎灰色，器表露胎处显灰褐色。釉色灰青偏褐，泛白点，较有光泽。腹外壁划数组纵向篦纹。口径15.8、足径5.1、高6.6厘米。（图4–23，6；彩版一五八，2）

Ⅱ.内底涩圈。

标本C3：5，可复原。圆唇，敞口，斜直腹，底稍向下弧凹，圈足。胎灰色，质略粗。釉灰青色，开片细碎。施釉不及底。腹内壁刻划纹饰。内壁底腹连续处涩圈。腹外壁可见轮旋痕。口径17.0、足径4.0、高5.1厘米。（图4–23，7；彩版一五九，1）

尚可见淡青釉器，器形有碗。

标本C3：11，可复原。尖唇，侈口，斜弧腹，内底较平，圈足，挖足较浅。胎浅灰色，质较细，散见气隙。釉色淡青偏黄，显乳浊，釉面有开片。施釉不及底。内壁刻划简化海浪纹。足部旋削修整。口径19.5、足径6.4、高6.7厘米。（图4–23，8；彩版一五九，1）

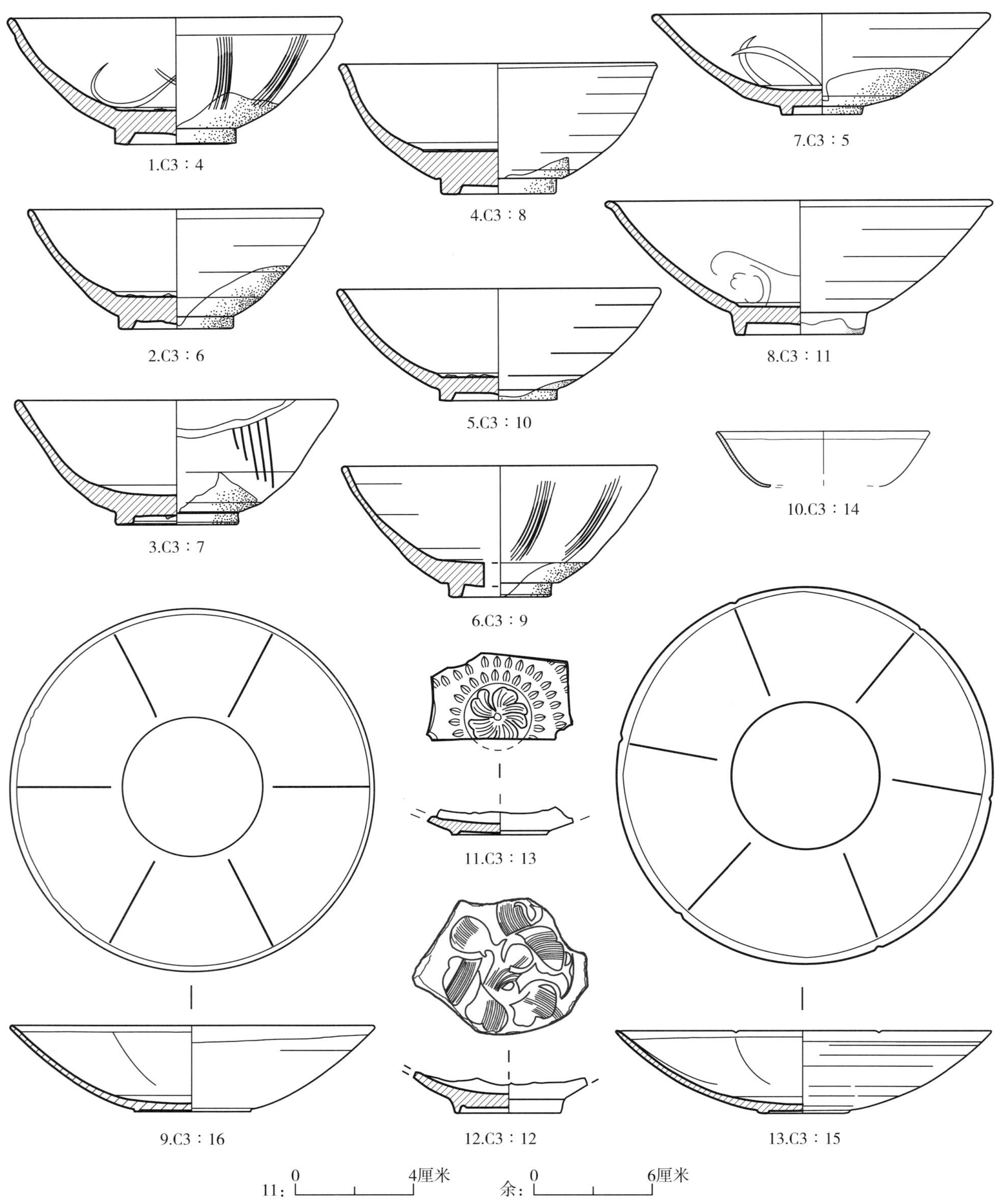

图4-23　第2层下遗迹C3出土瓷器

1~7.青釉碗　8.淡青釉碗　9、13.景德镇窑青白瓷覆烧芒口碗　10.景德镇窑青白瓷覆烧芒口盏　11.景德镇窑青白瓷覆烧芒口杯　12.景德镇窑青白瓷仰烧碗

2.青白瓷

属景德镇窑产品。

可分为覆烧和仰烧两类产品。

Ⅰ.覆烧类芒口器。

器形有碗、盏和杯。

碗

方唇，芒口外敞，弧腹，底稍弧形下凹，矮圈足。内底压圈。胎细白。釉色青白偏黄，莹润，有开片。

标本C3：16，可复原。芒口处银扣脱落。腹内壁纵向出棱六道。口径18.3、足径5.8、高4.3厘米。（图4-23，9；彩版一六〇，1）

标本C3：15，可复原。葵口，银扣无存。腹内壁纵向出棱。口径18.8、足径4.4、高4.1厘米。（图4-23，13；彩版一六〇，2）

盏

标本C3：14，口腹残件。方唇，口微侈，芒口处银口脱落，弧腹。胎细白。釉色白中泛青黄，莹润，釉面有开片，片纹多呈辐射式。口径10.8厘米。（图4-23，10；彩版一六一，1）

杯

标本C3：13，腹底残件。弧腹（残存部分），底微下弧，圈足矮小。胎细白。釉色白中泛青黄，莹润，釉面开片较细碎，足底局部施釉未及。内底心印月华纹，内壁印分层莲瓣纹。足径3.2厘米。（图4-23，11；彩版一六一，2）

Ⅱ.仰烧类。

碗

标本C3：12，腹底残件。斜弧腹（残存部分），圈足近饼形，挖足极浅，足壁内收。胎细白。釉色青白偏青，莹润，釉面有开片。内底刻牡丹纹，间划篦纹。足径5.4厘米。（图4-23，12；彩版一六一，3）

3.黑（酱）釉瓷

包括黑釉盏及制作较粗的酱釉瓷器，窑口未定。

A.黑釉瓷

盏

束口盏　釉面可见开片，施釉不及底，内底可见间隔具粘连痕迹，足部经旋削修整。

标本C3：2，可复原。圆唇，斜弧腹，内圜底，圈足。胎灰黄色，质略粗。釉黑褐色，釉薄处显褐色，亚光，釉面可见极细碎开片。口径10.6、足径3.7、高4.8厘米。（图4-24，1；彩版一六二，1）

标本C3：1，可复原。圆唇，斜直腹，内圜底，圈足。胎灰褐色，质略粗，夹细砂。釉黑褐色，光泽较好，釉面开片较细碎。腹壁粘连窑渣颗粒。口径10.4、足径4.4、高4.4厘米。（图4-24，2；彩版一六二，2）

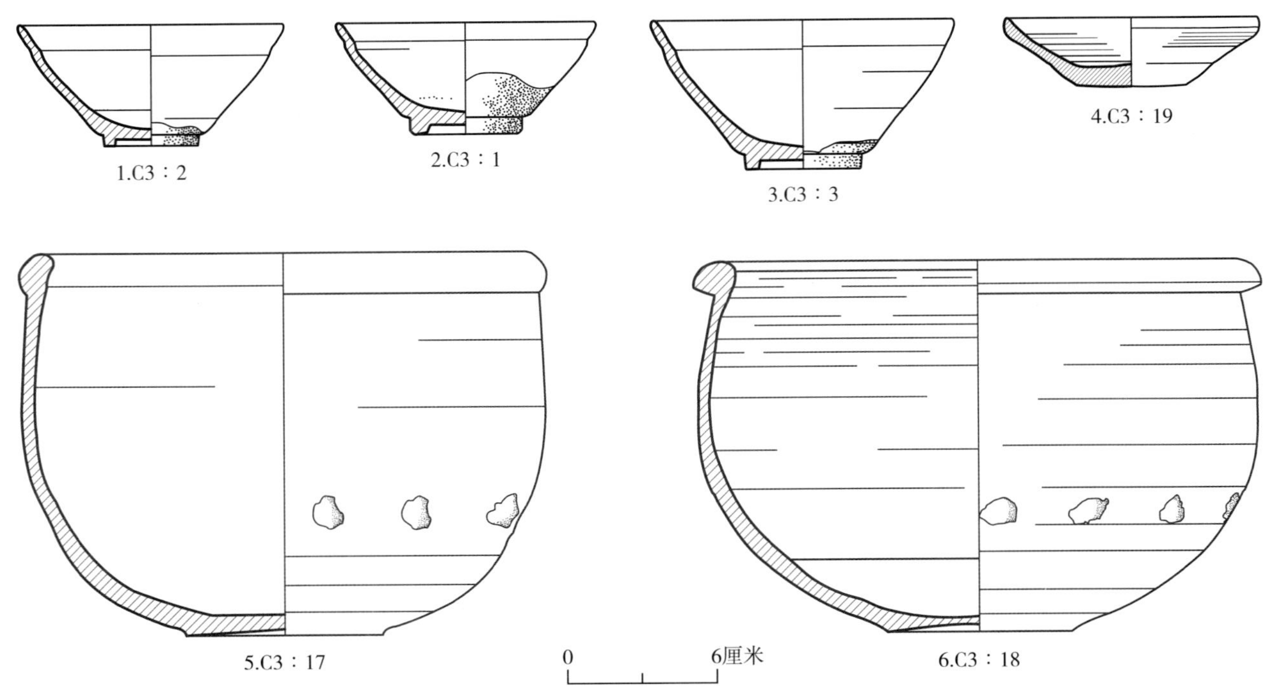

图4-24　第2层下遗迹C3出土瓷器

1～3.黑釉瓷盏　4.酱釉瓷灯盏　5、6.酱釉瓷钵

敞口盏

标本C3：3，可复原。圆唇，斜直腹，内圜底，圈足。胎红褐色，质略粗。釉黑褐色，亚光，釉面可见极细碎开片。下腹近足处及足壁经旋削。口径12.2、足径4.6、高5.9厘米。（图4-24，3；彩版一六三，1）

B.酱釉瓷

钵

厚圆唇外凸，敛口，鼓腹，下腹急收，小平底。胎灰色，质略粗，有气隙。釉酱褐色，施釉不匀，且不及底，有流釉。口唇及下腹外壁可见叠烧痕。

标本C3：17，可复原。釉层较薄。口径21.3、底径7.8、高15.2厘米。（图4-24，5；彩版一六四，1）

标本T3C3：18，可复原。釉层薄，有流釉。内底可见支具粘连痕迹。口径22.6、底径7.3、高14.7厘米。（图4-24，6；彩版一六四，2）

灯盏

标本C3：19，可复原。厚圆唇，敞口，斜直腹，平底。胎红褐色，质较粗。釉偏黄褐色，多生烧，无光泽，脱釉严重。口径10.2、底径4.4、高2.7厘米。（图4-24，4；彩版一六三，2）

五　C7出土遗物

包括陶质建筑构件和瓷器。

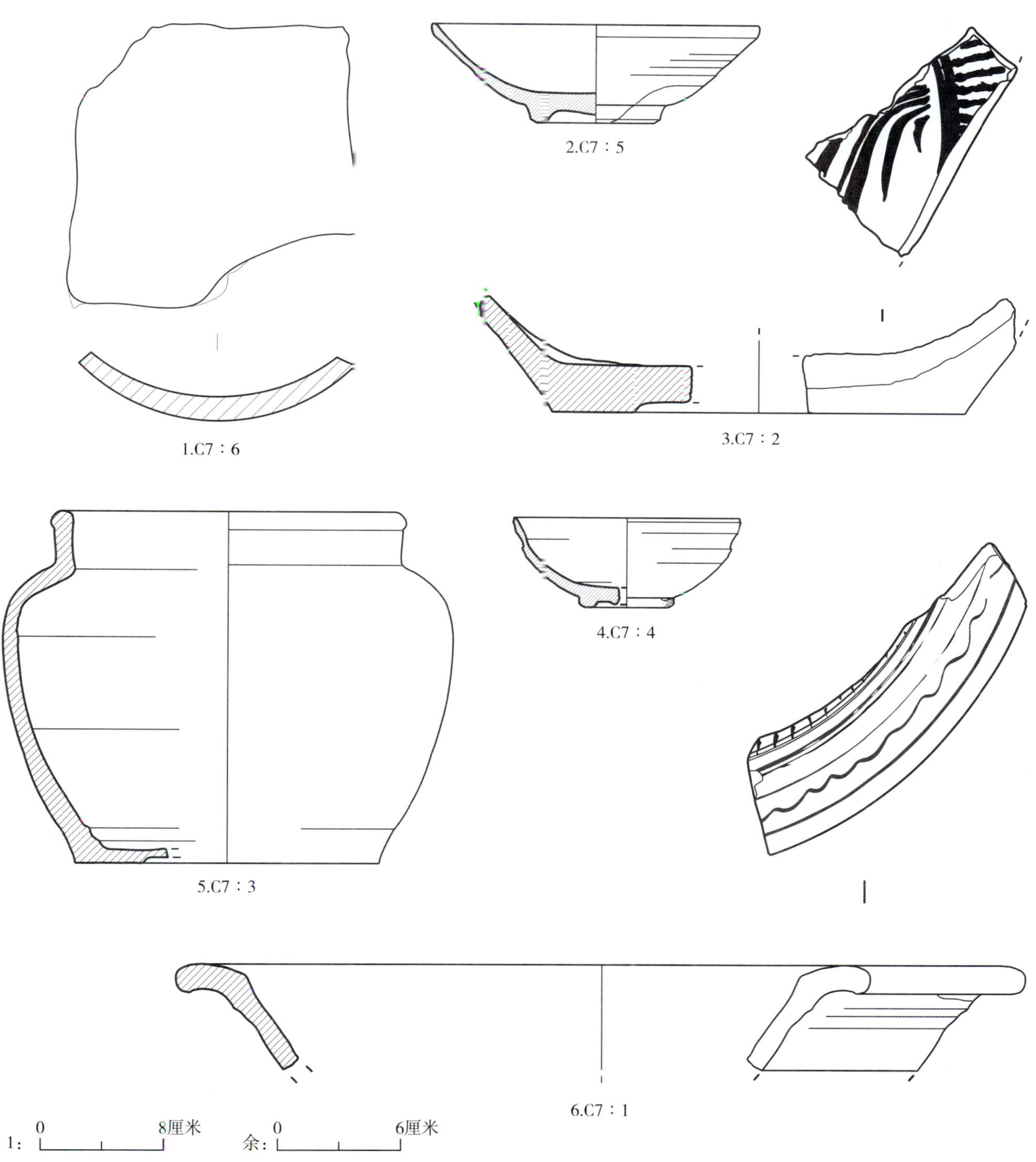

图4-25　第2层下遗迹C7出土板瓦、瓷器

1.板瓦　2.青瓷碗　3、6.白釉褐彩瓷盆　4.青白瓷盏　5.白瓷罐

（一）陶质建筑构件

板瓦

标本C7：6，残。泥质灰陶，夹砂。凹面施布纹。残长18.0、宽17.8、厚1.2厘米。（图4-25，1；彩版一六五，1）

（二）瓷器

1.青瓷

窑口未定。

碗

标本C7：5，可复原。厚圆唇，敞口，斜弧腹，底稍弧形下凹，圈足内敛。胎灰色，质略粗，器表露胎处呈红褐色。釉色青灰偏褐，施釉欠匀，有流釉，光泽较差。施釉不及底。内底及足底可见叠烧痕。口径15.9、足径6.3、高4.8厘米。（图4–25，2；彩版一六六，1）

2.白瓷

窑口未定。

罐

标本C7：3，可复原。厚圆唇微外凸，直口，直颈，溜肩，弧腹，平底。胎灰黄色，质较细，局部有气隙。釉白偏黄，较有光泽，釉面有开片。腹部可见两道凹弦纹。口径17.2、底径14.6、高17.0厘米。（图4–25，5；彩版一六五，2）

3.青白瓷

窑口未定。

盏

标本C7：4，可复原。尖唇，束口，浅弧腹，圈足。胎浅灰色，质较细。釉色青白偏青，光泽较好，釉面开片较细密，散见棕眼。内底涩圈，涩圈内及足底处可见细小泥沙颗粒，应与叠烧有关。圈足足底外缘经旋削。口径10.9、足径4.5、高4.2厘米。（图4–25，4；彩版一六六，2）

4.白釉褐彩瓷

窑口未定。

盆

标本C7：1，口腹残件。圆唇，沿外翻，敞口，斜腹。胎浅灰黄色，质略粗，有气隙。釉色灰白泛黄，光泽较好，有极细碎开片，散见芒眼。腹外壁无釉。釉下绘褐彩，边饰褐彩弦纹两周夹水波纹一周，上腹内壁饰褐彩粗弦纹及竖线纹。口径41.0厘米。（图4–25，6；彩版一六七，1）

标本C7：2，腹底残件。斜腹，平底，隐圈足，足底宽平。胎灰黄色，质略粗。内壁釉灰白色，外壁釉深褐色，釉面散见芒眼，开片细碎，片纹显褐色。釉下绘褐彩，腹内壁饰褐彩竖线纹，近底处饰褐彩粗弦纹一周，内底饰褐彩草叶纹。足径20.0厘米。（图4–25，3；彩版一六七，2）

六　C8出土遗物

包括陶质建筑构件、瓷器和石质遗物。

图4-26　第2层下遗迹C8出土砖、瓷器

1~4.砖　5、6.龙泉窑青瓷碗　7.龙泉窑青瓷洗　8.青瓷盘　9.景德镇窑青白瓷罐　10.石臼

（一）陶质建筑构件

砖

泥质灰陶，质细。

标本C8：7，可复原。一端有火烧过的痕迹。长25.0、宽9.0、厚3.6厘米。（图4-26，1；彩版一六八，1）

标本C8：8，残。火烧痕迹明显。长25.4、残宽7.8、厚3.9厘米。（图4–26，2；彩版一六八，2）

标本C8：9，残。较为厚重，有火烧的痕迹。残长16.5、宽8.2、厚4.2厘米。（图4–26，3；彩版一六八，3）

标本C8：10，残。较薄，砖的中部有火烧痕迹。残长14.0、残宽5.4、厚3.0厘米。（图4–26，4；彩版一六八，4）

（二）瓷器

1.青瓷

包括龙泉窑产品及一些未能确定窑口的残件。

（1）龙泉窑

有碗和洗。

碗

均为碗底残件。胎体厚重，内底戳印纹饰。

标本C8：1，碗底残件。圈足，挖足较浅。胎浅灰色，质较细，有气隙。釉青色，有光泽。足底刮釉，外底无釉。内底印花卉纹。足径5.7厘米。（图4–26，5）

标本C8：4，碗底残件。圈足，挖足较浅。胎浅灰或灰黄色，质较细。釉色青中偏绿，显乳浊，木光，有开片。内底印花纹，似牡丹。足底刮釉，外底粘连泥渣。足径7.2厘米。（图4–26，6）

洗

标本C8：2，可复原。圆唇，花口外敞，腹壁作菊瓣状，内底平，外底下凸、底心平，卧足。胎浅灰色，质细，有气隙。釉青黄色，较厚，光泽莹润，开片细密。口径11.9、足径6.6、高3.6厘米。（图4–26，7；彩版一六九，1）

（2）未定窑口

盘

标本C8：5，可复原。圆唇，侈口，弧腹，底稍下凹，圈足。胎浅灰色，质略粗，有气隙。釉青灰色，光泽较好。内底篦划纹饰。内底及足底可见泥点叠烧痕。口径12.7、足径5.5、高3.4厘米。（图4–26，8；彩版一六九，2）

2.青白瓷

应属景德镇窑。

罐

标本C8：3，残。方唇外凸，芒口稍内敛，直领，斜肩。胎浅灰色，质较细。釉色青白偏青，有光泽，开片较细密。内壁领肩部和外壁施釉。肩部外壁模印纹饰，肩腹间外壁饰一周较宽的凸棱。残宽5.2、残高4.5厘米。（图4–26，9；彩版一六八，5）

（三）石质遗物

石臼

标本C8：6，残。方唇，敛口，腹部微外弧。灰褐色砂岩质。使用痕迹明显，磨损程度高。口径20.4、残高8.5厘米。（图4-26，10；彩版一六八，6）

七　C9出土遗物

均为瓷器，出土数量较少，有青瓷器及粗瓷碎片。

青瓷

窑口未能确定。

碗

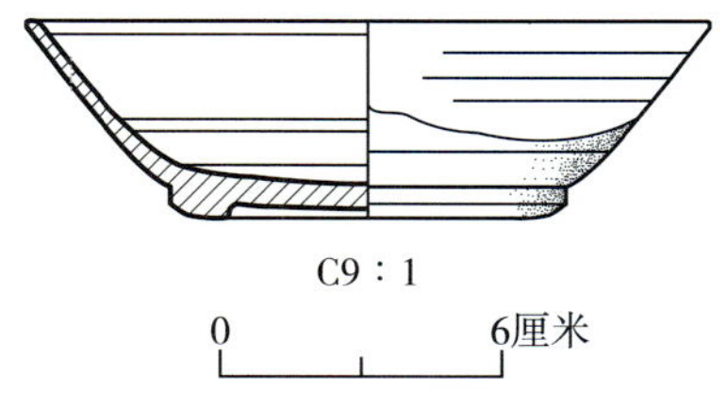

图4-27　第2层下遗迹C9出土青瓷碗

标本C9：1，可复原。尖唇，敞口，斜直腹，底较平，圈足。胎灰褐色，质较粗。釉色青黄泛白，亚光，釉面开片细碎。内底涩圈，施釉不及底。下腹近足处及足跟处经旋削。口径14.4、足径8.4、高4.2厘米。（图4-27；彩版一七〇，1）

八　G1出土遗物

有瓷器及铜钱。

（一）瓷器

包括青瓷、黑（酱）釉瓷及粗瓷，以残片为主，器形可辨者有碗。

碗

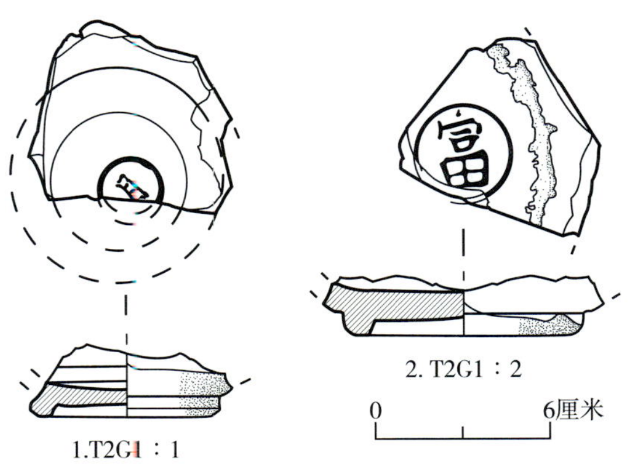

图4-28　第2层下遗迹G1出土青瓷碗残件

标本T2G1：1，腹底残件。斜弧腹，底较平，内底近腹处有涩圈，圈足。胎红褐色，质略粗。釉灰白色，生烧，脱釉，无光泽。施釉不及底。内底心印一圈凸弦纹，圈内阳印“月”字。足径6.2、残高2.5厘米。（图4-28，1；彩版一七〇，2）

标本T2G1：2，腹底残件。斜弧腹，平底，圈足。胎红褐色，质较细，夹细砂。釉青褐色泛蓝白，光泽较差。腹足连续处及足跟处经旋削。内底近腹处有一圈白色粘着物。内底心阳文“富”字。足径8.2、残高2.0厘米。（图4-28，2；彩版一七一，1）

（二）铜钱

包括景祐元宝、元祐通宝和政和通宝等。

景祐元宝

1枚。北宋仁宗景祐元年（1034年）始铸。

标本T6G1：6，完整。对读，字迹不甚清晰。直径2.5厘米。（图4-29，1）

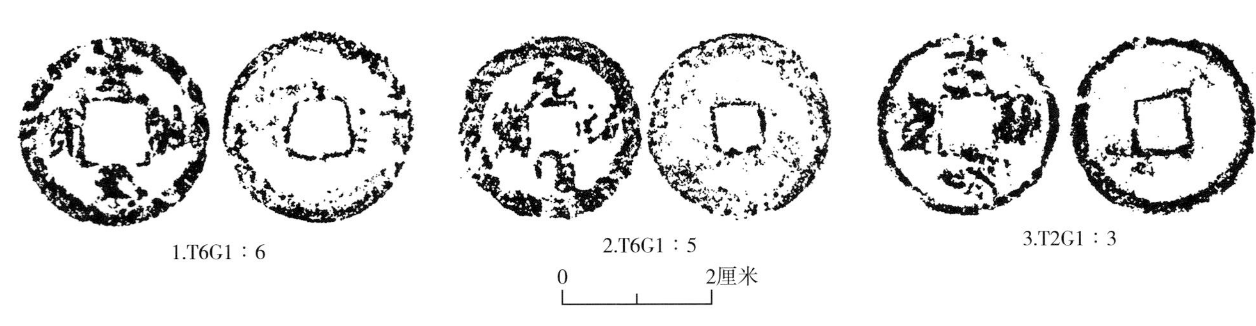

图4-29　第2层下遗迹G1出土铜钱
1.景祐元宝　2.元祐通宝　3.政和通宝

元祐通宝

1枚。北宋哲宗元祐年间（1086~1093年）铸。

标本T6G1：5，完整。对读，字迹不清晰。直径2.4厘米。（图4-29，2）

政和通宝

1枚。北宋徽宗政和年间（1111~1117年）铸。

标本T2G1：3，完整。对读。直径2.4厘米。（图4-29，3）

九　G2出土遗物

以瓷器为主，另有铜钱及石质遗物碎块等。

（一）瓷器

有青瓷、白瓷和青白瓷，以及大量粗瓷碎片。

1.青瓷

未定窑口。

A.青釉。

多具有龙泉窑产品风格。

碗

施釉不及底，内底及足底可见叠烧痕迹。

标本T2G2：5，可复原。厚圆唇，敞口，弧腹，内底较平，微下凹，圈足，挖足较浅。胎浅灰色，质略粗，有气隙。釉色青绿，光泽较好，有流釉，釉面有细碎开片。腹内壁浅划一道凹弦纹。腹外壁可见轮旋痕，下腹近足处及足壁经旋削。口径16.0、足径5.9、高7.0厘米。（图4-30，1；彩版一七一，2）

标本T2G2：6，可复原。圆唇，敞口，弧腹，内底平，微下凹，圈足。胎深灰色，质略粗，有气隙。釉色青绿偏灰，有光泽，釉面有细碎开片。腹外壁可见轮旋痕。口径15.4、足径5.4、高6.4厘米。（图4-30，2；彩版一七二，1）

标本T2G2：7，可复原。厚圆唇，敞口，弧腹，内底较平，微下凹，圈足，挖足较浅。胎浅灰色，局部呈浅红褐色，质略粗，有气隙。釉色青灰泛黄，亚光，有细碎开片。腹外壁

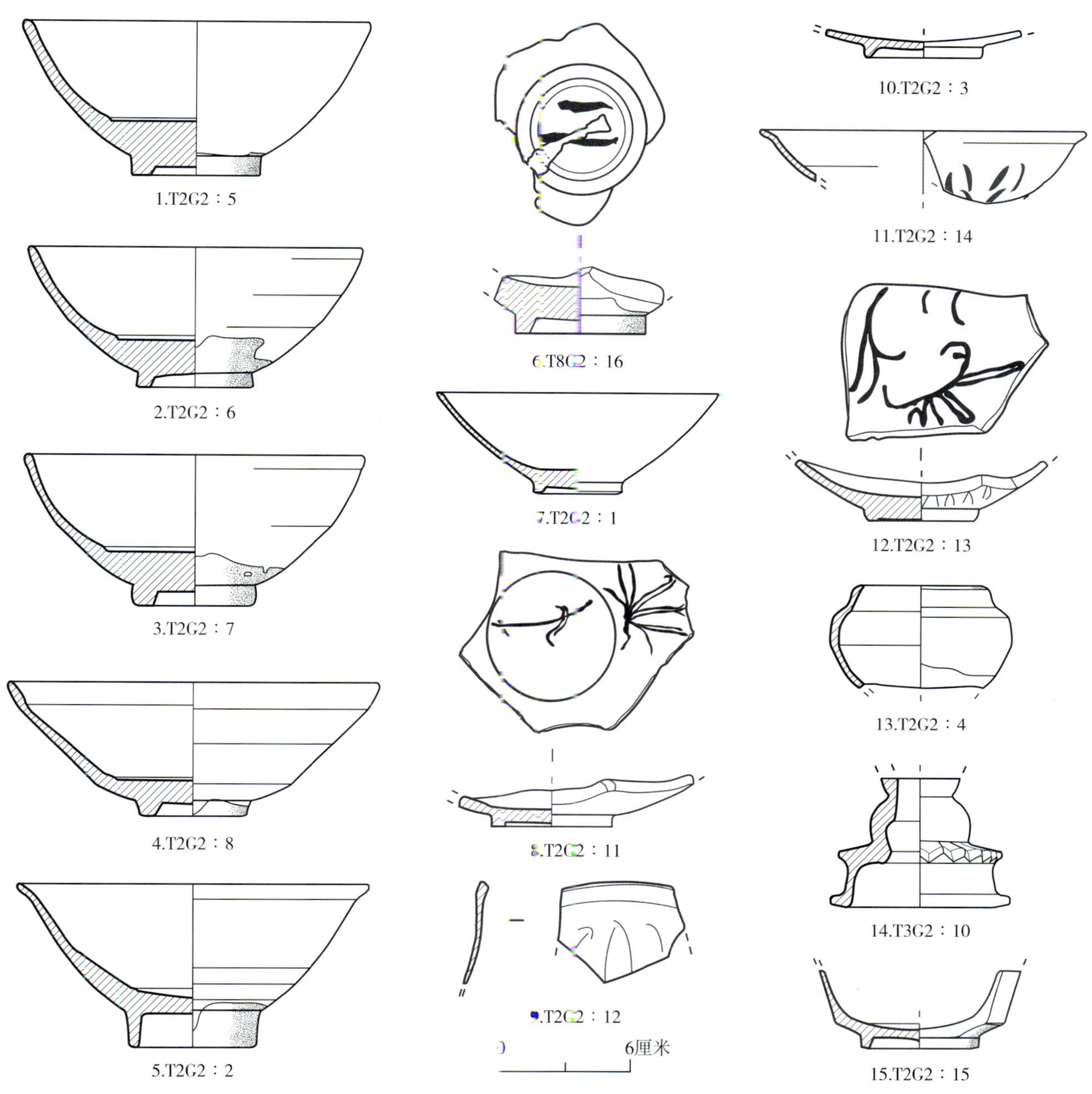

图4-30　第2层下遗迹G2出土瓷器

1~4、6.青釉碗　5、7.淡青釉碗　8、9.景德镇窑仿定白瓷碗　10~12.景德镇窑青白瓷碗　13.景德镇窑青白瓷罐　14.景德镇窑青白瓷有座炉　15.青白瓷炉

隐约可见轮旋痕，下腹近足处及足壁经旋削。口径15.6、足径5.7、高7.0厘米。（图4-30，3；彩版一七二，2）

标本T2G2：8，可复原。圆唇，敞口，斜直腹，内底较平，圈足，挖足较浅，且欠规整。胎灰色，质较细，有气隙。釉青褐色，亚光，有细碎开片。施釉欠均匀。胎体下腹及足部经旋削。口径17.0、足径5.0、高6.2厘米。（图4-30，4；彩版一七三，1）

标本T8G2：16，腹底残件。弧腹，平底，圈足。胎灰黄色，质较细，有气隙。釉青黄色，光泽差，有剥蚀。施釉不及底。内底及足底可见叠烧痕。外底墨书“二”字。足径6.0厘

米。（图4–30，6；彩版一七三，2）

B.淡青釉器

碗

标本T2G2：2，可复原。圆唇，侈口，斜弧腹，内底弧形下凹，外底较平，高圈足，挖足较浅。胎浅灰色，胎质较细。釉色淡青偏灰，显乳浊，有流釉现象，光泽较差，釉面有开片，散见细小芒眼。上腹近口处以及下腹近底处内壁各刻划一圈凹弦纹。腹外壁可见轮旋痕。足壁及下腹近足处可见旋削痕。口径16.2、足径5.9、高7.4厘米。（图4–30，5；彩版一七四，1）

标本T2G2：1，可复原。尖唇，敞口，斜弧腹，平底，圈足。胎浅灰色，质较细，有气隙。釉色淡青偏灰，有光泽，釉面有细小开片。唇内积釉较厚，足内壁及外底无釉。腹外壁可见轮旋痕。口径13.0、足径4.1、高4.6厘米。（图4–30，7；彩版一七四，2）

2.白瓷

为景德镇窑仿定白瓷。

碗

标本T2G2：11，腹底残件。弧腹，平底，矮圈足。胎浅灰色，质细。釉色白中泛青黄，有光泽，积釉较厚处泛青，有细密开片。足底刮釉，外底无釉。内壁刻划花草纹。足径5.5、残高2.4厘米。（图4–30，8；彩版一七五，1）

标本T2G2：12，口腹残件。方唇，芒口外侈，弧腹。胎细白。釉色白，局部微泛青，有光泽，釉面可见开片细裂纹。腹外壁刻莲瓣纹。残长5.8、残宽4.6厘米。（图4–30，9；彩版一七五，2）

3.青白瓷

包括景德镇窑产品及一些未能确定窑口的残件。

（1）景德镇窑

碗

标本T2G2：3，腹底残件。斜弧腹，平底，矮圈足。胎细白。釉色青白莹润，足底刮釉。足径5.4厘米。（图4–30，10；彩版一七五，3）

标本T2G2：14，口腹残件。方唇，侈口，弧腹。胎浅灰色，质细。釉色偏青绿，有光泽。唇部刮釉显紫红色。腹内外壁均刻划有纹饰。口径15.0厘米。（图4–30，11；彩版一七五，4）

标本T2G2：13，腹底残件。斜弧腹，内弧底，饼足。胎浅灰色，质较细。釉色偏青绿，泛黄点，亚光。足底无釉。内壁刻划花草纹，腹外壁浅刻莲瓣纹。足径4.8厘米。（图4–30，12；彩版一七六，1）

罐

标本T2G2：4，口腹残件。斜方唇，敛口，矮领，斜折肩，弧腹。胎细白。釉色青白偏青，有光泽，釉面开片细碎。外壁下腹未施釉。肩部模印放射状细凸棱，下腹外壁模印菊瓣纹。口径5.6厘米。（图4–30，13；彩版一七六，2）

有座炉

标本T3G2：10，残存把柄和底座部分。残存把柄部呈圆鼓状；底座上部菊瓣状出檐，周壁斜直，足向外平展。胎细白。釉色青白莹亮。仅外壁及足底施釉。足径8.2厘米。（图4–30，14；彩版一七七，1）

（2）未定窑口

炉

标本T2G2：15，腹底残件。上腹斜直，下腹折收，内底弧凹，圈足，挖足欠规整。胎浅灰色，质略粗。仅腹外壁施釉，釉色青白偏黄，有光泽，釉面有细碎开片。足径5.4厘米。（图4–30，15；彩版一七七，2）

（二）铜钱

祥符元宝

1枚。北宋神宗祥符年间（1008~1016年）铸。

标本T2G2：17，完整。右旋读。直径2.4厘米。（图4–31）

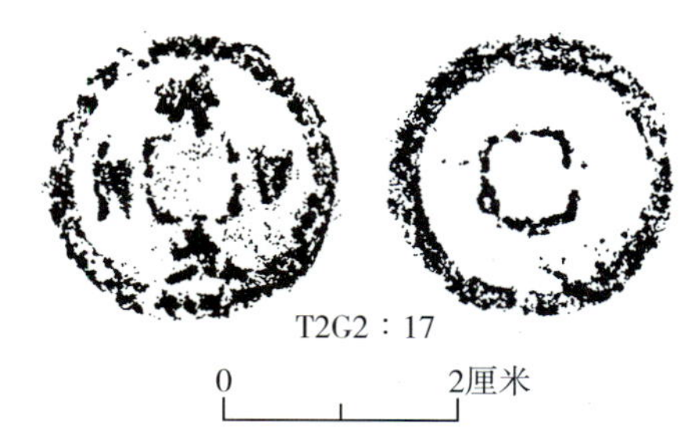

图4–31　第2层下遗迹G2出土铜钱"祥符元宝"

十　G4出土遗物

有陶质建筑构件、瓷器、石质遗物和铜钱。

（一）陶质建筑构件

砖

标本G4：4，残。泥质灰陶。长边侧面饰网格纹，短边侧面印一阳文"方"字。残长11.0、宽14.4、厚4.5厘米。（图4–32，1、2；彩版一七八，1）

标本G4：3，残。泥质灰陶。长边侧面经过刮削。残长14.7、宽7.7、厚4.0厘米。（彩版一七九，2）

（二）瓷器

以黑、褐釉瓷器为主，另有部分青瓷、青白瓷残片。

1.黑釉瓷

器形有盏，窑口未能确定。

盏

标本G4：1，可复原。圆唇，束口，斜弧腹，小平底，圈足。胎灰色，质略粗。釉黑褐色，亚光，釉面可见细碎开片，密布黄白点，散见芒眼。施釉不及底。口径11.2、足径2.8、高5.6厘米。（图4–32，3；彩版一七八，3）

2.褐釉瓷

窑口未能确定。

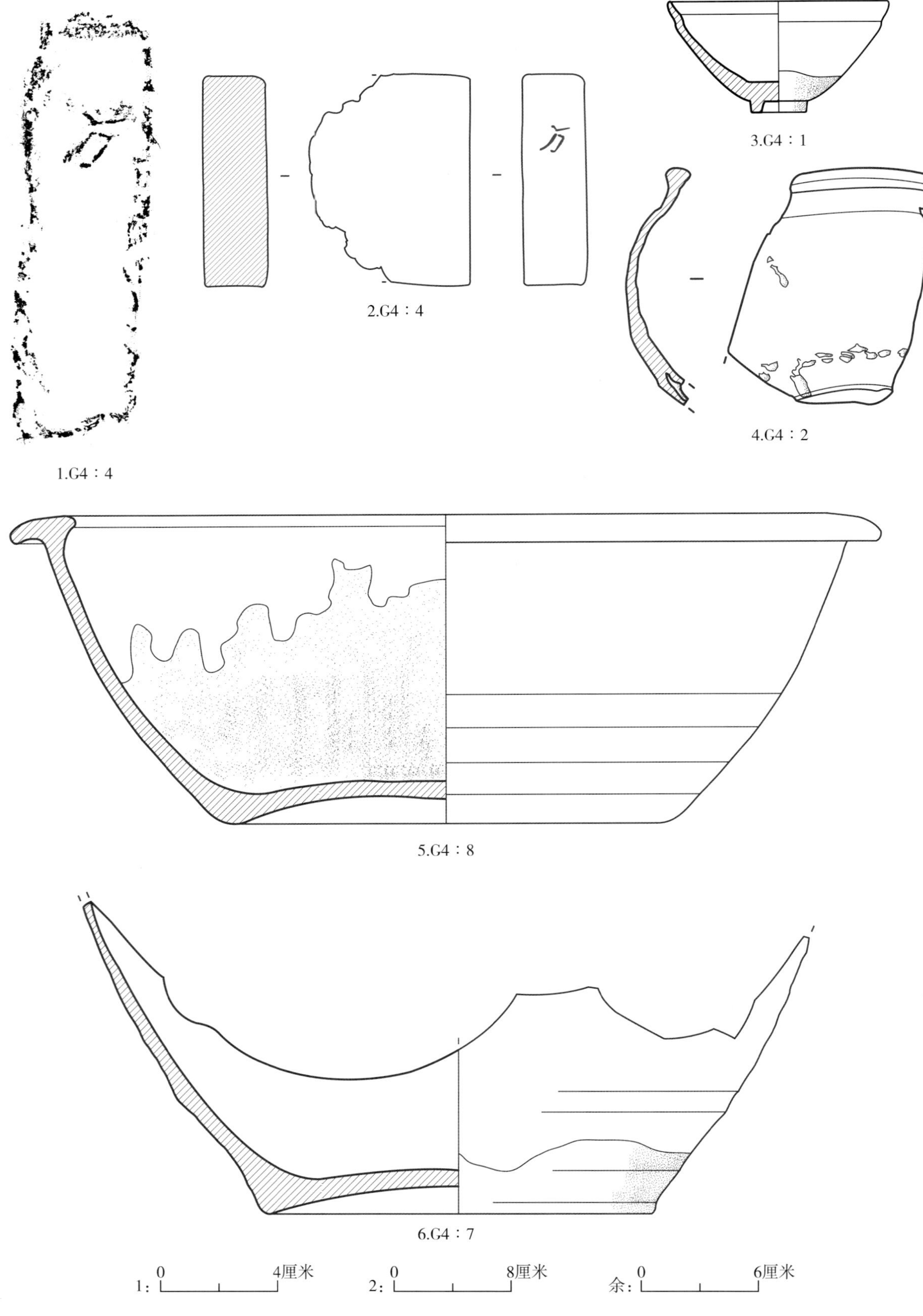

图4-32　第2层下遗迹G4出土砖、瓷器

1、2. 铭文砖　3.黑釉瓷盏　4.褐釉瓷罐　5.褐釉瓷盆　6.褐釉瓷缸

器形有罐、盆和缸。其中，盆和缸属粗瓷。

罐

标本G4：2，可复原。圆唇外凸，敛口，矮领，圆肩，鼓腹，底较平。胎红褐色，质略粗，夹细砂，有气隙。釉薄，褐色，流釉，釉面剥蚀严重。施釉不及底。腹部可见轮旋痕。鼓腹及口唇部可见叠烧痕。口径20.4、底径11.0、高12.0厘米。（图4-32，4；彩版一七九，1）

盆

标本G4：8，可复原。圆唇，展沿，敛口，斜弧腹，平底稍向上隆起。胎红褐色，质粗，夹白色细砂，表面露胎处呈灰褐或红褐色。釉多较薄，呈灰黄色，无光，釉层多剥落。口径44.2、底径22.0、高15.7厘米。（图4-32，5；彩版一七九，2）

缸

标本G4：7，腹底残件。斜弧腹，平底稍向上隆起。胎红褐色，质粗，夹白色细砂，表面露胎处呈灰褐色。釉薄，有釉处呈灰黄色，无光，釉层多剥落。底径19.5厘米。（图4-32，6；彩版一七九，3）

（三）石质遗物

石臼

标本G4：5，残。灰黄色砂岩质。仅存弧壁。残长21.8、宽11.0、厚5.1厘米。（图4-33，1；彩版一八〇，1）

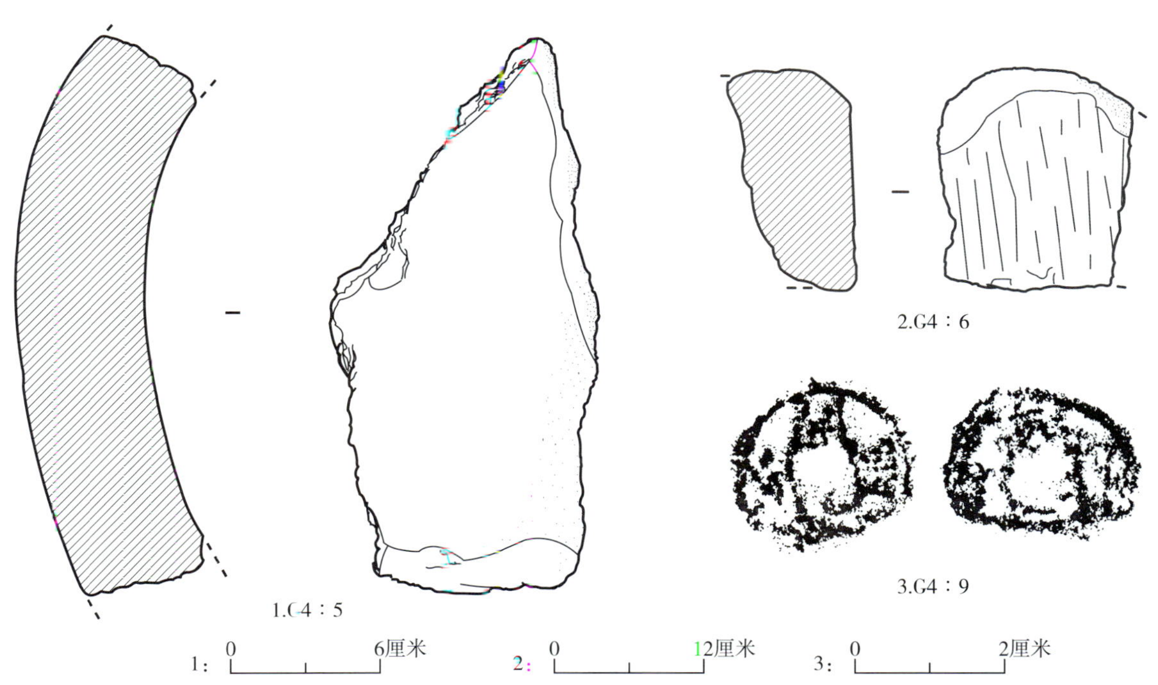

图4-33　第2层下遗迹G4出土石器、铜钱

1.石臼　2.石磨盘　3.铜钱“开庆通宝”

石磨盘

标本G4：6，残。黄褐色砂岩质。正面中心下凹。磨盘直径55.0、沿宽6.5、厚10.5厘米。（图4-33，2；彩版一八〇，2）

（四）铜钱

开庆通宝

1枚。南宋理宗开庆元年（1259年）铸。

标本G4：9，残。对读。直径2.4厘米。（图4-33，3）

十一　G5出土遗物

均为瓷器，有青瓷、黑酱釉瓷及粗瓷。可复原者仅一件酱釉粉盒盖。

粉盒盖

标本G5：1，可复原。顶微隆起，直壁。胎灰白色，质细。釉深褐色，光泽较差，有细碎开片。外壁及顶内面施釉。顶面模印兰草纹，上壁模印排列较密的纵向梳齿纹。直径7.9、高2.3厘米。（图4-34；彩版一八〇，3）

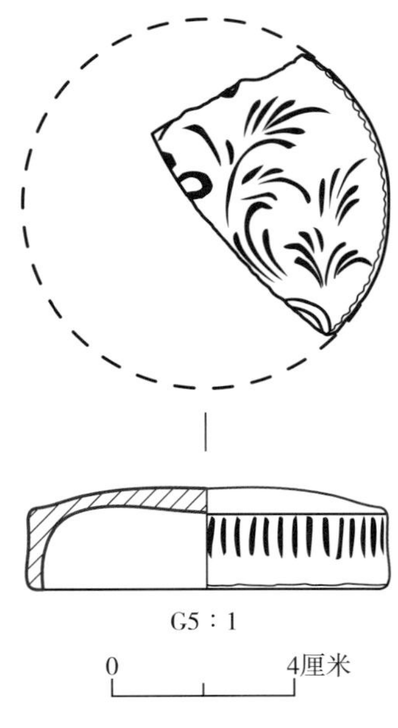

图4-34　第2层下遗迹G5出土酱釉瓷粉盒盖

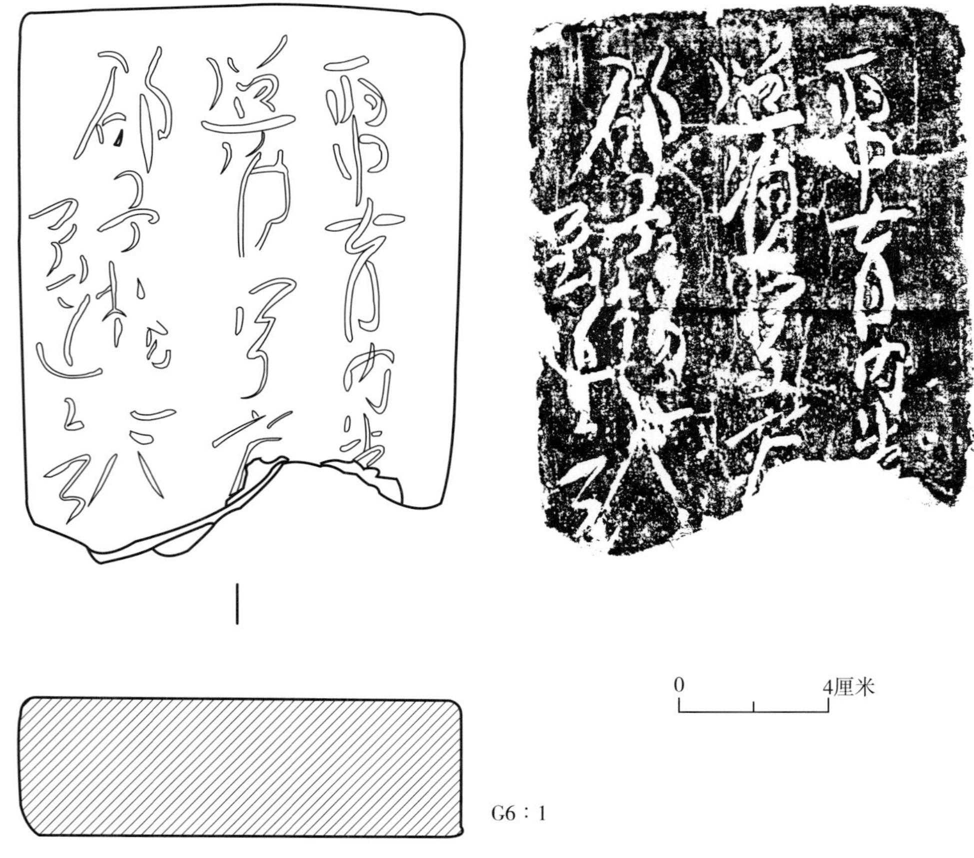

图4-35　第2层下遗迹G6出土铭文砖

十二　G6出土遗物

砖

标本G6：1，残。泥质灰陶。正面刻写草书文字“丙申七月内……道……邵子杨……至道二年……”。残长14.6、宽11.8、厚3.6厘米。（图4-35；彩版一八一）

十三　G8出土遗物

有陶质建筑构件、瓷器、石质遗物和铜钱。

（一）陶质建筑构件

砖

标本T19G8：21，残。泥质灰陶，质细。残长10.8、宽13.8、厚6.3厘米。（彩版一八二，1）

标本T15G8：7，残。夹砂。一面饰绳纹。残长13.0、宽12.6、厚2.8厘米。（彩版一八二，2）

标本T15G8：6，残。泥质灰陶，质细，表面呈红褐色。长19.0、厚5.3厘米。（彩版一八二，3）

标本T19G8：23，完整。泥质灰陶，质细。长25.3、宽8.6、厚4.2厘米。（图4-36，1）

标本T19G8：24，完整。泥质灰陶，质细。长26.3、宽8.8、厚3.5厘米。（图4-36，2；彩版一八二，4）

图4-36　第2层下遗迹G8出土砖

板瓦

泥质灰陶，质细。

标本T15G8：8，残。凸面饰绳纹。残长14.7、残宽22.4、厚2厘米。（彩版一八三，1）

标本T15G8：9，残。凸面饰绳纹，有制坯时手摸痕。残长20.3、残宽21.5、厚1.7厘米。（彩版一八三，2）

标本T15G8：10，残。凹面饰布纹。长25.7、残宽13.5、厚1.5厘米。（彩版一八三，3）

（二）瓷器

有青瓷、青白瓷、白釉褐彩瓷和褐釉瓷。

1.青瓷

包括龙泉窑、越窑和铁店窑产品，也有一些未能确定窑口的残件。可复原者仅一件龙泉窑莲瓣盘。

莲瓣盘

标本T15G8：1，可复原。薄圆唇，敞口，弧腹，内底较平，圈足内敛。胎灰色，质较

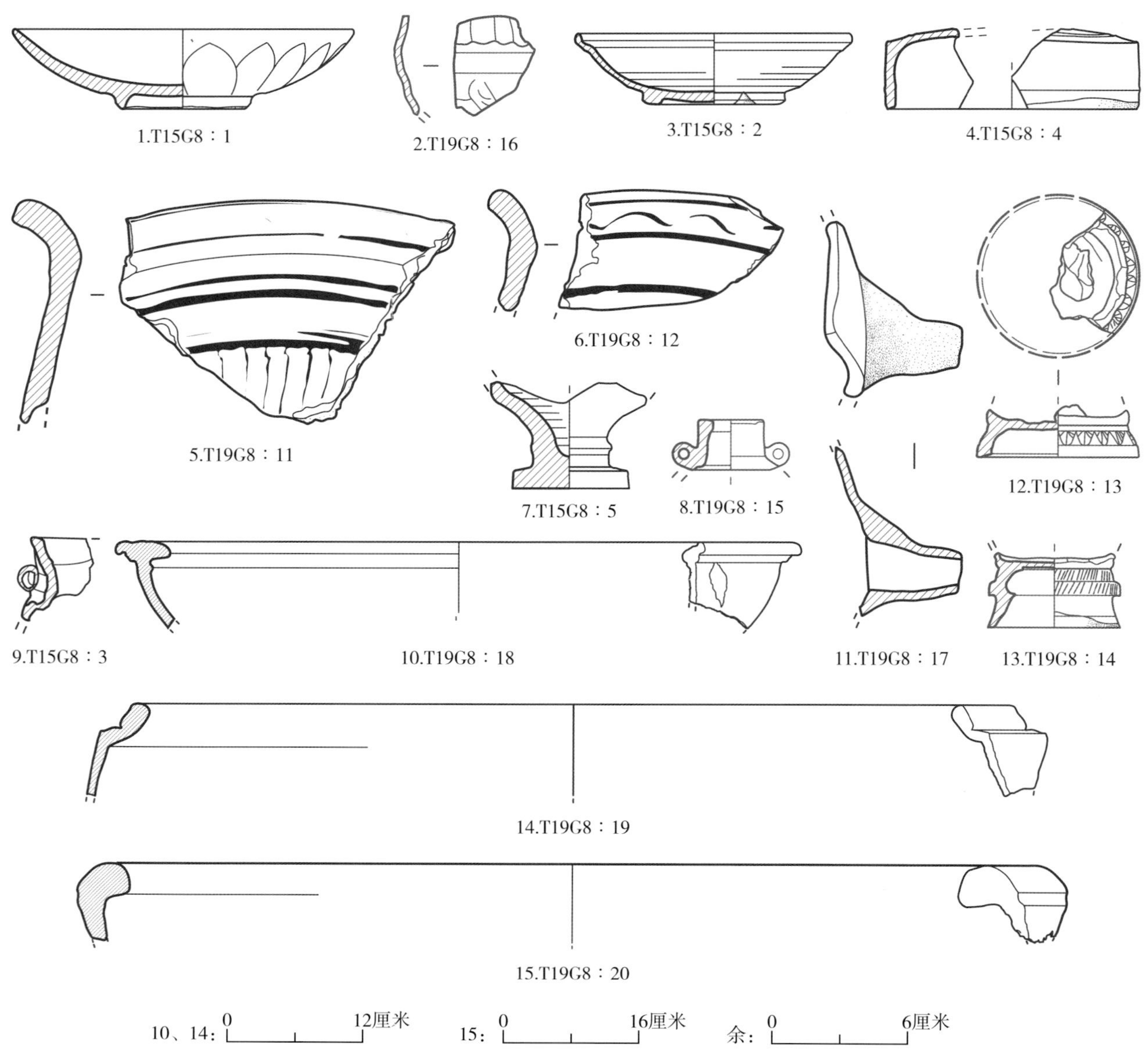

图4-37　第2层下遗迹G8出土瓷器

1.龙泉窑青瓷莲瓣盘 2.景德镇窑青白瓷罐 3.青白瓷盘 4.青白瓷盒盖 5、6.白釉褐彩瓷盆 7.褐釉瓷瓶 8.褐釉瓷罐 9.青白瓷罐 10、14、15.褐釉瓷粗瓷缸 11.褐釉瓷壶 12、13.褐釉瓷灯盏

细。釉色青灰偏暗，釉层厚。外壁刻莲瓣纹，莲瓣较宽。足底刮釉露胎。口径15.0、足径6.0、高3.6厘米。（图4-37，1；彩版一八四，1）

2.青白瓷

包括景德镇窑产品及一些未能确定窑口的残件。

（1）景德镇窑

罐

标本T19G8：16，腹部残件。弧腹。胎细白。釉色青白偏青，釉面光滑，开片细碎。腹部饰一道宽弦纹，其上纹饰不辨，下饰菊瓣纹。残长4.3、残宽3.5厘米。（图4-37，2；彩版一八五，1）

（2）未定窑口

器形有盘、盒盖和罐。

盘

标本T15G8：2，可复原。薄圆唇，盘口，斜弧腹，底稍弧形下凹，矮圈足微外撇。胎浅灰色，质细。釉色青白偏青，釉面略显粗涩，亚光，开片细密。内底涩圈，施釉不及底。涩圈及足底处可见叠烧痕。口径12.2、足径6.2、高3.1厘米。（图4–37，3；彩版一八四，2）

盒盖

标本T15G8：4，残。顶稍隆起，直壁稍外撇。胎黄白色，质细。釉青白色，有光泽，釉层薄，开片细碎。顶面饰凸弦纹两周，直壁下部饰凸弦纹一周。直径11.0厘米。（图4–37，4；彩版一八六，1）

罐

标本T15G8：3，残。带系罐。方唇微外凸，直领稍外撇，溜肩，肩部残存一圆筒形横耳。胎浅灰色，质细，局部有气隙。釉青白色，有光泽，釉厚处显浅灰褐色。肩部饰两圈平行凸弦纹。口径6.6、残高3.8厘米。（图4–37，9；彩版一八六，2）

3.白釉褐彩瓷

窑口未定。

盆

圆唇，沿外翻，敞口，斜腹。胎浅灰黄色，质略粗，有气隙。

标本T19G8：11，口腹残件。内壁釉色灰白泛黄，腹外壁施釉处釉深褐色，光泽较好，有极细碎开片及棕眼。沿下至上腹外壁无釉。边饰褐彩弦纹两周，夹水波纹一周；上腹内壁饰褐彩粗弦纹数周及竖线纹。口径48.4、残高9.7厘米。（图4–37，5；彩版一八五，2）

标本T19G8：12，口腹残件。釉色灰白泛黄，光泽较好，有极细碎开片及棕眼。外壁无釉。边饰褐彩弦纹两周夹水波纹一周，上腹内壁饰褐彩粗弦纹一周。残长10.0、残宽5.1厘米。（图4–37，6；彩版一八五，3）

4.褐釉瓷

器形有壶、瓶、罐、灯和缸，窑口未能确定。

壶

标本T19G8：17，壶流残件。漏斗状流，微变形。胎灰褐色，质略粗，夹细砂。釉深褐色，光泽偏暗，釉面有细碎开片。流口径1.6、流长4.2厘米。（图4–37，11；彩版一八七，1）

瓶

标本T15G8：5，残。弧腹，矮竹节形把，平底。胎黄褐或灰褐色，质较粗。釉深褐色，釉层薄，施釉不均，釉面较粗涩，足底无釉。足径5.2厘米。（图4–37，7；彩版一八七，2）

罐

标本T19G8：15，残。方唇，敛口，斜直领。肩和领连续处饰一圆筒形横耳。胎黄褐色，质细。釉褐色，光泽差，局部有脱釉。口径2.8厘米。（图4–37，8；彩版一八七，3）

灯盏

标本T19G8：13，残。盏部残损，底较平，圈足外撇。胎灰黄色，质较细。釉褐色，光泽较差，釉面剥蚀严重。外底、足内壁及足跟无釉。内底心泥塑似“山”字形。足外壁模印莲瓣纹。足径7.2厘米。（图4–37，12；彩版一八七，4）

标本T19G8：14，残。盏部残损，底较平，灯芯残失，高圈足外撇。高圈足分上下两节，上节实为一独立圈足，下节则又以圈足与上节套接。胎浅灰黄色，质较细。釉褐色，光泽差。圈足上节外壁模印排列较密的斜棱纹。足径5.8厘米。（图4–37，13；彩版一八七，5）

缸

属褐釉粗瓷。胎质粗，夹砂。器表施黄褐色釉，脱釉严重。

标本T19G8：18，残。敛口，宽平沿。胎红褐色。口径60.0厘米。（图4–37，10；彩版一八八，1）

标本T19G8：19，残。圆唇，敛口，斜肩，弧腹。胎褐色。口径77.2厘米。（图4–37，14；彩版一八八，2）

标本T19G8：20，残。敛口，斜直腹。胎灰褐色。颈部饰一道凹弦纹。口径107.0厘米。（图4–37，15；彩版一八八，3）

（三）石质遗物

石臼

标本T19G8：28，残。灰白色石灰岩质。方唇，敛口，弧腹。口外径62、壁厚7.8厘米。（图4–38，1；彩版一八九，1）

石磨

标本T19G8：25，可复原。灰褐色砂岩质。圆盘形，正面四周突起，刻有放射状凿痕，中部下凹以便盛物，中心为方形穿孔，壁微外鼓，背面平。直径39.0、厚9.0、中心方孔边长3.6厘米。（图4–38，2；彩版一八九，2）

标本T19G8：26，可复原。灰褐色砂岩质。圆盘形，正面平，刻有放射状凿痕，中心穿圆形孔，壁微外鼓，背面中部微下凹。直径26.6，厚11.9、中心孔径3.6厘米。（图4–38，4；彩版一八九，3）

标本T19G8：27，残。灰白色石灰岩质。圆柱形，正面周缘突起，中部下凹，壁微外鼓，壁上有一花朵式装饰。口径20.2厘米。（图4–38，3；彩版一八九，4）

（四）铜钱

包括天禧通宝、淳祐元宝、皇宋元宝等

天禧通宝

1枚。北宋真宗天禧年间（1017~1021年）铸。

标本T19G8：29，完整。右旋读。直径2.4厘米。（图4–39，1）

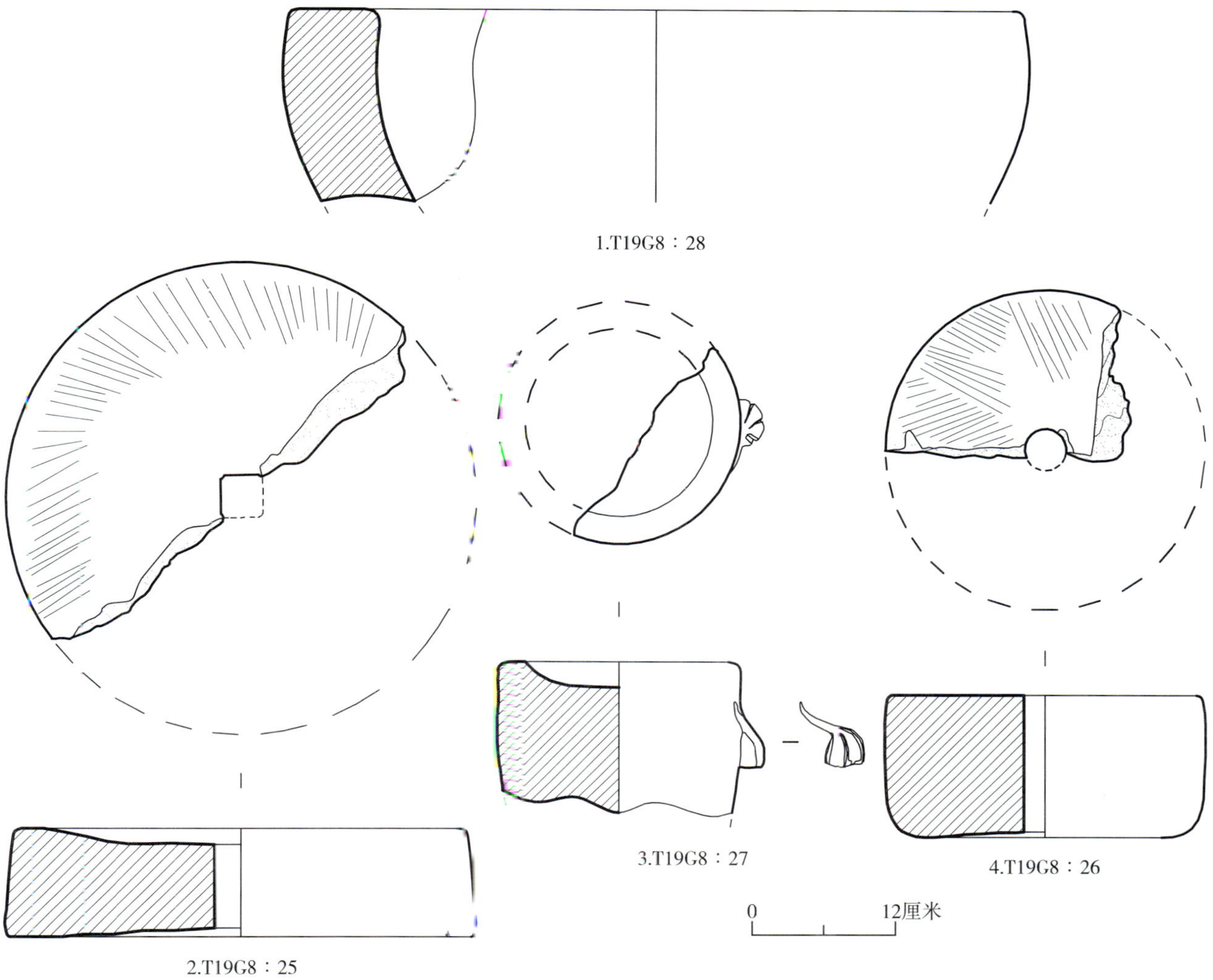

1.T19G8：28
2.T19G8：25
3.T19G8：27
4.T19G8：26
0
12厘米

图4-38　第2层下遗迹G8出土石器
1.石臼　2~4.石磨

淳祐元宝

1枚。南宋理宗淳祐年间（1241~1252年）铸。

标本T15G8：31，完整。右旋读。直径2.8厘米。（图4-39，2）

皇宋元宝

1枚。南宋理宗宝祐元年（1253年）始铸。

标本T15G8：30，完整。右旋读。直径2.7厘米。（图4-39，3）

1.T19G8：29
2. T15G8：31
3.T15G8：30
0
2厘米

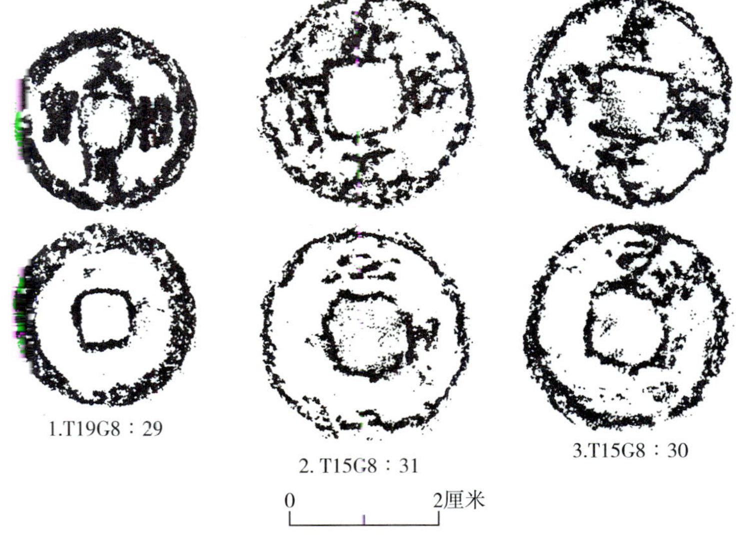

图4-39　第2层下遗迹G8出土铜钱
1.天禧通宝　2.淳祐元宝　3.皇宋元宝

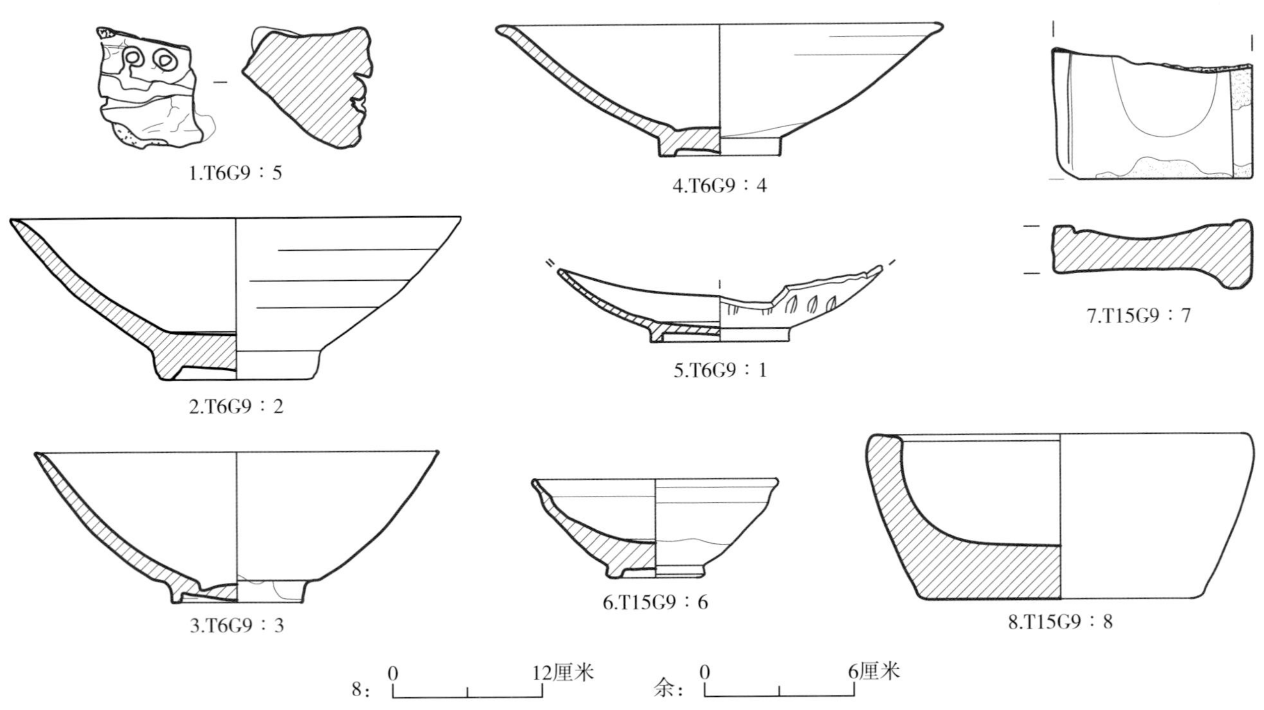

图4-40 第2层下遗迹G9出土板瓦、瓷器

1.板瓦 2~4.淡青釉瓷碗 5.景德镇窑仿定白瓷碗 6.酱釉瓷盏 7.抄手石砚 8.石臼

十四 G9出土遗物

有陶质建筑构件、瓷器和石质遗物。

（一）陶质建筑构件

板瓦

标本T6G9：5，残。泥质灰陶，质细。唇部戳印圆圈，且刻有波浪纹。残高5.3、残宽4.2厘米。（图4-40，1；彩版一九〇，1）

（二）瓷器

有青瓷、白瓷和酱釉瓷。

1.青瓷

器形有碗，属淡青釉器，窑口未能确定。

碗

标本T6G9：2，可复原。尖唇，敞口，弧腹，内底平，圈足内敛，挖足浅。胎浅灰黄色，质细。釉色偏青黄，乳浊，釉面散见棕眼，开片细碎。口径18.0、足径6.0、高6.4厘米。（图4-40，2；彩版一九〇，2）

标本T6G9：3，可复原。尖唇，敞口，斜弧腹，小内底隆起，外底稍下凸，圈足稍内敛。胎浅灰色，质细，散见细小气隙。釉淡青色，偏乳浊，有光泽，外壁局部聚釉。施釉

不及底。下腹近足处及足壁经旋削。口径16.0、足径5.4、高6.0厘米。（图4-40，3；彩版一九一，1）

标本T6G9：4，可复原。圆唇，侈口，斜弧腹，小内底稍隆起，外底心稍下凸，圈足，挖足浅。胎浅灰色，质较细，散见细小气隙，夹零星细砂。釉淡青色，显乳浊，釉面欠平整，散见棕眼，局部粘连窑渣。施釉不及底。下腹近足处及足壁经旋削。口径17.8、足径4.8、高5.2厘米。（图4-40，4；彩版一九一，2）

2.白瓷

属景德镇窑仿定白瓷。

碗

标本T6G9：1，残。弧腹，平底，内底周缘环刻一圈，矮圈足，足底平。胎浅灰黄色，质细。釉色白中微泛青黄，光泽莹亮，釉面光滑，开片细碎。腹外壁刻分层莲瓣纹，内壁刻划花草纹。足径5.5厘米。（图4-40，5；彩版一九二，1）

3.酱釉瓷

盏

标本T15G9：6，可复原。圆唇，束口，斜弧腹，内底弧凹，圈足稍外侈，挖足欠规整。胎棕褐色或黄褐色，质细。釉酱褐色，光泽较差，开片极细碎，局部釉面有剥落。施釉不及底。内底及足底可见叠烧痕。口径9.6、足径4.0、高4.0厘米。（图4-40，6；彩版一九二，2）

（三）石质遗物

抄手砚

标本T15G9：7，残。紫砂岩质。原应为两联抄手砚，砚池磨损痕迹明显。残长5.0、宽7.8、厚1.2~2.7厘米。（图4-40，7；彩版一九三，1）

石臼

标本T15G9：8，残。灰褐色砂岩质。直口，方唇，弧腹，平底。口径30.0、底径22.0、高13.1厘米。（图4-40，8；彩版一九三，2）

十五　Q2出土遗物

可见黄褐釉瓷壶，窑口未定。

壶

标本Q2：1，可复原。子口，短颈，圆肩，流残，两系耳，鋬耳较宽，鼓腹，底较平。胎灰褐、红褐色，质略粗，夹零星细

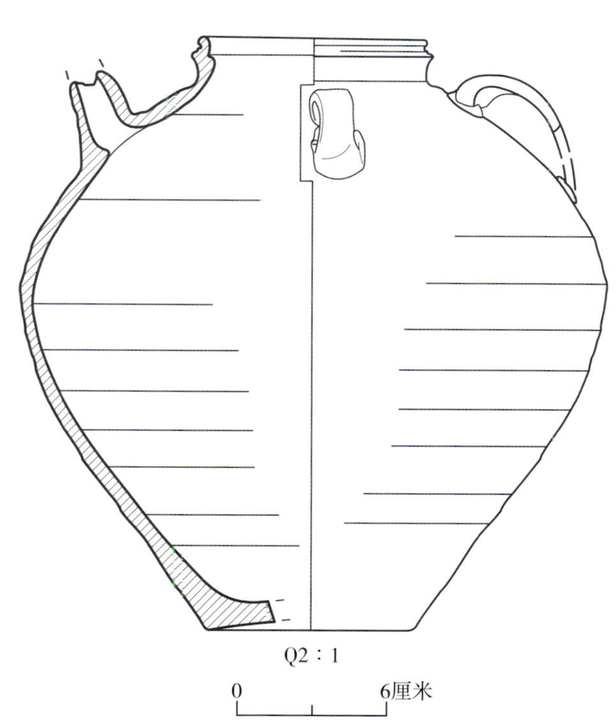

图4-41　第2层下遗迹Q2出土黄褐釉瓷壶

砂。口肩部及器体内壁有釉，釉薄，局部生烧，呈褐色或灰黄色，脱釉。腹壁可见轮旋痕。口径9.1、腹径23.3、底径8.1、高23.4厘米。（图4–41；彩版一九四，1）

十六　G缸1出土遗物

均为瓷器，有青瓷、青白瓷、黑（酱）釉瓷及粗瓷等。青瓷有保存较好者。

青瓷

包括龙泉窑产品及未能确定窑口的残件。

（1）龙泉窑

洗

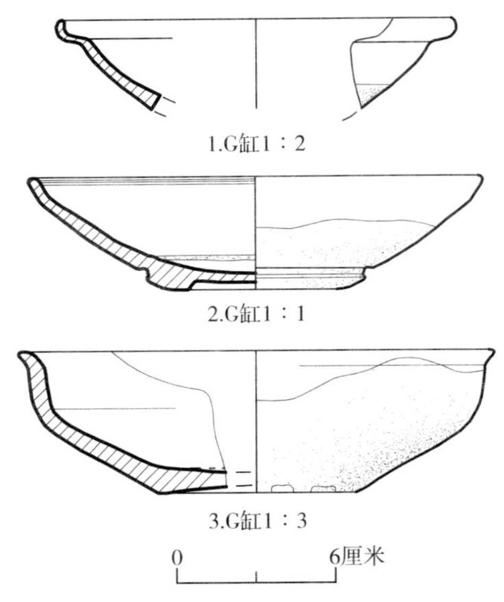

图4–42　第2层下遗迹G缸1出土瓷器
1.龙泉窑青瓷洗　2.青瓷碗　3.青瓷盆

标本G缸1：2，口腹残件。圆唇，折沿，敞口，斜弧腹。胎灰黄色，质较细，器表露胎处呈红褐色。釉色青黄偏褐，光泽较好，开片细碎。施釉不及底。口径15.0厘米。（图4–42，1；彩版一九四，2）

（2）未定窑口

碗

标本G缸1：1，可复原。尖唇，敞口，斜直腹，底较平微下凹，圈足。胎红褐色，夹细砂，质略粗。釉色青灰泛黄、白，光泽差。内底涩圈，施釉不及底。下腹近足处、足外壁及足跟处经旋削。口径17.0、足径8.2、高4.2厘米。（图4–42，2；彩版一九五，1）

盆

标本G缸1：3，可复原。圆唇，侈口，上腹圆弧，下腹斜直，平底稍内凹。胎心深灰色，近表面呈灰褐、红褐色，质略粗，有气隙。釉灰黄色，生烧，釉面剥蚀严重。仅上腹和口唇部施釉。内外底缘均可见叠烧痕。口径17.8、底径7.4、高5.3厘米。（图4–42，3；彩版一九五，2）

十七　J1出土遗物

有石碓及少量碎瓷片。

石碓

标本J1：1，残。灰黄色砂岩质。上部方形，下部碓头残。上部中心有一边长约11.0厘米的方孔。长68.0、宽39.0、厚12.0厘米。（图4–43；彩版一九六，1）

十八　J2出土遗物

均为瓷器，包括青瓷、黑（酱）釉瓷及粗瓷等，以细小残片为主。可复原者有青瓷碗，生烧，未能确定窑口。

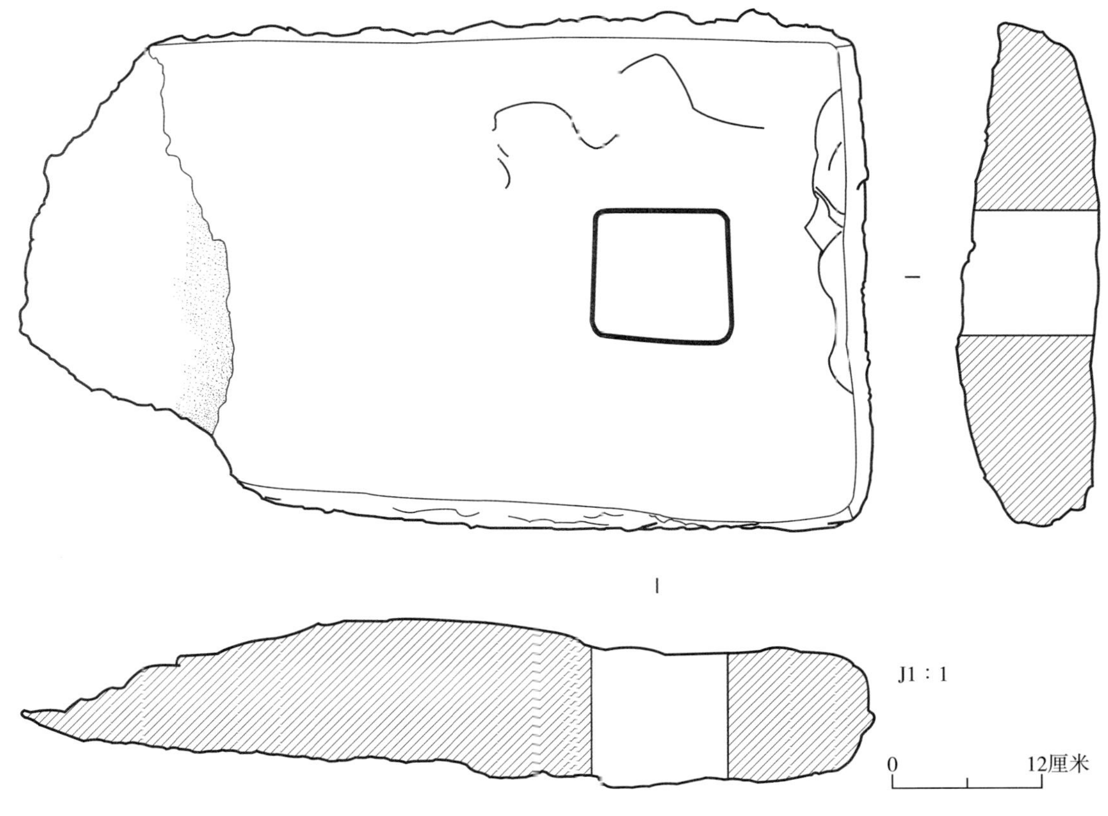

图4-43　第2层下遗迹J1出土石碓

碗

标本J2：1，可复原。圆唇，敞口，斜直腹，底下凹，圈足。胎灰黑色，质略粗，器表露胎处显红褐色。釉灰黄色，无光，有流釉及细小气孔。施釉不及底。下腹近足处、足壁及足跟处经旋削。内底及足底可见叠烧痕。口径15.0、足径8.4、高4.8厘米。（图4-44；彩版一九六，2）

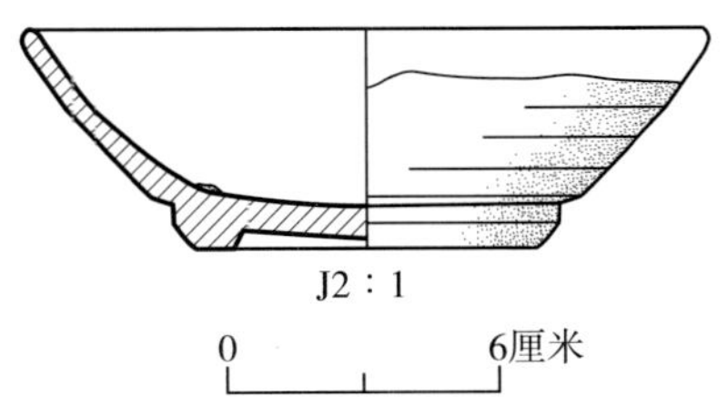

图4-44　第2层下遗迹J2出土瓷碗

十九　H1出土遗物

均为瓷器，有青瓷和黑（酱）釉瓷。

1.青瓷

包括龙泉窑产品及一些未能确定窑口的残件。

（1）龙泉窑

盘

标本H1：2，可复原。圆唇，敞口，弧腹，底较平，圈足。胎灰色，质较细。釉灰青色，有光泽。施釉不及底。腹外壁刻宽莲瓣纹，内壁底腹连续处环刻一圈。口径16.0、足径5.6、高4.2厘米。（图4-45，1；彩版一九七，1）

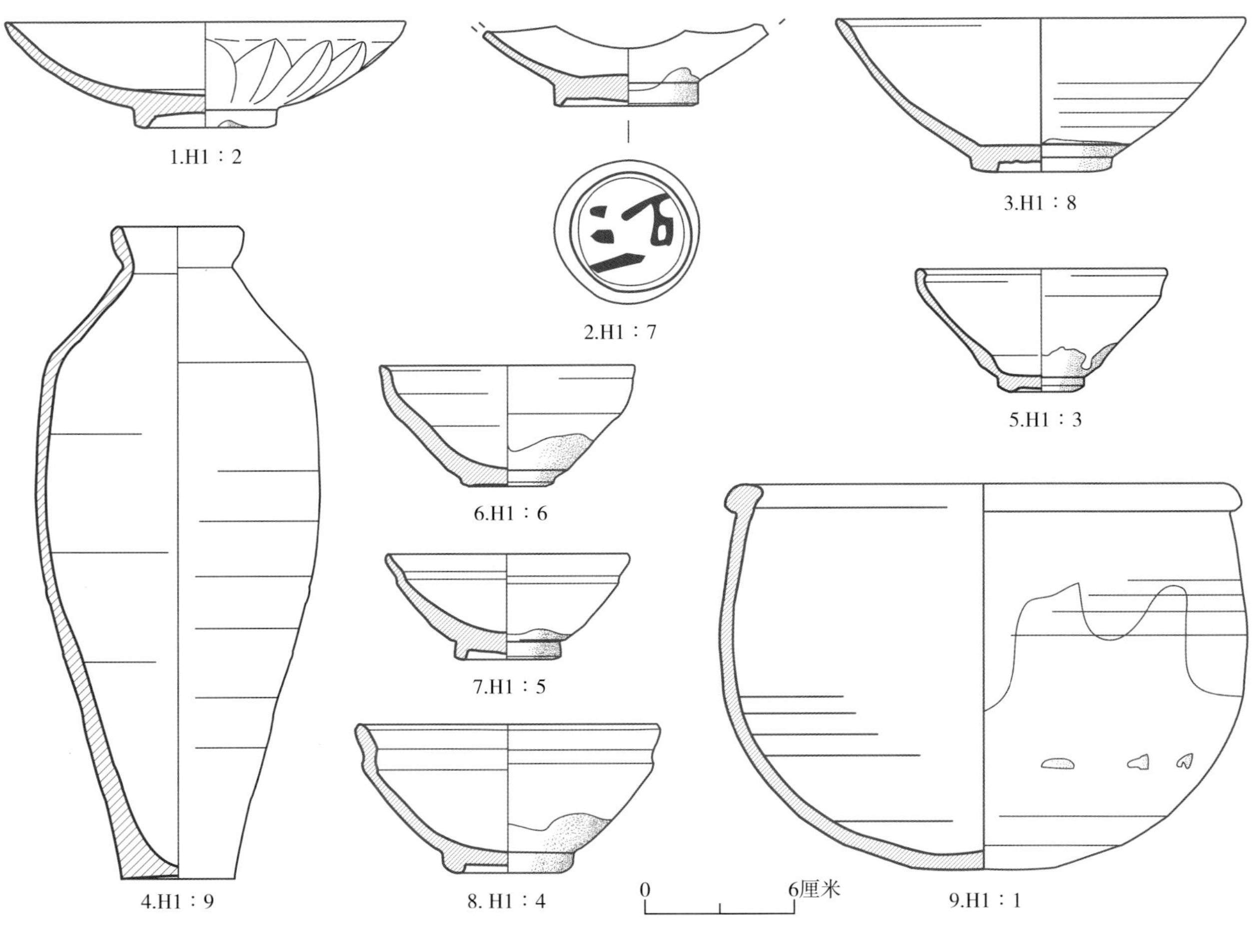

图4-45　第2层下遗迹H1出土瓷器

1.龙泉窑青瓷盘　2、3.青瓷碗　4.青瓷瓶　5、6.遇林亭窑黑釉瓷盏　7、8. 黑酱釉瓷盏　9.黑酱釉瓷钵

（2）未定窑口

碗

包括淡青釉器及生烧器。

标本H1：7，腹底残件。斜弧腹，小内底微隆起，圈足，挖足不规整。胎浅灰色，质略粗。釉淡青色，亚光，有流釉，釉面有细小开片纹。底足连续处经旋削。外底墨书文字。足径5.7厘米。（图4-45，2；彩版一九八，1）

标本H1：8，可复原。圆唇，敞口，斜弧腹，内底平，圈足，挖足欠规整。胎红褐色，质略粗，有气隙。釉色灰白泛黄，生烧，釉面粗涩，无光，有细小气孔，釉剥落严重。下腹近底处、足壁及足跟处经旋削。口径16.4、足径5.6、残高6.1厘米。（图4-45，3；彩版一九八，2）

瓶

标本H1：9，可复原。圆唇，侈口，束颈，溜肩，上腹微鼓，下腹斜直，小平底。胎灰色，质略粗，有气隙。口肩部有薄釉，釉色青灰偏黄，流釉。口径5.3、腹径13.2、底径4.5、高26.0厘米。（图4-45，4；彩版一九七，2）

2.黑（酱）釉瓷

包括遇林亭窑产品及一些未能确定窑口的残件。

（1）遇林亭窑

盏

束口盏　斜直腹，内小圜底，矮圈足，挖足浅，施釉不及底，下腹及足部经旋削。

标本H1：3，可复原。尖唇。胎灰黑色，质略粗，夹细砂，器表露胎处呈灰褐色。釉黑色，有光泽，口唇及下腹施釉较薄处显深褐色。腹外壁釉面散见细小棕眼。口径10.1、足径3.4、高4.9厘米。（图4-45，5；彩版一九九，1）

标本H1：6，可复原。薄圆唇。胎灰黑色，质略粗。釉黑色，亚光，唇部及其他釉薄处呈深褐色，釉面有细密棕眼。口径10.1、足径3.6、高4.8厘米。（图4-45，6；彩版一九九，2）

（2）未定窑口

盏

标本H1：4，可复原。圆唇，束口，斜弧腹，内圜底，圈足，挖足较浅。胎灰白色，质细。釉黑色，木光，釉面隐约可见细密开片纹。唇部无釉，且施釉不及底。口径12.2、足径4.2、高5.9厘米。（图4-45，8；彩版二〇〇，1）

标本H1：5，可复原。尖唇，束口，斜弧腹，内圜底，圈足，挖足欠规整。胎灰黑、灰黄色，质略粗，有气隙。釉深褐色，光泽较差，釉面可见极细碎开片纹。施釉不及底。下腹近足处及足壁经旋削。内底及足跟处可见叠烧痕。口径9.6、足径4.2、高4.2厘米。（图4-45，7；彩版二〇〇，2）

钵

标本H1：1，可复原。厚圆唇，敛口，弧腹，下腹急收，小平底、底心稍隆起。胎灰色，质略粗，有气隙。釉褐色，施釉欠匀，有流釉。腹壁可见轮旋痕。下腹外壁及口唇部可见泥点叠烧痕。口径22.0、底径6.0、高15.3厘米。（图4-45，9；彩版二〇一，1）

二十　H7出土遗物

均为瓷器，数量较少，包括青瓷及粗瓷，其中，可复原者有青瓷钵，所属窑口未能确定。

钵

标本H7：1，可复原。圆唇外翻，束口，弧腹，圈足。胎浅灰色，质偏粗，有气隙。釉色青灰偏绿或泛黄，光泽较差。内底近腹处和足底可见叠烧痕。口径15.8、足径8.4、高5.2厘米。（图4-46；彩版二〇一，2）

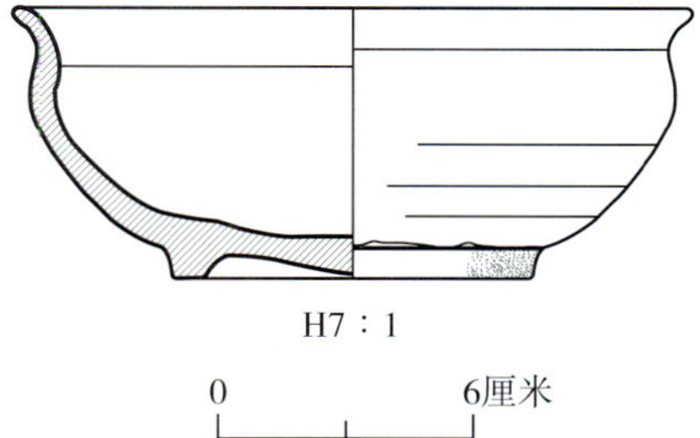

图4-46　第2层下遗迹H7出土青瓷钵

二十一　H9出土遗物

均为瓷器，有青瓷、青白瓷残件，以及部分粗瓷碎片和少量黑（酱）釉瓷碎片。

1.青瓷

有龙泉窑碗。

碗

标本H9：2，腹底残件。斜弧腹，平底，圈足。胎灰色，质较细。釉青绿色，光泽较好，釉面有细小开片。腹内壁刻花卉，外壁刻分组细密折扇纹。腹足连续处经旋削。足径6.0厘米。（图4-47，1；彩版二〇二，1）

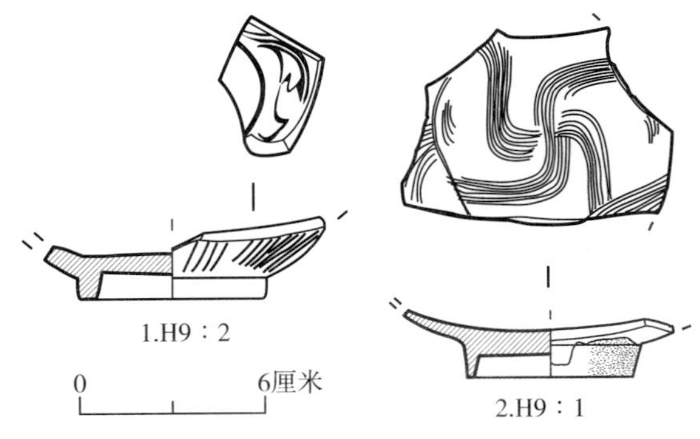

图4-47 第2层下遗迹H9出土瓷器

1.龙泉窑青瓷碗 2.青白瓷碗

2.青白瓷

器形有碗，窑口未能确定。

碗

标本H9：1，腹底残件。弧腹，平底，圈足内敛，挖足较浅。胎浅灰色，质较细。釉色青白偏灰，乳浊，釉面散见芒眼。施釉不及底。内底篦划涡纹。足径5.3厘米。（图4-47，2；彩版二〇二，2）

第五节 第1b层堆积出土遗物

包括瓷器、石器、铁器、铜器等。

（一）瓷器

以青瓷为主，另可见少量白瓷、青白瓷、黑釉瓷、青花瓷和粗瓷等。其中，黑釉瓷包括吉州窑、遇林亭窑产品，仅数块小残片，器形应为盏；粗瓷残片数量较多，胎质粗，未施釉或随意施薄釉，器形有缸、罐、壶、瓶等。

1.青瓷

包括龙泉窑、越窑等窑口产品。

（1）龙泉窑

多为较小残片，以碗类为主，尚可见高足杯等残片。

碗

可见碗底、口沿及腹片。胎色可分为浅灰和灰黑。部分残片釉层较厚或施多次釉。部分残片外壁饰莲瓣或菊瓣纹。

莲瓣碗

标本T17①b：2，口腹残件。敞口，弧腹。胎灰黑色，质细。釉色青灰泛黄、白，光泽差。施两层釉。莲瓣较宽，瓣脊及瓣缘欠清晰。残长5.7、残宽4.9厘米。（彩版二〇三，1）

高足杯

标本T18①b：1，残。仅存内底及把根部。胎浅灰色，质较细。釉灰青色，有光泽。内底划细线菊花纹。残长4.0、残宽3.7、残高1.4厘米。遗址中仅此1件。（彩版二〇三，2）

（2）越窑

仅见1件盒盖。

盒盖

标本T17①b：3，残。弧顶，直壁。胎灰白色，质较细。釉青绿色，釉面局部有少量剥落。盖顶面刻划花卉，环以三周凹弦痕。直径9.7、高1.6厘米。（彩版二〇三，3）

2.白瓷

仅数片，均为景德镇窑仿定白瓷碗。

碗

标本T9①b：2，底足残片。弧腹，内壁可见纵向凸筋，矮圈足。胎细白。釉色白中微泛黄，有开片。足径5.9、残高1.4厘米。（彩版二〇三，4）

3.青白瓷

以景德镇窑产品为主，器形有碗、盘等。

碗

标本T9①b：5，口腹残件。侈口，斜弧腹。胎细白。釉青白色，施釉较均匀，釉面有气孔。腹外壁可见轮旋痕，内壁划花卉纹。残长6.5、残宽6.0厘米。（彩版二〇四，1）

标本T9①b：4，腹底残件。斜弧腹，内底平，圈足，外底心微凸起。胎灰白色，质细。釉青白色，显乳浊，施釉欠均匀，有流釉，釉面散见气孔。腹外壁可见轮旋痕，内壁划花卉。足径5.0、残高4.0厘米。（彩版二〇四，2）

盘

折腹盘

标本T20①b：1，口腹残件。芒口外侈，折腹。胎细白。釉色青白偏灰、微泛黄。内壁折腹处划一圈凹弦纹。口径约12.0、残高约4.2厘米。（彩版二〇四，4）

不明器形残器

标本T9①b：3，腹部残片。弧腹，内壁近底处有涩圈。胎灰白色，质较细。釉青白泛黑点，釉面有开片。外壁模印复层错列莲瓣纹。残长3.3、残宽3.1厘米。（彩版二〇四，3）

4.青花瓷

仅见少量残片，器形可辨者有碗、杯等。胎体多较细致，釉色青白。青花发色多显暗淡，均以一笔点画，线条草率，所绘纹饰可辨者有蕉叶、缠枝花、卷云纹等。所见残底有数件外底及足内施釉，有两件挖足过肩。

碗

标本T18①b：2，腹底残件。斜弧腹，内底稍弧凹，圈足内敛，挖足过肩，外底平。胎细白。釉色青白偏灰，施釉不及底。腹外壁绘简化缠枝花卉，内壁近底处绘双圈，内底绘书卷纹。青花发色偏灰暗。足径3.4、残高2.4厘米。（彩版二〇五，1）

杯

标本T7①b：1，腹底残件。下腹弧收明显，圈足。胎细白。釉色青白偏灰。所绘线条较粗，青花发色有深浅。足径2.9、残高1.2厘米。（彩版二〇五，2）

5.素胎粗瓷

器形不明，窑口未定。

标本T8①b：2，残。形似板瓦，有指捏纹及镂孔。胎深灰色，内壁显黄褐色，质粗，夹砂。残长8.8、残宽8.0、厚1.5~4.2厘米。（彩版二〇六，1）

（二）石器

仅见一石磨盘。

石磨盘

标本T9①b：1，可复原。灰褐色砂岩质。圆盘形，直壁，底面平，正面周缘为一圈宽平凸起，凿有放射状凸棱纹，内侧凹面可见修凿痕迹，中心为一圆形穿孔。直径43.2、厚7.5厘米，孔径4.8厘米。（彩版二〇六，2）

（三）铁器

仅见一铁刀。

铁刀

标本T8①b：1，残。锈蚀严重。长方形，一侧刀面较平整，一侧刀面背缘出脊，刀刃较薄，破损。残长7.3、宽3.0、厚约0.2厘米。（彩版二〇六，3）

（四）铜器

包括铜构件、铜壶流残件和铜钱。

1.铜构件

标本T5①b：2，稍残。一端圆鼓，下承铜管。通长9.2、圆鼓处直径4.2、铜管直径2.4厘米。（彩版二〇六，4）

2.铜壶流残件

标本T6①b：1，残。流口斜切。器表青灰色，锈蚀。残长9.8、中部管径1.3厘米。（彩版二〇七，1）

3.铜钱

包括洪武通宝、万历通宝、崇祯通宝等。

洪武通宝

1枚。明太祖洪武元年（1368年）始铸。

标本T5①b：1，稍残。对读。直径2.3厘米。（图4–48，1）

万历通宝

1枚。明神宗万历四年（1576年）始铸。

标本T17①b：1，完整。对读。直径2.4厘米。（图4–48，2）

崇祯通宝

1枚。明思宗崇祯元年（1628年）始铸。

1.T5①b：1

2.T17①b：1

3.T19①b：1

0　2厘米

图4–48　第1b层堆积出土铜钱
1.洪武通宝　2.万历通宝　3.崇祯通宝

标本T19①b：1，完整。对读。直径2.3厘米。（图4-48，3）

第六节　第1b层下遗迹出土遗物

G缸4出土遗物

均为瓷器，包括青瓷及少量粗瓷碎片，可复原者有淡青釉碗，所属窑口未能确定。

碗

标本G缸4：1，可复原。圆唇，敛口，斜弧腹，底心下凹，圈足，足墙较宽。胎灰色，质略粗，有气隙。釉淡青色，乳浊，光泽差，釉面散见芒眼，施釉不及底。腹外壁可见轮旋痕。口径18.8、足径5.8、高7.0厘米。（图4-49；彩版二〇七，2）

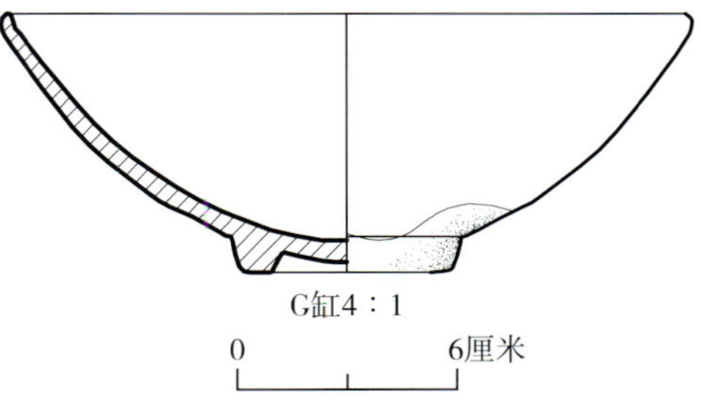

图4-49　第1b层下遗迹G缸4出土淡青釉碗

第五章　结　语

第一节　遗址年代与性质

一　地层堆积的年代

根据各地层内出土遗物的年代，可大致推断地层堆积的年代。

1a层出土器物较少，仅见少量瓷器及铜钱。瓷器多为近现代青花瓷。T2①a层、T4①a层各发现一枚乾隆通宝，T11①a层还发现一枚1982年的二分硬币。遗址发掘前，村民仍在此处种植水稻、蔬菜等农作物。因此，1a层为近现代耕土层。

1b层堆积较薄，出土器物较少。出土瓷器包括青瓷、白瓷、青白瓷、黑釉瓷、青花瓷、粗瓷等，多为宋及元明时期产品。其中，青花瓷碗（T18①b：2）、杯（T7①b：1）等，其器形及青花纹饰、发色特点等符合湖田窑第九期同类产品特征，应属明代中后期。[1]出土三枚铜钱均属明代，有洪武通宝、万历通宝和崇祯通宝。其中，T19①b层出土的崇祯通宝始铸于明毅宗崇祯元年（1628年）。且1b层中出土其他遗物未见明显具有明以后特征者。因此，1b层的形成年代应在明末。

2层出土遗物丰富，包括陶质建筑构件、陶器、瓷器、石质遗物、铜器等。其中瓷器以青瓷为大宗，还有白瓷、白釉褐彩瓷、青白瓷、黑（酱）釉瓷、褐釉瓷等。其包含物未见年代晚于元代早期的。基本情况如下：

1）出土陶质建筑构件多为砖及板瓦。其中铭文砖T2②：67正面刻“大中祥符二年九月二日记”字样，大中祥符二年是公元1009年，时代明确，为北宋。板瓦T2②：69长达29.5厘米，器形大而厚重，与南宋临安城遗址出土板瓦特征相似。

2）出土龙泉窑青瓷多制作精细，器形规整，施釉较厚，光泽较好，多为南宋中晚期产品。如出土的“金玉满堂”碗、盘，其年代为南宋中晚期；出土的莲瓣碗、盘，对照大窑、龙泉东区窑址出土同类器物特征可知，其年代亦在南宋中晚期，其中，碗T2②：11莲瓣宽、瓣脊清晰、分层叠压，与龙泉东区三型Ⅱ式碗相类，应为南宋中期产品；而敞口碗T2②：10与龙泉东区一型Ⅷ式碗相类，其年代属南宋中晚期；炉T3②：1则为典型的南宋晚期产品。[2]

1）江西省文物考古研究所、景德镇民窑博物馆编著：《景德镇湖田窑址》，文物出版社，2007年。

2）参见朱伯谦《龙泉大窑古瓷窑遗址发掘报告》，浙江省轻工业厅编《龙泉青瓷研究》，文物出版社，1998年；浙江省文物考古研究所：《龙泉东区窑址发掘报告》，文物出版社，2005年。

3）出土青瓷中，有一类淡青釉瓷器，制作欠精细，器体以轻巧为主，仅少量略显厚重。浙江南部有烧造淡青釉瓷器的传统，而福建地区宋元时期亦多见烧造淡青釉瓷器的窑口，因此，这类瓷器应是浙南闽北地区民窑的产品。[1]遗址出土淡青釉瓷器中，有少部分碗的造型符合北宋时代特征，如T2②：59、T2②：60等，圈足较高、口沿外撇明显，或饰折扇纹；而大部分碗具有南宋时期特征，如圈足变矮、稍内敛，挖足变浅，修削欠细致规整，足底外缘斜削，素面或内壁刻划纹饰，施釉不及底，外壁近底部露胎；并出现修胎欠细致、下腹外壁旋坯痕明显、近足处出现跳刀痕等具有南宋晚期特征的产品，如碗T5②：10和盏T2②：62。

4）出土黑釉瓷器中，以仿建盏为主，多为遇林亭窑产品。另有部分褐釉仿建窑束口盏，制作较粗，多叠烧而成。经鉴定，这批黑釉和褐釉束口盏的年代为南宋。[2]

5）出土白瓷数量少，部分为景德镇仿定产品，年代应为宋金时期。

6）出土青白瓷中，多为北宋晚期至南宋时期产品。其中，斗笠盏T4②：13与景德镇湖田窑址出土B型青白釉斗笠碗[3]相类，为北宋晚期至南宋常见产品；碗T4②：11，口外撇，圈足较高，其年代应不晚于南宋中期，盏T2②：61时代应与之相当；碗T2②：38，施釉较厚，应为南宋晚期产品；盏T19②：1，在器形上仿建窑黑釉盏，又与南宋咸淳十年史绳祖墓[4]随葬青瓷束口碗器形相似，应为南宋晚期产品；而盘T21②：8，推测其为宋末元初时期的产品。另外，碗T15②：1，口微敛，腹圆弧，底足修削欠规整，器壁较厚，从杭州历年来此类碗的出土情况看，其年代可晚至宋末元初。

7）出土铜钱中以景定元宝时代最晚，为南宋理宗景定年间（1260~1264年）所铸。

综上可知，2层的形成年代应在宋末元初。

出于保护2层下遗迹的需要，3层仅作小范围试掘，发掘面积较小，出土遗物不多。其包含物的年代没有晚于南宋早期的。基本情况如下：

碗T2③：1属龙泉窑系，腹斜弧，内底压圈、宽平，外底挖足浅平，应为北宋晚期遗物。淡青釉盏T4③：1，从其造型看，口微侈，内圜底，内底腹交接平滑，挖足浅，外底下凸，其年代可能在南宋早期。而碗残件T4③：2，属青白瓷，从其胎釉特征分析，其年代应不晚于南宋早期。

因此，3层的形成年代应在南宋早期。

1）参见朱伯谦《龙泉青瓷简史》，浙江省轻工业厅编《龙泉青瓷研究》，文物出版社，1998年；任世龙：《浙南瓷业遗存类型初探》，《中国古陶瓷研究》第三辑，紫禁城出版社，1990年；梅华全：《福建宋元青瓷的生产及工艺特征》，《中外陶瓷史暨现代陶艺学术研讨会》，（台北）历史博物馆编辑出版，2002年。

2）遗址内出土黑釉和褐釉束口盏，经福建博物院栗建安先生鉴定。

3）江西省文物考古研究所、景德镇民窑博物馆编著：《景德镇湖田窑址》，文物出版社，2007年。

4）衢州市文物管理委员会：《浙江衢州市南宋墓出土器物》，《考古》1983年11期。

二　2层下遗迹的年代与性质

（一）年代

此次发掘发现大量开口于2层下的遗迹，这组遗迹相互关联，关系密切，属于同一时期的遗迹。现依据其出土遗物情况及叠压打破关系分析判断其年代如下：

1）标本Z7∶4、H1∶3、H1∶6和C2∶1四件黑釉盏均为束口盏，小平底，矮圈足，器表施黑釉，釉色鲜亮，釉面光滑，青灰色胎，具有遇林亭窑南宋时期产品特点。

2）C3内出土遗物较为丰富，以瓷器为多，标本C3∶15和C3∶16均为景德镇窑芒口覆烧碗，器体薄，制作精巧，芒口镶银，且内壁出筋，为典型的南宋中晚期景德镇窑产品。

3）G1内出土三枚铜钱，分别为景祐元宝、元祐通宝和政和通宝，均为北宋钱。

4）G2内出土一枚祥符元宝，为北宋早期流通的钱币。标本T2G2∶12为白瓷碗之口腹残件，器壁薄，外壁饰莲瓣纹，釉色微泛青，胎细白，属景德镇仿定白瓷，为南宋时期产品。

5）G4出土有一枚开庆通宝，为南宋理宗开庆元年（1259年）所铸。

6）G6底部出土一块残长方砖，其上刻写铭文，可辨铭文内容为“丙申七月内……道……邵子杨……至道二年……”，其年代为北宋早期，G6的修建应晚于该砖的年代。

7）G8内出土三枚铜钱，分别为天禧通宝、淳祐元宝和皇宋元宝，天禧通宝为北宋钱，淳祐元宝和皇宋元宝则均为南宋理宗所铸。标本G8∶1龙泉窑莲瓣纹碗，器形规整精巧，外壁莲瓣清晰，施釉及圈足外壁，釉层厚，具有南宋晚期龙泉窑的产品特征。

8）G9出土有景德镇仿定白瓷，当为南宋产品。

由遗迹内出土遗物的年代和其所处层位关系可知，这组遗迹的年代应在南宋中期至南宋末，废弃时间应不会晚于宋末元初。

遗址北部1b层出土中有元代高足杯等，其下局部发现一层红烧瓦砾堆积，C7、C8和G8等遗迹的顶部局部堆积性质与之相同。这似乎表明，在宋末元初遗址所在曾遭遇火灾而毁于一旦。

（二）性质

如前所述，2层下发现的遗迹，有成组的水池、水沟，巨大的灶，四面开敞的房基，还有空心火墙等，这些遗迹相互关联，关系密切，种种迹象显示，这不是一处普通的生活居址而是一处与用水密切关联的手工业遗址。根据遗迹的种类、遗迹内的残留物、遗址出土遗物、遗址所处位置、当地的手工造纸传统等，并结合历史文献的相关记载以及我们对当地手工造纸作坊的调查资料，我们认为，这是一处宋代的造纸遗址。理由如下：

1.部分遗迹种类

（1）Q2

位于F2内，为空心墙底部基础，两侧用石块砌成，包边较规整。残长510、外宽80、内宽40、残高25厘米。墙基东端残存有红烧土堆积，其间夹杂有较多炭粒，此处原来应设有灶。

在富阳，手工造纸烘焙纸张的火墙俗称“煏弄”，是一堵空心结构的墙体，墙的一端设灶以便加热，另一端设排烟孔。

《天工开物》“杀青第十三”条载：“凡焙纸，先以土砖砌成夹巷，下以砖盖巷地面，数块以往即空一砖。火薪从头穴烧发，火气从砖隙透巷外。外砖尽热，湿纸逐张贴上焙干，揭起成帙。”

Q2的构造与煏弄类似，亦与《天工开物》“杀青第十三”所载的“透火焙干”图中所示的夹巷类似，因此，Q2应为焙纸用的火墙底部残迹。同时，Q2位于F2范围内，而F2东墙宽约85厘米，厚实的墙体明显起着保温作用。

（2）C6

位于F1南侧，仅残留底部。底部由两块石板拼合而成，长146、宽135厘米，四周开边槽，其上应有石板或木板构成的池壁。石板边槽及中间夹缝中发现黑色物质，可能是粘连剂的残留物。

C6的构造与《中国富阳纸业》[1]中收录的一张近代石质抄纸槽（图5-1）的照片十分类似。因此，我们推断C6应为抄纸槽。

图5-1 《中国富阳纸业》收录近代石抄纸槽

（3）Z7

位于F3，平面略呈椭圆形，现仅存底部的倒塌堆积，东西长径约540、南北短径约455、深约65厘米。填土内包含有大量的红烧瓦砾、炭粒及草木灰。近底部土中包含有大量的红烧土及炭粒，其内采集到石灰颗粒。底部中心残留的若干石块垒砌规整，应为火膛残迹。由此可判断Z7应为一处地下灶膛残迹。

在富阳，造纸作坊内蒸煮竹料的设备称为皮镬。皮镬一般由灶膛、铁锅、楻桶、台面、烟囱等组成。根据地形地势的不同，皮镬有地上、半地下和地下等样式。灶膛上置铁锅，铁锅的口径一般约1.5米。为了提高装锅量，在蒸煮锅的周沿立一个楻桶，楻桶口径一般约2~3米，桶顶密闭，桶内装满竹料，桶下设箅子与铁锅相接。锅内、楻桶内盛水，下面用柴火

1）富阳市政协文史委员会编：《中国富阳纸业》，人民出版社，2005年。

烧。楻桶外用砖或石头垒砌成一个大平台，平台多呈方形或长方形，短边边长多在5米以上，人站在顶部的台面上装料。

《天工开物》“杀青第十三”[1]载“凡煮竹，下锅用径四尺者，锅上泥与石灰捏弦，高阔如广中煮盐牢盆样，中可载水十余石。上盖楻桶，其围丈五尺，其径四尺余。”

Z7的规模和结构残迹与皮镬的灶膛类似，亦与《天工开物》“杀青第十三”所载的“煮楻足火”图中所示的蒸煮锅类似。因此，推测Z7为皮镬的下部灶膛残迹。

2.相关残留物分析

（1）G缸5内的竹纤维和其他植物纤维

G缸5位于F1东北侧，缸内含有大量灰黑色土，缸内壁附着的土样经浙江省文物考古研究所科技考古室郑云飞博士检测，其内包含有竹纤维和其他植物纤维（参见彩版三，5、6、7）。

“纸是基本上用特殊加工的主要由植物纤维层组成的纤维物质”[2]，竹子、桑皮和构（楮）皮，都是造纸所用纤维原料的重要来源。竹纤维和其他植物纤维的存在，说明G缸5内物质为纸浆残留，其为专门盛放纸浆的陶缸。

G缸5距离抄纸槽C6不远。在手工造纸作坊中，磨制好的竹料（纸浆）多置于抄纸槽附近的池内，以便抄纸时随时添加原料。

（2）C3、Z7内的石灰颗粒和G7内的草木灰

C3与Z7毗邻，其内发现石灰颗粒。G7在Z7附近，与C3相连，其内发现大量草木灰。

我国从汉代以来，造纸工艺中一直是采用碱性溶液这种化学制剂对植物原料进行化学处理，所用的碱液，是草木灰和石灰水。[3]

在富阳现在的手工造纸工艺中有一道“浆灰”工序，即把干净的竹料放进灰浆池内，浸泡在池内的石灰液中，让石灰快速腐蚀竹料。而浆灰用的池子多为长方形，位于皮镬附近。

《天工开物》“杀青第十三”亦有“用上好石灰化汁涂浆，入楻桶下煮……用柴灰浆过，再入釜中”的记载。

从C3的位置及其内石灰颗粒的发现，我们认为它是用来浆灰的灰浆池。G7内发现草木灰，说明当时浆灰可能也使用了草木灰。二者的发现与《天工开物》中先用石灰再用柴灰的记载相吻合。

（3）G8内的竹子硅酸体和黄色痕迹

G8宽125～242、深40～70厘米，沟底东高西低，沟内石块下发现几堆呈黄褐色的土样，经检验，其内含有竹子的硅酸体。沟内北壁底部发现厚约10厘米的黄色痕迹。

造纸业是个污染比较严重的行业，考察中我们发现许多现代造纸作坊附近的溪水颜色均变成黄色，溪边的土壤亦因废水污染而被染成黄色。

据此我们认为，G8应属于遗址内的排水沟，沟底部发现的黄色痕迹似亦为长期废水污染

1）潘吉星：《天工开物译注》，上海古籍出版社，2008年。
2）《大苏维埃百科全书》，转引自潘吉星《中国造纸技术史稿》，第3页，文物出版社，1979年。
3）潘吉星：《中国造纸技术史稿》，第14页，文物出版社，1979年。

所致。

3.相关遗物判断

遗址内出土20余件石质遗物，有石磨盘、石臼和石碓头等。标本J1：1是一件石碓头残件，上部方形，下部的碓头残。上部中心有一个边长约11厘米的方孔。残长68、宽39、厚12厘米。此碓规格较大，体量厚重，用其舂料，工作效率一定极高。C1西壁残留有一块废弃的石碓头。出土的石臼多残破，数量多，使用痕迹明显。F1北侧仍保留着一个石臼，其旁边为碎石铺就的地面。

造纸有一道工序叫“打浆”，是用机械强力把纤维细胞壁及纤维束打碎，使之细纤维化。我国古代多用杵臼、踏碓和水碓以及石碾等，作为打浆工具。[1]

遗址内出土的石碓应为踏碓附件，而石臼则是手工舂捣工具。舂捣后的竹料可使用磨盘磨制使其进一步细化。出土的石磨盘，数量多，形制多样，有盘身，有底座，有圆盘形，有圆柱形。它们应该是为了满足不同需要而制作的。

4.遗址所处位置与环境

造纸作坊的选址非常重要。造纸首先要有原料，要把原料造成纸，就离不开水与火。在造纸的生产流程中，沤料、蒸煮、漂洗、抄纸，每一道工序都离不开水，而蒸煮和焙纸则需要用火，用火就离不开燃料。关于厂址选择，清人严如熤在《三省边防备览·山货》中说：“厂择有树林、青石、进水处，方可开设。有树则有柴，有石方可烧灰，有水方能浸料。如树少、水远，即难做纸。”[2]

虽然现代的生产条件已经有了不少的改进，比如，燃料已经不再依赖林木，但是我们考察的富阳现代造纸作坊大多仍依山临水而建。如山基村造纸作坊位于射山山脚下，作坊沿山基溪而建；梓树坞黄纸造纸作坊位于泥鳅弄山和置位山之间的山坞里，中间为小溪；何村造纸作坊临里山溪而建；大葛村前山岸造纸作坊临渔山溪而建。因为不论如何改变，造纸依然离不开水源和原料。

泗洲宋代造纸遗址位于凤凰山至白洋溪之间的台地上，所在地水资源丰富并盛产竹木。

古白洋溪是富阳有名的“一江十溪”之一。它源自天目山余脉，自西北蜿蜒而来，曲曲南流三十余里，自苋浦汇入富春江，水面开阔，利于航行，曾是富阳重要的交通水道。而遗址南部还有一条东西向古河道，显然更方便取水。

除了水源充足，用水方便，水质的好坏更会直接影响纸张的质量，此所谓“其中优劣，半系人工，亦半赖水色”[3]。

明人王宗沐编撰的《江西省大志·楮书》主张在“水土宜槽，穷源石峡，清流湍急”处造纸，因为这样可以使“漂料洁白，蒸煮捣细，药和溶化，澄清如水，帘捞成纸，制作有方”。同书谈及江西玉山县造纸槽房时说“择其水源清洁，澄潭急湍，便于漂洗地方，而后槽所立焉”[4]。清人黄兴三在《造纸说》中谈到浙江纸厂时指出：“水必取于七都之球豁，

1）潘吉星：《中国造纸技术史稿》，第14页，文物出版社，1979年。

2）[清]严如熤：《三省边防备览》卷十，《山货·纸》，道光十年（1830年）来鹿堂重刊本。

3）[清]光绪《富阳县志》卷十五《物产》，富阳市文物馆藏。

4）[明]王宗沐纂修、陆万垓增纂修：《江西省大志》卷八《楮书》，万历十五年（1597年）刻本。

非是则黯而易败，故迁其地弗良也。”[1]

2层下遗迹中有两口井J1和J2，分布在G2两侧，距离较近，离F3和Z7也较近。J1井口附近还发现夹杂着石子的生活面，此面较为平整、坚实，应为长期活动踩踏所致。井水属于深层地下水，质量较好，可以提供清洁的水源。

遗址所在的高桥镇一带是富阳水竹的主要分布区。以前村子里的房前屋后，田间地头，山坡溪边，长满了这种细细长长的水竹。如今在遗址周边的田头、溪边和山坡上，尚能见到水竹的身影。遗址西部约3千米处的春建乡现在仍然是竹子遍山。南宋诗人章渊《妙庭观》诗云:“桃花流水小桥斜，古观临溪翠竹遮。”妙庭观是富阳宋代极富盛名的道观，它就坐落在遗址南侧的凤凰山上。一句“古观临溪翠竹遮”充分说明了在宋代遗址周边有溪有竹的自然环境。

遗址三面环山，山上竹木茂盛，苍翠葱郁。

综上，遗址所在，背山面水，周边竹木资源较丰富，适宜造纸。

5.遗址所在的富阳宋代造纸业发达

富阳素有“土纸之乡”的美誉，有着悠久灿烂的手工造纸历史，在我国造纸史上占有十分重要的地位。

据传，早在汉代，富阳就有造纸活动。两晋时期，富阳的手工造纸已经初具规模。最迟在唐代，已经能够生产竹纸。据《富阳县志》记载，在唐代，富阳所产上细黄白状纸为纸中精品。[2]

宋代，富阳手工造纸生产有了长足发展。宋室南渡，临安作为行在以后，临安成为政治、经济和文化中心。当时，南宋国子监的监本书籍，大都是在临安城开雕印刷的，民间的书坊、书棚、书肆更是星罗棋布。南宋吴自牧《梦粱录》卷十三记载，杭州的书铺、裱褙铺、纸扎铺、纸铺等专营纸张和纸制品的商行店铺，“自大街及诸坊巷，大小铺席，连门俱是”[3]。印刷业的兴旺发达，增大了纸张需求。富阳作为京畿之地，水、陆交通便利，运纸船舶从富阳顺钱塘江而下，两个时辰即可抵达杭州，陆路运输亦可朝发夕至。这些都为富阳手工造纸的发展和繁荣营造了良好的条件，富阳在南宋时已经造出名纸。南宋潜说友《咸淳临安志》卷五十八记载“富阳有小井纸，赤亭山有赤亭纸。”[4]关于赤亭山，《咸淳临安志》卷二十七记载“池松子山，在（富阳）县东九里……一曰赤亭山，又曰鸡笼山。”《大清一统志》记载“赤亭山，在富阳县东九里。”[5]世易时移，但今天我们仍能找到小井和赤亭山的信息。小井在今富阳市富春街道宵井村，在遗址西南约15千米处，赤亭山在今富阳市东洲街道鸡笼山村赤松自然村，在遗址东约10千米处。

综上所述，遗址所处环境符合造纸选址的要求，所发现遗存基本上反映了蒸煮、制浆、

1）[清]黄兴三：《造纸说》，邓之诚《骨董琐记全编》卷六，北京出版社，1996年。
2）富阳县志编纂委员会：《富阳县志》，浙江人民出版社，1993年。
3）[南宋]吴自牧：《梦粱录》卷十三，浙江人民出版社，1984年。
4）[南宋]潜说友：《咸淳临安志》卷五十八，道光庚寅钱唐振绮堂汪氏仿宋本重雕，江苏古籍刻印社，1986年。
5）[清]穆彰阿、潘锡恩等纂修：《大清一统志》，上海古籍出版社，2007年。

抄纸、焙纸的造纸工艺流程，可以与明代宋应星《天工开物》等文献所记载的传统造纸工艺相互印证，也可以从近现代手工造纸作坊中找到其工艺传承关系。竹纤维的判定和竹子硅酸体的确认证明它是造竹纸的遗存。因此，2层下遗迹应为宋代造纸而且是造竹纸的遗存，是目前中国发现的年代最早、工艺遗迹保存最为丰富、完整的一个造纸遗址。

必须说明，目前的发现和掌握的资料，尚不足以明确确定所有遗迹的功能，如遗址北部的C7和C8布局与南部的C3和Z7的布局有些类似，C7或是蒸煮锅残迹而C8可能是灰浆池？考察今天富阳当地的造纸作坊，池子的密度很大，而作坊面积远远小于2层下作坊的面积。遗址中是不是可能不止一条生产线？当然，要明确回答这一问题，还有赖于今后更多的工作和新的发现。

三　其他遗迹的年代与性质

遗址埋藏较浅，自身堆积亦较薄，时间跨度不大。上面我们通过分析，认为2层下遗迹为宋代造纸作坊遗迹，以下试析其他遗迹的年代与性质。

（一）年代

1.3层下遗迹的年代

第3层揭露面积较小，前文已经论述，根据出土遗物，推测第3层堆积形成于南宋早期。那么3层下遗迹的年代必在南宋早期或以前。3层下遗迹及遗物的基本情况如下：

3层下墓葬M8，虽然没有出土遗物，但是其所用墓砖均为长条形，规格为26×10-4厘米，墓壁的砌法为三顺一丁，南壁的墓门，下部三层顺砌，其上为两块顺向侧砌及两块横向叠砌相交，墓葬东壁南部有三个壁龛。这些均显示出五代晚期小型墓的特征。

其他遗迹还有一口井（J3）和两个灰坑（H6、H8），出土遗物较少，其中H6出土6件青褐釉粗瓷瓶，年代约当北宋末南宋初。J3出土少量残碎青瓷片，无法确定器形和年代。H8未发现器物。

2.1b层下遗迹的年代

前文分析1b层堆积的形成年代在明末，2层堆积形成的年代在宋末元初，那么，1b层下遗迹的年代在元明时期。

（二）性质

1.3层下遗迹的性质

M8的存在，说明五代时期遗址所在地还不是生产、居住场所，可能是一处墓地。但T5内发现F5，T4内发现J3，T2和T4内分别发现H6和H8，H6内发现6件青褐釉粗瓷瓶，H8内未发现遗物，填土中包含草木灰，说明这时遗址所在已不是作为墓地使用。2层堆积出土铭文砖T2②：67，正面刻“大中祥符二年九月二日记”，2层下遗迹 G6沟底的铺底方砖上刻写草书铭文“丙申七月内……道……邵子杨……至道二年……”，还有第2层堆积和2层下遗迹中大量北宋铜钱的发现，说明遗址年代或许能早到北宋早期。C1的西壁使用一块废弃的石碓头砌壁，显然是利用原地的旧物做建造材料用的。这似乎昭示该遗址北宋时就是一处作坊，也可能就是造纸作坊。但由于发掘面积小，遗迹暴露的较少，我们无法明确判定其性质。

2.1b层下遗迹的性质

1b层下的遗迹有1条石子路L1，5个灶址Z1、Z2、Z4、Z5、Z6和1个缸G缸4，其中五个灶分布密集，缸的样式和2层下的缸相同，而且也是半截埋在土坑中。从遗迹种类推断，1b层下的遗迹也应该是生产遗迹而非生活遗迹，可能也是与造纸有关的遗迹。

由上可知，遗址所在处最早是作为墓地使用的，北宋开始作为作坊存在，南宋时为一处规模较大的造纸作坊，于宋末元初被毁坏，元明时期依然为手工业生产（很可能仍然是造纸作坊）之所在。

第二节　遗址造纸工艺与布局分析

一　文献记载及富阳近现代手工造纸作坊所反映的造纸工艺与作坊布局

明代以前的文献中关于造纸工艺的记载少而零星，如：

唐段公路《北户录》载：“罗州多栈香，树身如柜柳，其华繁白，其叶似橘皮，堪捣纸。”[1]其中涉及造纸的原料和“捣纸”的工艺。

北宋梅尧臣《答宋学士次道寄澄心堂纸百幅》云：“寒溪浸楮舂夜月，敲冰举帘匀割脂。焙干坚滑若铺玉，一幅百钱曾不疑。”[2]二十八个字道出了造纸原料和造纸工艺流程中沤料、舂捣、抄纸、烘焙等环节。

南宋周密《癸辛杂识》载：“凡撩纸，必用黄蜀葵……”[3]指出了抄纸时使用纸药的工艺。

南宋陈槱《负暄野录》卷下《论纸品》载：“又吴取越竹，以梅天水淋，晾令稍干，反复捶之，使浮茸去尽，筋骨莹澈，是谓春膏，其色如蜡。”[4]讲了造竹纸工艺中的原料处理和舂捣环节。

南宋沈作宾、施宿纂修《嘉泰会稽志·物产志》载：“米元章礼部著《书史》云：‘予尝硾越州竹，光透如金版，在由拳上。短截作轴，入笈番覆，一日数十。’……会稽之竹其美如此，今为纸者乃自是一种收于笋长未甚成竹时乃可用……”[5]则指出了竹纸原料选择和处理的环节。

元陶宗仪《南村辍耕录》卷二十九《黏接纸缝法》：“古法用楮树汁、飞面、

1）[唐]段公路：《北户录》，文怀沙《隋唐文明》第三十一卷，古吴轩出版社，2005年。

2）[北宋]梅尧臣：《宛陵集》卷二十七，《答宋学士次道寄澄心堂纸百幅》，吉林出版集团有限责任公司，2005年。

3）[南宋]周密、吴企明点校：《癸辛杂识》续集卷下，《历代史料笔记丛刊·唐宋史料笔记》，中华书局，1988年。

4）[南宋]陈槱：《负暄野录》卷下《论纸品》，知不足斋丛书本，中华书局，1989年版。

5）[南宋]沈作宾、施宿纂修：《嘉泰会稽志》，《物产志》，1926年（民国十五年）。

白芨末三物调和如糊，以之黏接纸缝，永不脱解，过如胶漆之坚。”[1]则道出了纸品加工环节中的接纸方法。

记载虽然零星，仍可看出造纸有楮、竹等原料，有沤料、舂捣、抄纸、烘焙等工序，造竹纸要用“于笋长未甚成竹时”之竹。

明清时期造纸业繁荣发展，关于造纸工艺的记载就很详细了。

明宋应星《天工开物》[2]“杀青第十三”全面记述了造纸工艺，该篇分纸料、造竹纸和造皮纸三部分详细介绍了造纸原料选择和造竹纸、皮纸的工艺。其中造竹纸部分详述了竹料的选择、断料、沤料、浆灰、蒸煮、漂洗、抄纸、焙纸等工艺环节，此外，还介绍了料塘的尺寸与压水、蒸煮锅的规格与构造、抄纸槽的规格与抄纸方法、火墙的构造与使用等方面的内容。（图5-2）

明人王宗沐编撰《江西省大志·楮书》主张在“水土宜槽，穷源石峡，清流湍急”处造纸，这样可以使“漂料洁白，蒸煮捣细，药和溶化，澄清如水，帘捞成纸，制作有方”。同书谈及江西玉山县造纸槽房时说“择其水源清洁，澄潭急湍，便于漂洗地方，而后槽所立焉”[3]。讲造纸选址，也涉及漂料、蒸煮、捣细、药溶、帘捞（抄纸）等造纸工艺流程。

清人严如熤在《三省边防备览·山货》中说：“厂择有树林、青石、进水处，方可开设。有树则有柴，有石方可烧灰，有水方能浸料。如树少、水远，即难做纸。”[4]也是讲纸厂的选址，讲要用石灰，还要浸料。

清人黄兴三《造纸说》[5]则记载了砍竹、浆灰、蒸煮、漂洗、暴晒、再浆灰、再蒸煮、舂捣、漂洗、抄纸、烘焙等造纸工艺，并详细描述了抄纸和焙纸的工艺流程。

民国时期更是浙江纸业尤其是富阳纸业的繁盛时期。

浙江省政府设计会《浙江之纸业》[6]就是一本关于浙江纸业的调查报告，该书详细介绍了浙江纸业的沿革、现状、原料、工艺等方面的内容，并绘制图表说明造纸工艺和作坊布局等。（图5-3）

从上述对唐以来关于造纸的文献记载的缕析可以看出，除了选址、选料外，造纸的工艺不外乎是断料、沤料、浆灰、蒸煮、漂洗、舂捣、抄纸、焙纸等工艺环节，诚如《浙江之纸业》曰：“浙省造纸，墨守成法，沿千百年之旧，而莫知改良。纸类虽繁，以言制法，则无大悬殊。盖纸质之互异，实系乎原料之配合，与乎手艺之巧拙。至其制造步骤，亦大致相同，制纸者互相授受，殆源同一祖。”一语道出了手工造纸工艺古今的传承与延续。

1）[元]陶宗仪：《南村辍耕录》卷二十九，《黏接纸缝法》，中华书局，1958年。
2）潘吉星：《天工开物译注》，上海古籍出版社，2008年。下文引《天工开物》均本此，不另注。
3）[明]王宗沐纂修、陆万垓增纂修：《江西省大志》卷八《楮书》，万历十五年（1597年）刻本。
4）[清]严如熤：《三省边防备览》卷十，《山货·纸》，道光十年（1830年）来鹿堂重刊本。
5）[清]黄兴三：《造纸说》，邓之诚《骨董琐记全编》卷六，北京出版社，1996年。
6）浙江省政府设计会：《浙江之纸业》，启智印务公司，1930年。

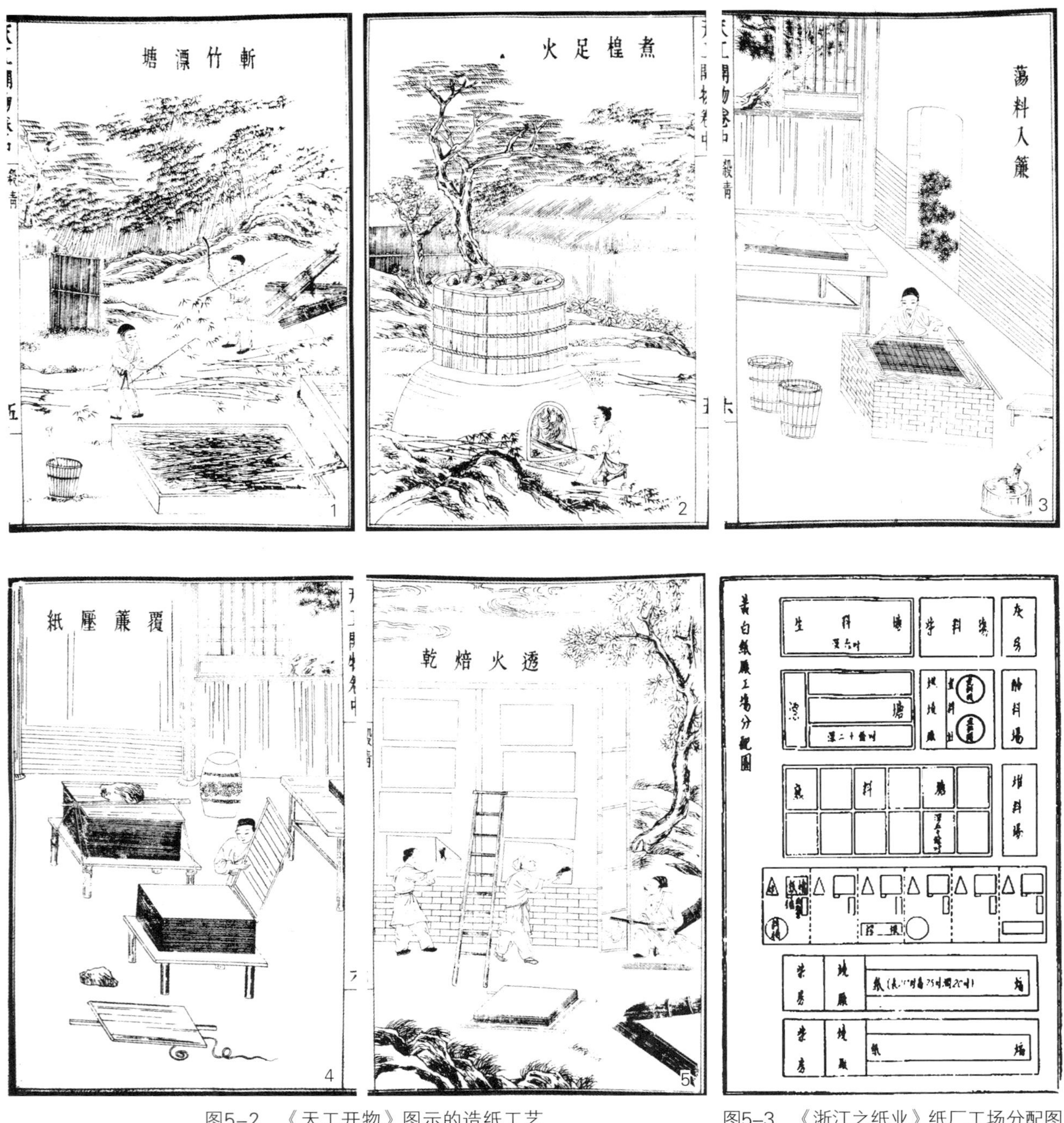

图5-2 《天工开物》图示的造纸工艺　　图5-3 《浙江之纸业》纸厂工场分配图

考察富阳近现代手工造纸作坊（图5-4、5-5、5-6），均处于靠山、临水的地方，周边均有着丰富的竹资源和水资源。谚语有云“片纸非容易，措手七十二”，由一株嫩竹子变成可以书写的纸张，前后需要几十道工序，其中大工序包括前期准备、原料采伐与加工、办料、造纸、成品包装等。具体工序大致包括：确定采伐期、斫竹、背竹或托竹、断青、削竹、拷白、浸坯、断料、浆灰与堆蓬、入镬、煮料、出镬、漂洗、淋尿与堆蓬、入宕（清水浸泡）、舂料与制浆、抄纸、晒纸、包装、打印、外销等。可以看出现存手工造纸工艺与古代造纸工艺是一脉相承的。

1.作坊一角

3.浸坯

2.引水沟与引水渠

4.沤生料

5.灰浆池

图5–4 现代手工造纸作坊

1.蒸煮锅

4.溪中漂洗

2.蒸煮

5.沤熟料

3.漂洗

6.制浆用脚碓与杵臼

图5-5 现代手工造纸作坊

1.纸浆保鲜

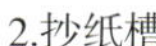

2.抄纸槽

3.纸堆

4.火墙内部

5.火墙加热

6.焙纸

图5-6 现代手工造纸作坊

图5-7　泗洲宋代造纸遗址遗迹功能分区图

二　遗址造纸工艺与布局分析

基于上述关于古今造纸工艺一脉相承的分析，我们根据遗址内发现的遗迹和遗物，结合文献和调查资料，可以分析其造纸工艺和布局（图5-7）。

造竹纸需要大小七十多道工序才能完成，其中最关键的环节为沤料、煮料、漂洗、捣料、抄纸、晒纸。从沤料、蒸煮到漂洗、抄纸，每一道工序都离不开水。

1.沤料

经过预处理的竹料要放进沤料池里进行沤制。《天工开物》载“……就于本山开塘一口，注水其中漂浸。恐塘水有涸时，则用竹枧通引，不断瀑流注入。”

在现代作坊中，沤料池多处于水流上游，沤制好的竹料需要再次截断，尺寸约为40厘米，再将其捆成一捆放进石灰水或者灰碱水里浸泡，以达到加速发酵的目的。

C4现仅存残迹，平面呈方形，东壁长317、南壁长432、残深约28厘米，它南侧为G5，其东端有向东延伸的迹象，G5是C4的排水沟。C4的位置和规模均与现代作坊中的沤料池类似，它应该是沤料池，其东侧可能还有类似遗迹。C4北侧有大片空间，我们推测它可能属于堆料场所。

C5较小，位于沤料池附近，平面略呈梯形，长150、宽63~108、残深约10厘米，池壁不甚规整。现代工艺中，为加速竹料的腐烂，沤料前要将竹料做浆石灰处理。浆灰需要专门的坑，此坑可大可小，受客观条件所限。虽然C5内未发现石灰痕迹，但其所处位置说明它可能属于盛放石灰的遗迹。

2.煮料

经过反复沤制的竹料已经变得很软，但它仍需要经过蒸煮才能达到制浆的需要。

《天工开物》载“用上好石灰化汁涂浆，入楻桶下煮，火以八日八夜为率。凡煮竹，下锅用径四尺者，锅上泥与石灰捏弦，高阔如广中煮盐牢盆样，中可载水十余石。上盖楻桶，其围丈五尺，其径四尺余。盖定受煮，八日已足。歇火一日，揭楻取出竹麻，入清水漂塘之内洗净。其塘底面、四维皆用木板合缝砌完，以防泥污（造粗纸者，不须为此）。洗净，用柴灰浆过，再入釜中，其上按平，平铺稻草灰寸许。桶内水滚沸，即取出别桶之中，仍以灰汁淋下。倘水冷，烧滚再淋。如是十余日，自然臭烂。”

现代工艺中，蒸煮之前，竹料需要淋石灰水或灰碱水，以便加速竹子的腐烂。为了提高装锅量，在锅的周沿立一个楻桶，桶内装满竹料，桶顶密闭，桶下设箅子与锅沿相接，锅内盛水，下面用柴火烧，灶膛可以在地上，也可以在地平面下或半地下。经过数日的蒸煮后，取出竹料置于清水内漂洗。漂洗后的竹料要再次浆灰，再次蒸煮。如此反复再三即可得到适合制浆的竹料了。

如前文介绍，Z7、C3内发现石灰颗粒，G7内发现草木灰，推测这几处遗迹附近为蒸煮区，Z7、C3与G7均位于F3内。

C3平面略呈梯形，长240、宽94~132、残深约50厘米，石块砌壁，垒砌规整考究，池边发现少量石灰颗粒。与C3相连的是一条造型考究的排水沟G7，G7主体由一块石条凿刻而成，长233、外宽31、内宽19、深15厘米，做工考究，西高东低，东端连接长条砖、砖砌成喇叭状，石槽西端用两块宽6厘米的长条残砖堵实，其内发现草木灰。石槽西侧有一堆石块堆积。我们推测C3是盛放石灰水或灰碱水的灰浆池，槽工将竹料置于G7西端的设施之上，从C3内提取灰浆水淋在竹料上，多余的灰浆水则顺着G7流回C3，如此灰浆池内的灰水则可以循环利用。

Z7平面略呈椭圆形，现仅存底部的倒塌堆积，东西长径约540、南北短径约455、深约65厘米。填土内包含有大量的红烧瓦砾、炭粒及草木灰。近底部土中包含有大量的红烧土及炭粒，其内采集到石灰颗粒。底部中心的几块石块垒砌略规整，应为火膛底残迹。由此可判断Z7应为蒸煮锅下部的地下灶膛遗迹。为了提高装锅量，在蒸煮锅的周沿立一个楻桶，桶内装满竹料，桶顶密闭，桶下设箅子与锅沿相接，锅内盛水，下面用柴火烧。如此，则Z7原来应该是很高的，占用空间很大。

F3未见墙体，仅见由残存柱础构成的柱网结构，清理发现有6个柱础，南北两侧的柱础距离较近，而南北向的中间两个柱础和东西向右侧的两个柱础的间距较大，且中间的柱础间距是两侧柱础间距的近两倍，据此，我们推测该房址是为了有意扩展室内空间而采用抬梁式建筑法构筑而成的，这应是为满足它内部的Z7的高度的需要。同时，蒸煮时需要堆放竹料，F3内部空间显然可以满足这种需求。

如此，F3和蒸煮锅灶Z7、灰浆池C3以及石槽G7就共同构成了一个连贯的整体，共同完成浆灰和煮料的工序。

3.漂洗

在现代作坊中，沤过和蒸煮过的竹料要采用淋水或置于水中漂洗等方式达到洗净杂质的目的，且漂洗一般是在活水区进行。而且水的质量好坏直接影响到纸张的好坏，一些高级纸张的制造需要水质较好水源，此所谓“其中优劣，半系人工，亦半赖水色”[1]。

C1处于G2流经地，东与G5相连，正好处在活水区，在此处漂洗再合适不过了，舀上游的干净水淋在竹料上，含有杂质的废水则顺着水沟从下游排出。当然，如果竹料量较大，完全可以在古河道内进行漂洗工作，调查中也发现槽工将竹料直接放在小溪里漂洗的场景。

J1和J2位于G2两侧，两口水井距离较近，距离F3和Z7也较近。井水属于深层地下水，质量较好，显然可以满足造纸对水质的要求，J1井口附近还发现夹杂着石子的地面，此面较为平整、坚实，应为长期活动踩踏所致。

如此，漂洗池C1、水沟G2、水井J1、J2就构成了一个连贯的整体，可共同完成漂洗工作。

4.捣料

煮后的竹料经过漂洗后，其内纤维仍为丝状，这就需要舂捣等方式使其分丝和帚化。这即是工艺中所谓的“捣”。舂捣方式有手工舂捣、机械舂捣等方式。手工舂捣多使用杵臼等工具，机械舂捣可以使用踏碓等工具。舂捣后的纸浆可使用磨盘磨制使其进一步细化。

《天工开物》载“入臼受舂（山国皆有水碓），舂至形同泥面。”

F1见有由23个柱础和9个柱坑构成的柱网结构，面阔15.8米，进深12.17米。柱网结构如此密集，又未发现房址的墙体结构，推测F1可能属于穿斗式四面开放式结构的房子。F1范围内发现大量建筑构件和石磨盘、石臼等工具残件。F1北侧发现一个较大的石臼，其东侧为大量小石子铺成的平面。遗址内出土20余件石质遗物，有石磨盘、石臼和石碓头等，多数出土于F1附近。F1东北侧G缸5出土的土样经过检测，得知其内包含有竹纤维和其他植物纤维，由此可判定其为盛放纸浆的陶缸。F1北部应为舂捣场所。

5.抄纸

舂好的纸浆经过漂洗过滤掉杂质后就可以放进抄纸槽内抄纸了。

《天工开物》载“凡抄纸槽，上合方斗，尺寸阔狭，槽视帘，帘视纸。竹麻已成，槽内清水浸浮其面三寸许，入纸药水汁于其中（形同桃竹叶，方语无定名），则水干自成洁白。凡抄纸帘，用刮磨绝细竹丝编成。展卷张开时，下有纵横架框。两手持帘入水，荡起竹麻入于帘内。厚薄由人手法，轻荡则薄，重荡则厚。竹料浮帘之顷，水从四际淋下槽内。然后覆帘，落纸于板上，叠积千万张。数满则上以板压，俏绳入棍，如榨酒法，使水气净尽流干。”

F1南部遗迹丰富，有C2、C6、G4、G6和G缸2。

前文已经分析，C6和抄纸槽的形制很像，应为抄纸槽的底部。C2位于F1最南部，如果

1）[清]光绪《富阳县志》卷十五，《物产》，富阳市文物馆藏书。

F1出檐的话，正好位于檐下，和C6通过曲尺状的G4水沟相连，长175、宽125厘米，大小和C6（长146、宽135厘米）差不多，附近的G4设有拦水设施，北侧还有一个用青砖垒砌的暗沟G6。

在调查现代手工造纸作坊过程中，我们发现，作坊内的抄纸场所多位于屋檐下，工人站在屋内抄纸，抄好的湿纸置于室内抄纸槽附近的木板上，而木板下设有一个暗沟，以便纸张上的水分可以排出去。

C2的位置和布局正与现代作坊中抄纸槽的布局相类似，因此，推测C2和C6一样为抄纸槽。

漂洗后的纸浆多为干的，要进行抄造还需要加水搅拌，将其变成浆液才可以抄造。要抄造出合格的纸张，需要用“纸药”使纸浆一直处于悬浮状态，“纸药”多以杨桃藤、黄蜀葵等含粘液的植物做原料。石碾残件T5②：29，为青灰色石砂岩，长方体，正面中心开一条长条形凹槽，凹槽横截面呈倒三角形，可能是研磨“纸药”用的。该碾和G缸2同在T5，G缸2距离两个抄纸槽较近，土法造纸传人认为这个陶缸应该是专门盛放纸药的陶缸。抄造好的纸为湿纸，除了置于木板上让其内水分自然溢出外，还要经过压榨使其内水分迅速外溢。C2和C6附近的G4和G6或许可以承担排水的功能。F1内除了舂捣和抄纸场所外，还有很大空间，推测其内应存在一处压榨场所，可惜现已无法得见。

由上可知，F1是集舂料、抄纸于一体的工作间。

6.晒纸（焙纸）

榨干的纸经过牵纸使每一张纸分离。纸的干燥过程可以用风干法，也可以用加热烘焙法。《天工开物》载“然后以轻细铜镊逐张揭起焙干。凡焙纸，先以土砖砌成夹巷，下以砖盖巷地面，数块以往即空一砖。火薪从头穴烧发，火气从砖隙透巷外。外砖尽热，湿纸逐张贴上焙干，揭起成帙。”

前文分析，Q2为空心火墙，即焙纸的焙弄。Q2位于F2内，和F2是一个整体。F2应为焙纸工作间，焙纸需要一定的保温性，因而，F2设有厚厚的墙体以便保温。

7.厂址与给排水

从沤料、蒸煮到漂洗、抄纸，每一道工序都离不开水。

考察近现代的手工造纸作坊，均临水而建。作坊内均设有贯穿整个作坊的主水沟，所有需要用水或排水的工艺环节（如沤料、蒸煮、漂洗、抄纸等）均与主水沟相连。

遗址地处凤凰山至白洋溪之间的台地上，南临古河道，北临白洋溪，南、西、北三面环山，地势南高北低，地面平整开阔。G8位于北部，南与两条主水沟G2、G9相连，水自东向西流。沟内底部发现黄色堆积，观察发现，它与现代手工作坊附近水沟内的情况类似，应为长期废水污染所致。因此，造纸过程中所产生的废水应该都是通过此水沟向外排出的，废水的最终归宿应该是遗址北部的古白洋溪。而G2和G9南连古河道，河道内的水可通过G2和G9引入作坊内，主要遗迹均分布于这两条水沟附近。

由上所述可知，整个遗址是由一条古河道、一条东西向排水沟和两条南北向水沟组成的水网串联起来的，水网结构清晰明朗，主要遗迹均分布在水网附近。这些遗迹自南向北分别承担引水入坊、沤料、浆灰、蒸煮、漂洗、舂料、抄纸、焙纸、排水等工作，大致可分为引水沤料漂洗区、浆灰蒸煮区、舂料制浆抄纸区、焙纸区和排水区等部分。（图5–7）

遗址的空间布局合理、科学，符合造纸工艺的一般流程。而且，根据功能的差异，三座房址的构造方式截然不同，或采用抬梁式，或采用穿斗式，或使用厚实的墙体，充分发挥各种建筑形式的优点。遗址内可以判定的造纸工艺有沤料、浆灰、蒸煮、漂洗、舂捣、抄纸、焙纸等，可以与《天工开物》等文献相互印证，也可以与近现代手工造纸工艺相比较。

总之，泗洲宋代造纸遗址保存了相对完整的古代造纸工艺遗存，其反映的沤料、浆灰、蒸煮、漂洗、舂捣、抄纸最后到焙纸等造纸工艺均可与《天工开物》等文献和我们调查的资料相互印证。值得一提的是遗址内火墙的发现，说明在宋代已经使用先进的焙纸技术。遗址布局清晰，规模宏大，遗址所在交通便利，装订好的成品纸可通过水路（由古白洋溪入富春江）向外发售，也可通过陆路向外运输，说明选址和营建都有精心的考虑，可能不是一般的造纸作坊。

富阳泗洲宋代造纸遗址，是目前中国发现的年代最早、工艺遗迹保存最为完整的造纸遗址。它的发现，使我们第一次认识到这样的一组遗迹是造纸的遗存，也提示我们在以后的工作中关注类似的遗迹。

附表一　出土遗物统计表

出土单位	陶质建筑构件	陶器	瓷器											石质遗物	铜铁器			料器	合计
			龙泉窑青瓷器	越窑青瓷器	铁店窑瓷器	未定窑口青瓷器	景德镇窑青白瓷器	未定窑口青白瓷器	黑(酱)釉瓷器	仿定窑白瓷器	未定窑口白瓷器	青花瓷器	粗瓷		铁器	铜器	铜钱		
①A																	2		2
①B			45	3		255	8		4	5		58	228	1	1	1	3		612
缸4						17							2						19
②	30	4	1 233	14	130	6 610	496	80	452	32	8		10 029	8		2	27	3	19 158
C1			8			57	10		15				145						235
C2			10			110		16	8				141						285
C3			28			207	25		47				684						991
C7	1		9			32		8			5		63						118
C8	9		5			23	1				1		166	3					208
C9			1			20							21						42
ZG1		1	23		11	118	5		4				252						414
H1			3			48			8				90						149
H2	2					2			1				14						19
H3			1	2		16							27						46
H4						1							5						6
H7							2	2					5						9
H9			5			88		5	4				174						276
H10			2		2	1			4				109						118
G1			4		3	58			5				52				4		126
G2			46		18	563	46	3	49	3			678	1			1		1 408
G3						3							2						5
G4	5		18			99	3		5				161	2			1		294
G5			53			44			7				133						237
G6	1																		1
G8	16		51	1	25	304	9	8	12		2		883	5			3		1 319
G9			17		7	168			13	8			177	3					393
Q2	1					1													2
J1			5		1				2				36	1					45
J2			2		1	8			1				12						24
缸1			2		1	118	1		8				145						275
③	1	1	38	8	1	362	8		39	4			669				3		1134
H6						3			6										9
J3	4		7		2	4							6						23
合计	70	6	1 616	28	202	9 540	614		694	52	16	58	15 109	24	1	3	44	3	28 002
	69		27 729											21	48			3	

附表二 器物标本统计表

出土单位	陶器			瓷器																	
	陶质建筑构件		陶器	龙泉窑青瓷器										越窑青瓷器				铁店窑青瓷器		未定窑口青瓷器		
				碗				盘						碗			壶			青釉		
																				碗		
	砖	板瓦	陶不明器	莲瓣碗	葵口碗	敞口碗	残件	莲瓣盘	敞口盘	平底盘	洗	鬲式炉	高足杯	侈口碗	残件	盒盖	流残件	盘	碗	敞口碗	侈口碗	残件
①a																						
①b				1									1			1						
缸4																						
②	7	4	2	3	2	2	1	5	1	1		1		1	1		1	1		22	4	1
C1																				2		
C2																						
C3																				7		
C7		1																		1		
C8	4						2				1											
C9																				1		
Z7			1																1			
H1									1													
H7																						
H9							1															
G1																						1
G2																				4		1
G4	2																					
G5																						
G6	1																					
G8	5	3						1														
G9																						
J1																						
J2																						
缸1											1									1		
③		1																		1	1	
H6																						
J3	4																					
合计	23	9	3	4	2	2	4	6	2	1	2	1	1	1	1	1	1	1	1	39	5	3
	35																					

续附表二

出土单位	瓷器																					
	未定窑口青瓷器																		景德镇窑仿定白瓷器		未定窑口白瓷器	未定窑口白釉褐彩瓷器
	青釉						淡青釉							生欠烧								
	盘		灯盏	粉盒	钵	盏	碗						盏	盘	碗			盆	瓶	碗	盏	罐	盆
	侈口盘	折腹盘					侈口碗	高圈足撇口碗	墩式碗	花口碗	敞口碗	残件		敞口盘	敞口碗	侈口碗	残件						
①a																							
①b																				1			
缸4											1												
②	2	1				1	6	1	1	6	5	2	2	1	3	1				1	2	1	2
C1																							
C2																							
C3							1																
C7																						1	2
C8	1																						
C9																							
Z7				1							1						1						
H1												1					1		1				
H7					1																		
H9																							
G1																	1						
G2							1				1									2			
G4																							
G5																							
G6																							
G8																							2
G9							1				2									1			
J1																							
J2															1								
缸1																		1					
③			1										1										
H6																							
J3																							
合计	3	1	1	1	1	1	9	1	1	6	10	3	3	1	4	1	3	1	1	5	2	2	6

续附表二

出土单位	瓷器																							
	景德镇窑青白瓷器																未定窑口青白瓷器							
	碗				盏		盘		有座炉	杯	碟	洗	盒	罐	器盖	不明器	碗		盘	盏	粉盒	罐	灯	炉
	撇口碗	侈口碗	浅腹芒口碗	残件	斗笠盏	残件	折腹盘	残件									敞口碗	残件						
①a																								
①b				2			1									1								
缸4																								
②	1		1	8	1		1	1			1	1	3	3	1		1	1		1		1	1	1
C1							1																	
C2																	1							
C3	2			1		1				1														
C7																				1				
C8														1										
C9																								
Z7		1																						
H1																								
H7																								
H9																		1						
G1																								
G2				3					1					1										1
G4																								
G5																								
G6																								
G8														1					1		1	1		
G9																								
J1																								
J2																								
缸1																								
③				1																				
H6																								
J3																								
合计	3	1	1	15	1	1	3	1	1	1	1	1	3	6	1	1	2	2	1	2	1	2	1	2

续附表二

出土单位	瓷器																					
	遇林亭窑黑(酱)釉瓷器	未定窑口黑(酱)釉瓷器					未定窑口褐釉瓷器												素胎粗瓷		青花瓷	
		盏																				
	盏	束口盏	敞口盏	白覆轮盏	钵	灯盏	盘	盒	灯盏	瓶	壶	罐	盆	钵	缸	瓮	器盖	残件	残件	炉箅	碗	杯
①a																						
①b																			1		1	1
缸4																						
②	7	7	1	2			1	2	4	1		1	1	2		1	1	2		1		
C1		1																				
C2	1																					
C3		2	1		2	1																
C7																						
C8																						
C9																						
Z7	1					1																
H1	2	2			1																	
H7																						
H9																						
G1																						
G2																						
G4		1										1	1		1							
G5								1														
G6																						
G8									2	1	1	1			3							
G9		1																				
J1																						
J2																						
缸1																						
③																						
H6										5												
J3																						
合计	11	14	2	2	3	2	1	3	6	3	1	3	2	2	4	1	1	2	1	1	1	1
	269																					

续附表二

出土单位	石器							铁器	铜器				铜钱								
	石磨盘	石碾	石臼	石杈	石砚	石碓头	不明器	刀	铜构件	铜针	壶流	铜钗	开元通宝	唐国通宝	太平通宝	咸平元宝	景德元宝	祥符元宝	天禧通宝	景祐元宝	治平通宝
①a																					
①b	1							1	1		1										
缸4																					
②	6	1	1	1	1		1			1		1	2	1	1	1	2			1	1
C1																					
C2																					
C3																					
C7																					
C8			1																		
C9																					
Z7																					
H1																					
H7																					
H9																					
G1																				1	
G2																		1			
G4	1		1																		
G5																					
G6																					
G8	3		1																1		
G9			1		1																
J1						1															
J2																					
缸1																					
③																					
H6																					
J3																					
合计	11	1	5	1	2	1	1	1	1	1	1	1	2	1	1	1	2	1	1	2	1
	22																				

续附表二

出土单位	铜钱																			合计
	熙宁元宝	熙宁重宝	元丰通宝	元祐通宝	绍圣元宝	圣宋元宝	崇宁通宝	崇宁重宝	政和通宝	宣和通宝	嘉定通宝	淳祐元宝	皇宋通宝	开庆通宝	景定元宝	洪武通宝	万历通宝	崇祯通宝	乾隆通宝	
①a																			2	2
①b																1	1	1		18
缸4																				1
②	2	1	1	3	1	1	2	1	1		1	2	3		1					202
C1																				4
C2																				2
C3																				19
C7																				6
C8																				10
C9																				1
Z7																				8
H1																				9
H7																				1
H9																				2
G1				1					1											5
G2																				16
G4														1						9
G5																				1
G6																				1
G8												1	1							30
G9																				7
J1																				1
J2																				1
缸1																				3
③										1										7
H6																				6
J3																				4
合计	2	1	1	4	1	1	2	1	2	1	1	3	4	1	1	1	1	1	2	376
	43																			

附录

富阳泗洲宋代造纸遗址出土样品的碳、氮稳定同位素分析

赵春燕

（中国社会科学院考古研究所）

富阳的造纸业历史悠久，文献记载造纸原料有麻、桑皮、藤皮、构皮及竹子等[1)]。为了探究富阳泗洲宋代造纸遗址当年究竟是以何种原料造纸，受发掘者委托，我们对富阳泗洲宋代造纸遗址出土的土壤、炭化物和富阳当地采集的部分现代植物样品进行了检测分析。现将检测结果报告如下。

一　样品的性状观察

送检的样品大体分为土壤[2)]、炭化物和现代植物。

二　样品检测的原理

因为造纸原料为植物类，所以，采用的检测方法为碳、氮稳定同位素分析。该方法的原理是：植物是通过光合作用将空气中的二氧化碳转化为植物组织。 到目前为止所发现的光合作用的途径主要有三种：一是卡尔文途径。因为它的最初产物是3-磷酸酰甘油酸（3-PGA），这是一种含三个碳原子的化合物，所以又称为C_3途径，遵循 C_3光合作用途径的一类植物称为C_3植物。温和湿润环境下生长的大部分植物都属于C_3植物，例如各种乔木、灌木以及大部分禾本科的植物。二是哈—斯途径。这种途径的最初产物是含四个碳原子的化合物——草酰乙酸，所以遵循哈—斯光合作用途径的一类植物称为C_4植物。 C_4植物包括玉米、粟、甘蔗等旱暖开放环境中生长的某些植物。三是少数多汁植物如菠箩、甜菜等所遵循的称为CAM的光合作用途径[3)]。

自然界的植物因光合作用的途径不同导致了最初产物的不同，而不同的最初产物的植物间碳同位素组成是有差别的,可以用$\delta^{13}C$值定量表示。通过对自然界数百种不同科、属、种的植物的研究发现，C_3类植物，如稻米、小麦、豆类等，其$\delta^{13}C$值范围为 −23‰～−30‰，平均值为−26‰。C_4类植物，如玉米、小米、高粱、甘蔗等， $\delta^{13}C$值范围为−8‰～−14‰，平均值

1）钱云祥：《档案史料记载中的富阳土纸》，《浙江档案》1992年6期，第41～42页。

2）G缸5内样品送样时标的是土壤，但其颜色性状与G8西壁土壤样品差别比较大：G8土壤样品为黄色、黏稠，G缸5的土壤样品较G8样品颜色暗、状态也比较松散。

3）a, Nikolaas J.Vander Merwe，etc.，Isotopic evidence for prehistoric subsistence change at Parmana，Venezuela，*Nature*，Vol.292，August，6，1981. b, 蔡莲珍、仇士华：《碳十三测定和古代食谱研究》，《考古》1984年10期，第949~955页。

为–11‰。CAM类植物，如菠萝、甜菜等，δ^{13}C值范围为 –12‰～–23‰，平均值为–17‰。豆科植物可以直接从空气中固氮，其δ^{15}N值约为0～1‰；非豆科植物则利用土壤中的氮，δ^{15}N值平均为3‰～4‰。这些研究结果给后来的研究提供了直接的对比标准。对于出土炭化物而言，因炭化过的植物残骸不会再受土壤微生物的影响而改变，一般认为碳、氮稳定同位素不会发生分馏，故不干扰测定。因此，可以基于动植物的碳、氮稳定同位素分布模式来判别炭化物的植物来源。

土壤有机质是各种化合物的非均匀混合物，它代表着一个从新鲜植物残体到彻底腐殖质化物质的连续体，一般来说,土壤有机质的δ^{13}C值与来源植物物料的δ^{13}C 值十分接近，它的δ^{13}C值仅较来源植物物料的δ^{13}C 值有一个小的增加，幅度一般在0.5 ‰～1.5 ‰范围内[1]。

^{13}C和^{15}N分别是碳和氮的稳定同位素，它们在生物体中的含量通常分别用其与一种标准物质的比较值来表示。^{13}C 的比较标准一般选择产地为美国卡罗来（Caroline）南部白垩纪地层中的箭石（Cretaceous Belemnite，Belemnitella Americana），称为PDB标准（Peedee Belemnite Chicago Limestone Standard）。而^{15}N的比较标准一般为大气。其符号与表达式分别为：

$$\delta^{13}C = \{[(^{13}C/^{12}C)_{sample} - (^{13}C/^{12}C)_{standard}] / (^{13}C/^{12}C)_{standard}\} \times 1000‰$$

$$\delta^{15}N = \{[(^{15}N/^{14}N)_{sample} - (^{15}N/^{14}N)_{standard}] / (^{15}N/^{14}N)_{standard}\} \times 1000‰$$

为了使碳、氮稳定同位素分析有一个更加直观的描述，这里提供一幅由日本学者以δ^{13}C值为横坐标、以δ^{15}N值为纵坐标绘制的日本动植物的δ^{13}C、δ^{15}N分析结果图（图1）[2]。在日本学者的背景图中，没有麻、藤、构、桑及竹等植物的检测数据。而且，由于各国家和地区的环境不同，反映在图中的不同物种的数值范围相应是有些差别的。所以，我们采集了富阳当地的一些植物标本进行了碳、氮稳定同位素分析，以建立我们自己的对比标准。

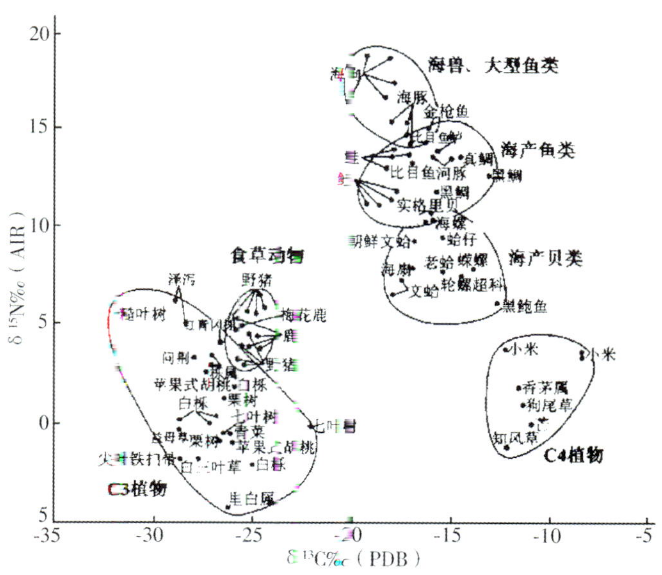

图1 部分动植物δ^{13}C与δ^{15}N背景资料图

1）朱书法、刘丛强、陶发祥：《δ^{13}C方法在土壤有机质研究中的应用》，《土壤学报》2005年5期，第495～503页。

2）米田穰、吉田邦夫、吉永淳等：《長野県出土人骨试料における炭素窒素安定同位体比および微量元素量に基づく古食性の复元》，《第四纪研究》1996年35卷4期，第293～303页。

三　样品的检测

首先要对田野采集的样品分门别类进行检测前的预处理，然后才能进行检测。

1.土壤样品的预处理

将白色搪瓷盘用自来水、一次水及超纯水分别清洗三次，在恒温干燥箱中烘干。再将土壤样品平摊在洁净的白色搪瓷盘中，自然晾干。其间，每隔20分钟搅拌一次，直至土样晾干为止。

晾干后的土壤样品过100目筛，再放入洁净的玻璃烧杯中用0.5mol · L–1 的盐酸溶液浸泡24小时，以去除土壤中的碳酸盐，随后用去离子水洗涤至中性，并于60℃烘干后磨细，供测试用。

2.炭化物样品的预处理

先用纯水将炭化物样品清洗干净，再放入恒温干燥箱中烘干后粉碎，待测。

3.现代植物样品的预处理

将现代植物样品麻、藤皮、桑皮、嫩竹（毛竹）、石竹、苦竹及构皮、竹子纸料样品粉碎，过60目分样筛，再放入恒温干燥箱中烘干，待测。

4.样品检测

预处理后的样品采用DELTA^{plus} XP外加元素分析仪　Falsh EA1112进行检测，精度：^{13}C<0.1‰ ^{15}N <0.2‰。检测结果列于表1中。

表1　泗州造纸遗址出土样品的检测结果

序号	采集地点	样品	检测结果				
			δ ^{13}C(‰)	C%	δ ^{15}N(‰)	N%	C/N
1	G缸5	土壤	–26.66	2.48	10.90	0.29	8.65
11	泗洲造纸遗址Z7（蒸煮锅底部灶）	土壤	–25.83	0.42	12.30	0.043	9.76
6	泗洲造纸遗址G8西壁	土壤	–24.69	0.41	5.71	0.06	6.41
4	富阳当地	麻	–29.57	41.87	0.36	1.41	29.79
5	富阳当地	藤皮	–28.64	44.65	–1.20	2.00	22.32
7	富阳当地	纸料(构皮)	–31.63	39.80			
8	富阳当地	纸料(竹)	–26.18	47.95	–0.32	0.16	299.68
9	富阳当地	嫩竹	–26.15	40.41	–0.28	0.13	310.84
10	富阳当地	石竹	–25.91	50.95	–0.17	0.20	254.75
12	富阳当地	桑皮	–29.85	43.57	13.74	1.746	24.95
13	富阳当地	苦竹	–27.34	47.00	29.31	0.442	106.33
2	泗洲造纸遗址	炭化物	–26.17	3.81	6.22	0.11	34.97
3	泗州造纸遗址C8出土炭标本6号	炭化物	–23.90	53.53	4.61	0.21	256.91

四 结果与讨论

国外学者的研究表明，土壤沉积物中有机碳、氮稳定同位素及C/N 比值多被用来指示有机质的潜在物源分布。例如陆生C_3 植物的δ^{13}C 约为–27‰PDB, C_4 植物的δ^{13}C约为–14‰PDB, 细菌等物质C/N 比值分布为2.6～4.3 等。在沉积的不同阶段，沉积物中发生的一系列生物地球化学作用，如生物降解作用、硝化和反硝化作用、固氮作用等，都会使这些参数发生变化。一般情况下，土壤沉积中木本植物的C/ N比值普遍较高，而草本植物的C/ N 比值相对较低[1]。

1号样品来自G缸5内土壤，由表1的数据可知，其δ^{13}C值为–26.66‰PDB，与8号竹子原料样品和 9 号嫩竹样品的δ^{13}C值（–26.18‰PDB、–26.15‰PDB）相近，与10号、13号样品的δ^{13}C值比较接近，而与4号、5号、7号、12号样品的δ^{13}C 值差距较大，据此，可以推测G缸5内原来盛装竹类植物的可能性最大。而G缸5内土壤的δ^{15}N值不同的原因是因为土壤氮的δ^{15}N值主要受环境的影响，不同环境条件下土壤氮的δ^{15}N值差异较大，这种特征有助于识别土壤的利用方式和污染类型。研究表明，天然土壤中的铵态氮的δ^{15}N值一般为–3‰～8‰，平均为5‰，这是由于土壤颗粒表面吸附80%以上的NH_4^+来自土壤有机氮的矿化作用；垦植土壤和受生活污水污染的土壤δ^{15}N值为4‰～9‰；受化肥和工业废水污染的土壤δ^{15}N 值略高于空气（为–4‰～5‰），这是因为多数氮肥中含铵基并存在不同程度的氨挥发；受动物粪便污染土壤δ^{15}N值为8.8 ‰～20‰，这是因为氨能在常温下自发挥发，并引起显著的氮同位素分馏[2]。据史料记载，富阳纸工有用淋尿发酵后的竹浆造纸的传统，入尿量一般为竹料的6%。用该方法造纸，有防虫蛀防渗墨的功效，而且这一工艺为富阳纸工独创[3]。检测结果表明，G缸5内土壤的δ^{15}N 值为10.90‰，大致在受动物粪便污染的土壤δ^{15}N 值范围内，因此，不排除G缸5内土壤曾受尿液污染的可能性；同样，Z7内采集土壤样品的δ^{13}C值为–25.83‰，与竹类样品值最接近，δ^{15}N值更是达到12.30‰，也不排除曾受尿液污染的可能性。2号和3号样品从检测数据看为C_3类植物的可能性最大，其中2号样品与8号、9号样品的δ^{13}C值相近，可能就是竹的炭化物。6号样品采集自遗址G8，检测结果显示其有机质的δ^{13}C值为–24.69‰，与竹料的δ^{13}C值（–26.18‰）的差值为1.49，因为土壤有机质的δ^{13}C值一般较来源植物物料的δ^{13}C值增加0.5‰～1.5‰，6号样品的δ^{13}C值正好在此范围内，因此，推测其土壤中来源植物物料为竹类的可能性最大。6号样品的δ^{15}N值为5.71‰，正好略高于空气δ^{15}N值（–4‰～5‰），处在受化肥和工业废水污染的土壤δ^{15}N值范围，因此，不排除G8西壁土壤受工业废水污染的可能性，G8可能是排污水的沟。

五 结论

通过对泗洲宋代造纸遗址出土的系列样品的分析与检测，可以得出以下结论：

1）对泗洲造纸作坊遗址G缸5及Z7采集土壤进行碳、氮稳定同位素分析的结果表明，其

1）a, Yasmin K., Cadisch G., Baggs E. M., Comparing ^{15}N labelling techniques for enriching above and below-ground components of the plan-soil system, *Soil Biology and Biochemistry*, 2006, 38:397–400. b, Aranibar J. N., Otter L., Macko S. A., Feral C.J. W., Epstein H.E., Dowty P. R., Eckardt F., Shugart H. H., Swap R. J., Nitrogen cycling in the soil–plant system along a precipitation gradient in the Kalahari sands, *Global Change Biology*, 2004, 10 (3) :359–373.

2）曹亚澄、孙国庆、施书莲：《土壤中不同含氮组分的δ^{15}N质谱测定法》，《土壤通报》1993 年24 卷2期，第87～90页。

3）洪岸：《富阳竹纸制作技艺》，《浙江档案》2009年1期，第29页。

$\delta^{13}C$值与8号竹子纸料样品的$\delta^{13}C$ 值相近，也与当地现代竹类（9号与10号）样品的$\delta^{13}C$值相近，而与麻、藤、构皮、桑等样品的$\delta^{13}C$值差别比较大，由此推测容器内原来盛装竹类植物的可能性最大；G8西壁土壤有机质的$\delta^{13}C$值为-24.69‰，与8号竹子纸料的$\delta^{13}C$值-26.18‰的差值为1.49，符合土壤有机质的$\delta^{13}C$值较来源植物物料$\delta^{13}C$值增加0.5%~1.5%的幅度，其土壤中来源植物物料也为竹类的可能性最大。至于它们的$\delta^{15}N$值为何不同，原因比较复杂，还需要进一步探讨，可能与古纸的制作工艺有关。

2）研究结果表明，当地出产的竹、麻、藤、构等植物样品的$\delta^{13}C$值和$\delta^{15}N$值各不相同，这项研究结果证明利用碳、氮稳定同位素分析技术可以对出土植物类别进行区分，因而是一种十分有效的技术。

目前国内关于出土炭化物及土壤碳、氮稳定同位素分析的研究尚未广泛开展，我们利用碳、氮稳定同位素分析技术对泗洲宋代造纸遗址出土的样品进行分析以区分植物的种类是一个新的尝试。本文对遗址出土的土壤、炭化物和部分现代植物样品进行了检测分析，构成了一条证据链。但因为本次检测的样品数量不多，缺乏大量的背景资料支持，所以还只是一个初步结果。根据本次检测结果所建立的推论可能会有一些偏差，更进一步的研究结果将随着田野考古工作的进行及样品数据的增加及时进行修正。

后　记

富阳素有“中国造纸之乡”的美誉，有着悠久的造纸历史。唐代的黄白状纸、宋代的小井纸、赤亭纸及谢公笺等都是纸中名品。直至今天，造纸业仍然是富阳市的支柱产业之一。但是，关于富阳古代造纸的情况仅见于文献中的零星记载，一直都没有发现实物遗存，这不能不说是一个遗憾。

2007年开始的第三次全国文物普查为我们摸清富阳市的地下遗存提供了契机。普查队员经过辛苦踏查，终于在高桥镇泗洲村凤凰山北麓发现了一处古遗址，经大胆假设、科学求证，确认其为宋代造纸遗址。泗洲宋代造纸遗址是目前我国发现的时代最早、规模最大、工艺流程最全、拥有先进造纸工艺的造纸遗存。该遗址的发现对探讨富阳造纸工艺及中国乃至世界造纸工艺的传承和历史均具有十分重要的意义。

在泗洲宋代造纸遗址发掘过程中，国家文物局专家张忠培先生、徐苹芳先生、黄景略先生、徐光冀先生、李伯谦先生，浙江省文化厅副厅长、文物局局长鲍贤伦，浙江省文物局副局长吴志强，浙江省文物考古研究所原所长曹锦炎、所长李小宁、书记沈岳明，杭州市园林文物局局长刘颖、文物处处长卓军等多次到考古现场考察指导工作，并就遗址的发掘和保护提出许多宝贵的意见和建议；中国科学院研究员潘吉星先生、苏荣誉先生，北京大学考古文博学院教授秦大树先生、李志荣女士，南开大学历史学院教授刘毅先生考察了遗址现场，对遗址的发现做出极高的评价，并就遗址的保护和利用提出许多中肯的建议。

杭州市委、市政府高度重视泗洲宋代造纸遗址，时任浙江省委常委、杭州市委书记、市人大常委会主任王国平做出专门批示。富阳市委、市政府高度关注泗洲宋代造纸遗址的发掘和保护工作，原市委书记徐文光，常务副市长孔春浩，纪委书记应敏扬，宣传部长赵玉龙，副市长邵良、陆献德、方仁臻、王小丁，市人大副主任孙柏平、郎卫国，政协主席胡志坚、副主席张志根，富阳市文化广电新闻出版局徐国明、周亦涛两位局长、副局长郁峻峰、党委委员施涌等领导先后多次到考古现场调研。富阳市委市政府多次就泗洲宋代造纸遗址的保护工作召开专题会议，并做出320国道绕行的决定，以保护该遗址。遗址的发掘工作得到了富阳市320国道环线外移工程指挥部和富阳市财政局的大力支持。富阳市320国道环线外移工程指挥部提供发掘经费支持，何富军、章仁龙两位老总多次视察工地，为我们提供各种方便。发掘过程中，高桥镇政府、泗洲村村委会提供后勤保障，保证了工作的顺利开展。

杭州市园林文物局文物处、财政局，富阳市财政局等相关部门为报告的编写工作提供了必要的财政支持；杭州市文物考古所所长吴晓力多次到整理现场进行指导；杭州市文物保护管理所所长杜正贤为我们提供了人力和照相设备。

北京大学考古文博学院教授秦大树、南开大学历史学院教授刘毅鉴定了部分瓷器的年代，福建博物院研究员栗建安鉴定了部分黑酱釉瓷的年代。

浙江省文物考古研究所郑云飞博士检测了遗址内采集的部分土样，并提供了初步的检测结果。

西北大学文化遗产学院张良仁博士为本书翻译了英文提要。

浙江大学文化遗产研究院李志荣博士审阅了全稿，对报告的编写提出许多宝贵的意见和建议。

北京大学宿白先生为本报告题写书名。

在此谨向上述单位和个人表示衷心的感谢！

编 者

2011年10月

补记：

在本报告即将付梓之际，欣闻中国社会科学院考古研究所赵春燕博士对遗址内采集土样所做的检测有了初步的结果，结果显示G缸5和G8内土样含有C_3类植物。为了进一步确定植物的种类，我们又收集了富阳当地现代造纸作坊所用的竹子纸料和构皮纸料以及麻、桑皮和藤皮等系列植物样品，委托赵春燕博士做进一步的检测。检测表明，G缸5和Z7内土样含有的植物为竹子的可能性最大，G8西壁土壤中来源植物物料也是竹子的可能性最大。这与郑云飞博士在5号陶缸内土样检测出竹纤维，在G8内土样检测出竹子的硅酸体的结果一致。两种检测方法可说是殊途同归。

郑云飞博士的检测做的比较早，其检测结果是我们判断遗址性质的重要参考，其提供的竹纤维等照片也已收录在报告图版中。赵春燕博士的检测做的比较晚，其检测结果未及在报告正文中分析，检测报告《富阳泗洲宋代造纸遗址内出土样品的碳、氮稳定同位素分析》作为本书附录附于书末。

在此，要特别感谢赵春燕博士。样品检测正值龙年春节前后，赵博士在百忙之中加班加点、夜以继日，检测工作是在龙年的除夕完成的。当收到赵博士除夕发来的“检测在11：39已完成”，她“要飞奔去买年货”的短信时，我们在感动之余，还真担心商店都已经关门，她买不到年货了呢。

编 者

2012年2月20日

A Song Dynasty Paper Mill at Sizhou in Fuyang

(Abstract)

The Sizhou paper mill is located to the north of the Fuyang City, in the northern foothill of the Fenghuang Mountain, a tail branch of the Tianmu Mountain. Surrounded by hills on its southern, western, and northern sides, it sits in a valley that opens to the east. The site area, which belongs to Sizhou Village, was once used for growing rice and vegetables, but now laid to waste. In its southern part a small grove of bamboo remains. The site, which is 30° 06′ 13″ N and 119° 54′ 33″ E and 17.6m above sea level, is 16 000 square meters in dimension.

In September 2008, a joint fieldwork team consisting of Hangzhou Municipal Institute of Cultural Relics and Archaeology and Fuyang Municipal Bureau of Cultural Relics, during the survey process along the new route of State Highway 320, discovered the Sizhou site. Since then through March 2009, it carried out a rescue excavation. Altogether 21 excavation pits (T1–T21) and 24 test trenches (TG1–TG24) were exposed. Plus the expanded portions in some areas, the actual exposure amounts to 2 512.5 square meters.

The Sizhou site turns out to be a culturally rich one. Below the second layer we discovered a complex of water pools, canals, a large stove, a building foundation, and heat–conducting walls, all of which are linked with each other. Based on these features and subsequent analysis of residue taken from them, textual records and local tradition of paper making, we have come to the conclusion that this was a paper mill of the Song Dynasty. The various types of features and artifacts found here display to us the entire process of paper making.

The Sizhou paper mill site faces an ancient riverbed to the south and the Baiyangxi Brook to the north. The ancient riverbed was linked up with one east–west canal and two north–south canals of the site to form a circular water flow. Located in this network, the major features were used for bringing water into the mill, decomposing the fiber, adding lime, boiling and cleansing the fiber, pounding the slurry, making and drying the paper, and draining the waste water. The entire site is thus composed of quarters of suspending, lime–applying and boiling, pounding and making, drying, and draining.

Water canals: Two of them, G2 and G9, are linked with the ancient river to the south, and a third canal G8 to the north. They were probably used to bring water from the ancient river to the mill.

Decomposing pool: Pool C4 is located in the southeast of the excavation zone. The extant part of it is roughly square, its eastern wall 317cm and southern wall 432cm long, and 28cm deep. Canal G5 to its south functioned as its drainage.

Suspending pool: Pool C3, which is located in the south of the site, is trapezoid in shape, 240cm long, 94–132cm wide, and 50cm deep. Its walls are finely lined with boulders, although the eastern wall is partially damaged. The floor is flat, formed of yellowish sandy soil. Inside the pool some lime particles are found. Trough G7, which connects to C3, is finally cut out of a slab of 233cm long, 31cm wide and 15cm deep and slanted eastward. Within it some grass ash is found. At the eastern end of this canal is a long trumpet–shaped trough formed of long bricks; the western end of it is blocked with two long bricks of 6cm wide. From the lime particles and grass ash we infer that C3 was a suspending pool filled with limy or limy alkaline solution. Ancient workers placed bamboo materials upon the facility to the west of G7 and poured the solution upon them; the extra solution then flew back to C3.

Boiling stove: Stove Z7 is located in the south of the site, elliptical in shape, 540cm long, 455cm wide, and 65cm deep. It is lined with boulders of various sizes, and presently only the bottom is preserved. In the central part, where boulders are neatly laid, a pile of boulders has collapsed into it. The fill contains a lot of burned tiles, charcoal lumps, and grass ash, and when it comes near the bottom, a lot of fired clay, more charcoal lumps, and lime particles. Z7 was therefore the firing chamber below the boiling vat. To increase the volume of the vat, the ancient workers put a bucket upon the vat, filled it with bamboo materials, and sealed the top. The bucket has a holed mat so that it accepts the steam from the vat. If this was the case, the original height of the bucket was remarkable, and the beams of Building F3 were possibly raised to accommodate it.

Cleansing pool: Pool C1, also located in the south of the site, sits at Canal G2 and connects to G5. Rectangular in shape, it is 280cm long, 130cm wide, and 15cm deep. The walls are lined with boulders, but those of the southern wall are partially lost. The bottom is flat and formed of clay. At its western wall there is a pile of stone pounders. Because C1 sits near the running water of G5, it would have been used for cleansing slurry. Of course, the option of cleansing them in the ancient river is also open.

Pounding house: Building F1 is located in the north of the site, comprising a pillar network of 23 base stones and 9 pillar pits, 15.8m wide, and 12.17m deep. In spite of the dense pillars, the building has no wall around. It yields over 20 stone implements, including grinders, mortars, and pounders, most of which are located in the northern part. The building could have been a pounding facility. A soil sample from a pottery urn in the northeastern corner of F1 has been analyzed to contain bamboo fiber and other vegetable fiber; the urn must have been containing pulp. Pounded pulp was then cleansed before it was used for quality paper. The building has two containers, C2 and C6, for making paper and they connect to Canal G4. C2 is 1.75m long and 1.25m wide; Canal C4 nearby has a water–control facility. C6 only preserves its floor planks, 1.46m long, 1.35m wide, and has trenches along the four sides, where stone or wooden planks would have stood to form the walls for the containers. The paper made at this stage was wet, and the planks helped to dehydrate it; yet it still requires pressing to quicken the process. G4 and G6 near C2 and C4 might have functioned this way.

Drying house: Building F2, located in the west of the site, consists of a eastern and a western wall and two poststands. The eastern wall, about 85cm wide, has a pebble–paved surface outside. The inner wall, Q2, of F2 is hollow between two boulder walls. The extant part is 510cm long, 40cm wide for the hollow interior, and 80cm for the exterior, and 25cm high. The eastern end of the wall retains some fired clay and charcoal lumps, which suggests that there be a stove here. Q2 was therefore a heat conductor, and F2 was a drying house.

Drainage canal: Canal G8, located in the north, connects to the two principal canals G2 and G9, and carries water from east to west. On its bottom some yellowish residue is visible, which resembles what we find in the canals of modern manual paper mill. The residue must have been the result of long–term pollution. The canal therefore must have been used to take away the waste water from the mill, which eventually poured into the Baiyangxi Brook.

The Sizhou site yields a great amount of artifacts. Apart from the abovementioned stone artifacts, it yields pottery architectural fittings, porcelain fragments, and coins. Among the architectural fittings there are tiles, rectangular bricks and elongated bricks. Two bricks bear the inscriptions of "the second year of the *Zhidao* 至道 reign" and "the second year of the *Dazhong Xiangfu* 大中祥符 reign". Among the porcelain fragments, there are blue, blue–white, white, black(brown), rice–yellowish types and crude types. Among the wares whose forms are tellible, there are bowls, platters, cups, dishes, washes, pitchers, incense burners, vases, cosmetic cases, lamps, and lids, and the noteworthy ones are the blue–white and white （imitations of the Ding Kiln） type from the Jingdezhen Kiln, celadon incense burners from the Longquan Kiln, and black cups from the Jian Kiln. Some wares bear ink inscriptions of "*Kusi* 库司", "*wu* 五", and "*shang* 商". Among the coins found here, most are of Northern and Southern Song, including *Xianping Yuanbao*, *Jingde Yuanbao*, *Xuanhe Tongbao*, *Chunyou Yuanbao*, *Kaiqing Tongbao*, and *Jingding Yuanbao*, to name a few.

Overall, the Sizhou paper mill is relatively a well–preserved one, displaying nearly the entire process of ancient papermaking, including decomposing, suspending, boilding, cleansing, pounding, and forming, which well manifests what is recorded in the Tiangong Kaiwu and what we have known from our investigation of local tradition. The heat–conducting wall is most noteworthy, indicating that the advanced drying technique was already in use during the Song Dynasty. The site as a whole is well planned and large in size, and it was not an ordinary mill during its time. The artifacts tell us that the major functioning time of this mill was the Southern Song period, although bricks that bear the inscriptions of "the second year of *Zhidao*" and "the second year of *Dazhong Xiangfu*" may point back to the Northern Song period. The site as such was the earliest and best preserved paper mill ever found in China.

彩版

1. 遗址发掘前地貌（北—南）

2. 遗址发掘前局部地貌（东北—西南）

3. 遗址发掘前局部地貌（东南—西北）

彩版一　遗址发掘前地貌

1. 调查（北—南）

2. 钻探（北—南）

彩版二　320国道沿线文物调查和普探

1. 土样（G缸5采集）

2. 石灰（T7采集）

3. 炭化竹片（C8采集）

4. 炭灰（H10采集）

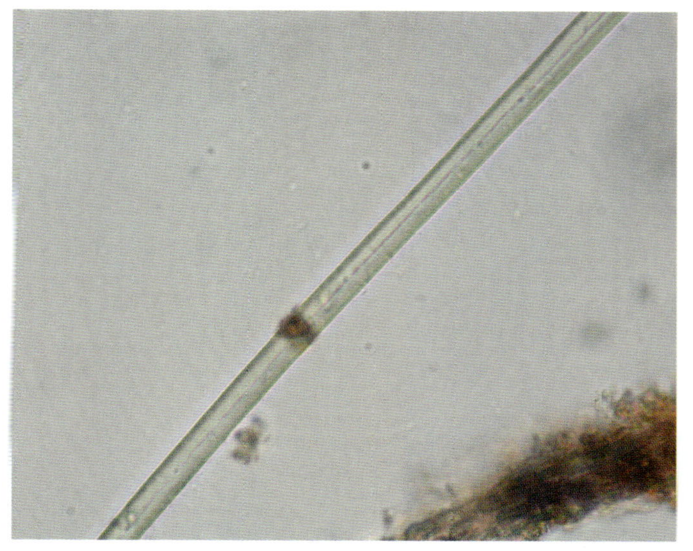

5. G缸5土样中的竹纤维

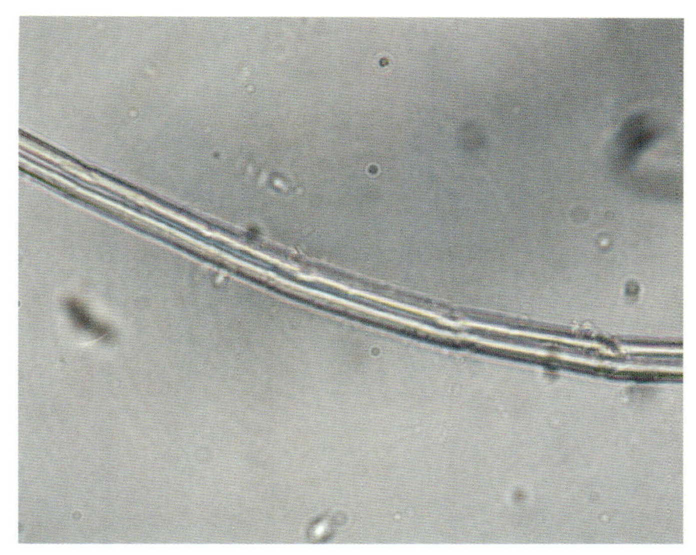

6. G缸5土样中的其他植物纤维

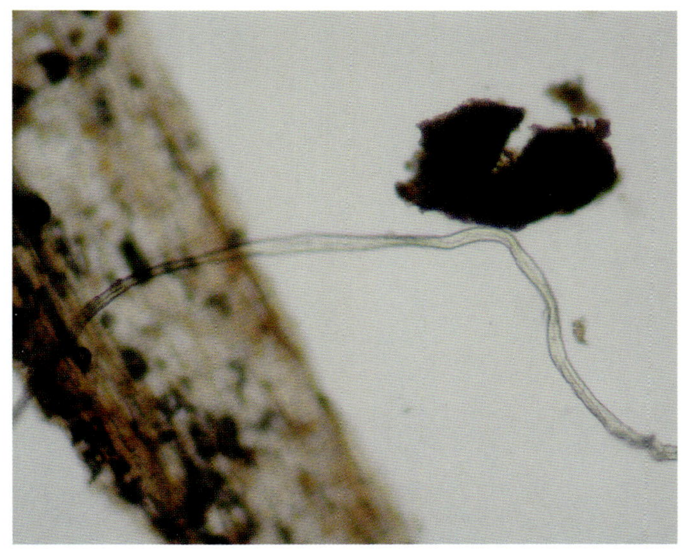

7. G缸5土样中的其他植物纤维

彩版三　遗址2层下遗迹采集土样、石灰、炭化竹片、炭灰及G缸5土样中的竹纤维等

1. 回填（南—北）

2. 回填后情形（北—南）

彩版四　遗址的保护性回填

1. T2东壁

2. T5西壁

彩版五　遗址的地层堆积

1. 发掘区全景（西南—东北）

2. 发掘区全景（北—南）

彩版六　发掘区全景

1. 遗址全景（东—西）

2. 遗址全景（东—西）

彩版七　发掘区全景

1. 遗址全景（西—东）

2. 遗址全景（西—东）

彩版八　发掘区全景

1. 遗址全景（西—东）

2. 遗址全景（西—东）

彩版九　发掘区全景

1. 遗址局部（北—南）

2. 遗址局部（北—南）

彩版一〇　发掘区局部

1. F5全景（西—东）

2. F5柱础全景（西—东）

彩版一一　第3层下遗迹F5

1. J3全景（西—东）

2. J3全景（东—西）

彩版一二　第3层下遗迹J3

1. H6全景（西—东）

2. H8全景（西—东）

3. M8全景（南—北）

彩版一三　第3层下遗迹H6、H8、M8

1. Z7解剖（南—北）

2. Z7解剖（东北—西南）

彩版一四　第2层下遗迹Z7

1. Z7解剖后（西北—东南）

2. Z7全景（西—东）

彩版一五　第2层下遗迹Z7

1. Z3与Q1（东—西）

2. Z3全景（东—西）

彩版一六　第2层下遗迹Z3

彩版一七　第2层下遗迹C1（西南—东北）

彩版一八　第2层下遗迹C2（西—东）

1. C3全景（东—西）

2. C3全景（西—东）

彩版一九　第2层下遗迹C3

1. C4全景（东—西）

2. C5全景（西—东）

彩版二〇　第2层下遗迹C4、C5

1. C6全景（北—南）

2. C6全景（西—东）

3. C6与G4（北—南）

彩版二一　第2层下遗迹C6

1. C7全景（西—东）

2. C7解剖后全景（东—西）

彩版二二　第2层下遗迹C7

1. C8清理前全景（北—南）

2. C8解剖（南—北）

3. C8全景（南—北）

彩版二三　第2层下遗迹C8

彩版二四　第2层下遗迹C9（西南—东北）

彩版二五　第2层下遗迹G1（南—北）

彩版二六　第2层下遗迹G2（南—北）

1. G2全景（北—南）

2. G2局部（北—南）

彩版二七　第2层下遗迹G2

彩版二八　第2层下遗迹G3（北—南）

1. G4全景（东—西）

2. G4全景（南—北）

彩版二九　第2层下遗迹G4

1. G4（西—东）

2. G4局部（西—东）

3. G4、C2、G6（东南—西北）

彩版三〇　第2层下遗迹G4

彩版三一　第2层下遗迹G5全景（东—西）

1. G6全景（北—南）

2. G6全景（东—西）

3. G6全景（西—东）

彩版三二　第2层下遗迹G6

1. G7全景（东—西）

2. G7全景（西—东）

彩版三三　第2层下遗迹G7

1. G8全景（西—东）

2. G8全景（东—西）

3. G8底部残存黄色土

4. G8北壁所见黄色土

彩版三四　第2层下遗迹G8

1. G8清理前（东—西）

2. G8局部（东—西）

彩版三五　第2层下遗迹G8

1. G9局部北段（北—南）

2. G9局部南段（南—北）

3. G9局部南段（北—南）

彩版三六　第2层下遗迹G9

1. G10全景（东—西）

2. G10全景（西—东）

彩版三七　第2层下遗迹G10

1. G11清理前（东南—西北）

2. G11（西—东）

彩版三八　第2层下遗迹G11

彩版三九　第2层下遗迹F1及F2全景（西—东）

1. F1全景（东—西）

2. F1局部（北—南）

彩版四〇　第2层下遗迹F1

1. F1局部（南—北）

2. F1西南石子堆积面（北—南）

彩版四一　第2层下遗迹F1

1. F2全景（北—南）

2. F2全景（北—南）

彩版四二　第2层下遗迹F2

1. F2局部（东—西）

2. F2南侧墙基（南—北）

彩版四三　第2层下遗迹F2

1. F2东墙及外部石子面（北—南）

2. F2东墙墙基（北—南）

3. F2内火墙Q2全景（东—西）

彩版四四　第2层下遗迹F2

1. 火墙Q2全景（西—东）

红烧土堆积

2. 火墙Q2北端红烧土碓积（东—西）

彩版四五　第2层下遗迹F2内Q2

1. F3全景（西—东）

2. F4遗址全景（东—西）

彩版四六　第2层下遗迹F3、F4

1. F4房基（北—南）

2. F4房基（西—东）

彩版四七　第2层下遗迹F4

1. Q1（南—北）

2. Q3墙基（东—西）

彩版四八　第2层下遗迹Q1、Q3

彩版四九　第2层下遗迹L2全景（西一东）

1. L2全景（西—东）

2. L2（东—西）

彩版五〇　第2层下遗迹L2全景

1. L2局部（南—北）

2. L2局部（西—东）

彩版五一　第2层下遗迹L2局部

1. G缸1全景（北—南）

2. G缸2全景（俯视）

3. G缸3全景（东—西）

4. G缸5（南—北）

彩版五二　第2层下遗迹G缸1、G缸2、G缸3、G缸5

1. J1口（东—西）

2. J1清理阶段照（西南—东北）

3. J1全景（东—西）

4. J1全景（西南—东北）

5. J2全景（南—北）

6. J2全景（西—东）

彩版五三　第2层下遗迹J1、J2

1. H1全景（东—西）

2. H2全景（东—西）

3. H3全景（北—南）

4. H4全景（北—南）

彩版五四　第2层下遗迹H1～H4

1. H5全景（西—东）

2. H7全景（西—东）

3. H9全景（南—北）

4. H10解剖后全景（西—东）

彩版五五　第2层下遗迹H5、H7、H9、H10

1. TG12内Q4全景（东—西）

2. TG10内墙基遗迹Q5（东南—西北）

3. TG16局部（东北—西南）

彩版五六　第2层下遗迹墙基

1. TG19内Q6（西北—东南）

2. TG19内Q6包边（西—东）

彩版五七　第2层下遗迹墙基

1. TG20细部（北—南）

2. 遗址东部发现墙基（北—南）

彩版五八　第2层下遗迹墙基

1. TG24东壁所见古河道遗迹（西—东）

2. 规划道路路侧之界线沟内所见古河道遗迹（东—西）

3. T2南部所见古河道北缘（东北—西南）

彩版五九　第2层下遗迹古河道

1. T5内的L1（北—南）

2. T18内的L1（北—南）

彩版六〇　第1b层下遗迹L1

1. Z1全景（北—南）

2. Z1全景（东—西）

3. Z2全景（北—南）

4. Z4～Z6全景（东—西）

彩版六一　第1b层下遗迹Z1、Z2、Z4～Z6

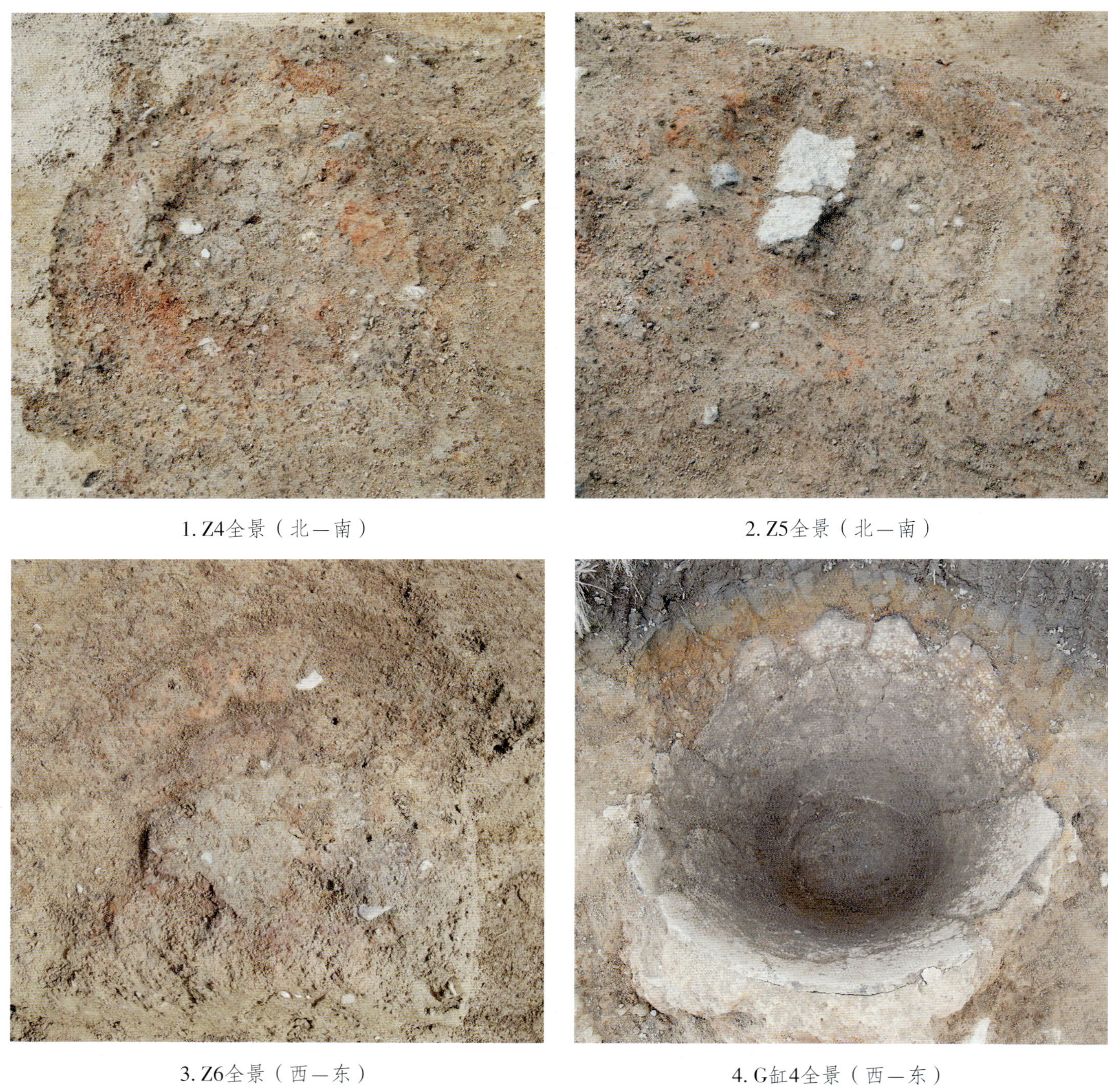

1. Z4全景（北—南）

2. Z5全景（北—南）

3. Z6全景（西—东）

4. G缸4全景（西—东）

彩版六二　第1b层下遗迹Z4、Z5、Z6及G缸4

1. 板瓦T5③：2

2. 未定窑口青釉碗T2③：1

彩版六三　第3层堆积出土板瓦、青釉碗

1. 青瓷碗T2③：2

2. 淡青釉盏T4③：1

彩版六四　第3层堆积出土未定窑口青瓷碗、盏

1. 未定窑口青瓷灯盏T5③：1

2. 景德镇窑青白瓷碗T4③：2

彩版六五　第3层堆积出土青瓷灯盏、青白瓷碗

1. H6：4

2. H6：1

3. H6：2

4. H6：3

彩版六六　第3层下遗迹H6出土未定窑口青褐釉粗瓷瓶

1. H6：5

2. H6：6

彩版六七　第3层下遗迹H6出土未定窑口青褐釉粗瓷瓶

1. J3：1

2. J3：2

3. J3：3

4. J3：4

彩版六八　第3层下遗迹J3出土砖

1. T2②：67

2. T19②：8

3. T19②：9

彩版六九　第2层堆积出土砖

1. T2②：66

2. T2②：68

3. T1②：2

4. T19②：10

彩版七〇　第2层堆积出土砖

1. T2②：69　　2. T10②：8

彩版七一　第2层堆积出土板瓦

1. T15②：5　　2. T19②：7

彩版七二　第2层堆积出土板瓦

1. T2②：70　　2. T21②：5

彩版七三　第2层堆积出土陶器残件

1. T2②：9　　　　2. T2②：11

彩版七四　第2层堆积出土龙泉窑青瓷碗

1. T5②：1　　2. T2②：17

彩版七五　第2层堆积出土龙泉窑青瓷碗

1. T21②：7　　2. T2②：10

彩版七六　第2层堆积出土龙泉窑青瓷碗

1. T2②：12　　2. T2②：16

彩版七七　第2层堆积出土龙泉窑青瓷碗

1. T2②：13　　2. T2②：14

彩版七八　第2层堆积出土龙泉窑青瓷盘

1. T5②：2　　　　2. T8②：1

彩版七九　第2层堆积出土龙泉窑青瓷盘

1. TG11②：1　　　　2. T2②：15

彩版八〇　第2层堆积出土龙泉窑青瓷盘

1. 盘T2②：49

2. 炉T3②：1

彩版八一　第2层堆积出土龙泉窑青瓷盘、炉

2. 碗T5②：3

1. 碗T2②：7

3. 壶T19②：5

彩版八二　第2层堆积出土越窑青瓷碗、壶

1. 铁店窑青瓷盘T5②：19　　2. 未定窑口青釉碗T2②：22

彩版八三　第2层堆积出土青瓷盘、碗

1. T2②：25　　2. T2②：26

彩版八四　第2层堆积出土未定窑口青釉碗

1. T2②：29　　2. T2②：51

彩版八五　第2层堆积出土未定窑口青釉碗

1. T5②：7　　2. T2②：27

彩版八六　第2层堆积出土未定窑口青釉碗

1. T2②：20　　2. T3②：2

彩版八七　第2层堆积出土未定窑口青釉碗

1. T3②：4　　2. T3②：5

彩版八八　第2层堆积出土未定窑口青釉碗

1. T4②：5　　2. T4②：6

彩版八九　第2层堆积出土未定窑口青釉碗

1. T4②：7

2. T4②：10

彩版九○　第2层堆积出土未定窑口青釉碗

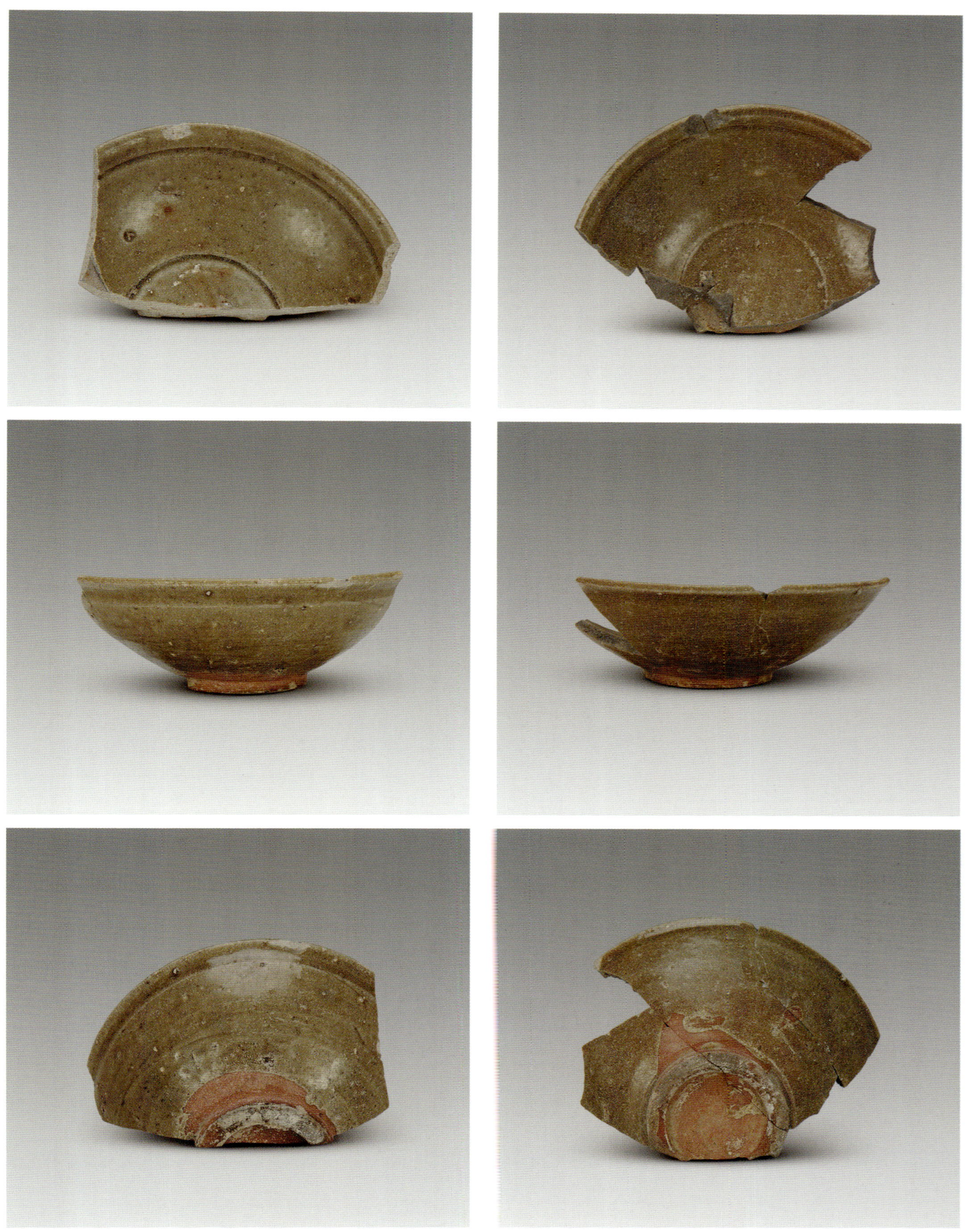

1. T2②：18　　　　2. T2②：24

彩版九一　第2层堆积出土未定窑口青釉碗

1. T3②：3　　　　2. T6②：1

彩版九二　第2层堆积出土未定窑口青釉碗

1. T2②：21　　2. T2②：28

彩版九三　第2层堆积出土未定窑口青釉碗

1. T5②：5　　　　2. T5②：6

彩版九四　第2层堆积出土未定窑口青釉碗

1. T5②：8　　2. T15②：3

彩版九五　第2层堆积出土未定窑口青釉碗

1. T4②：4　　2. T4②：9

彩版九六　第2层堆积出土未定窑口青釉碗

1. 盏T2②：31　　2. 盘T2②：19

彩版九七　第2层堆积出土未定窑口青釉盏、盘

1. T2②：30　　2. T4②：3

彩版九八　第2层堆积出土未定窑口青釉盘

1. T3②：7　　2. T5②：14

彩版九九　第2层堆积出土未定窑口淡青釉碗

1. T2②：59　　2. T2②：60

彩版一〇〇　第2层堆积出土未定窑口淡青釉碗

1. T2②：57

2. T2②：65

彩版一〇一　第2层堆积出土未定窑口淡青釉碗

1. T3②：6　　　　2. TG20②：1

彩版一〇二　第2层堆积出土未定窑口淡青釉碗

1. T2②：63　　　　2. T4②：12

彩版一〇三　第2层堆积出土未定窑口淡青釉碗

1. T5②：16

2. T5②：10

彩版一〇四　第2层堆积出土未定窑口淡青釉碗

1. T5②：12　　2. T1②：1

彩版一〇五　第2层堆积出土未定窑口淡青釉碗

1. T5②：15　　2. T5②：11

彩版一〇六　第2层堆积出土未定窑口淡青釉碗

1. T2②：52　　2. T2②：53

彩版一〇七　第2层堆积出土未定窑口淡青釉碗

1. T5②：13　　2. T2②：54

彩版一〇八　第2层堆积出土未定窑口淡青釉碗

1. 碗T2②：55

2. 盏T2②：61

彩版一〇九　第2层堆积出土未定窑口淡青釉碗、盏

1. 盏T2②：62

2. 盘T2②：50

彩版一一〇　第2层堆积出土未定窑口淡青釉盏、盘

1. T4②：8　　2. T5②：4

彩版一一一　第2层堆积出土未定窑口生烧青瓷碗

1. T2②：23　　2. T10②：6

彩版一一二　第2层堆积出土未定窑口生烧青瓷碗

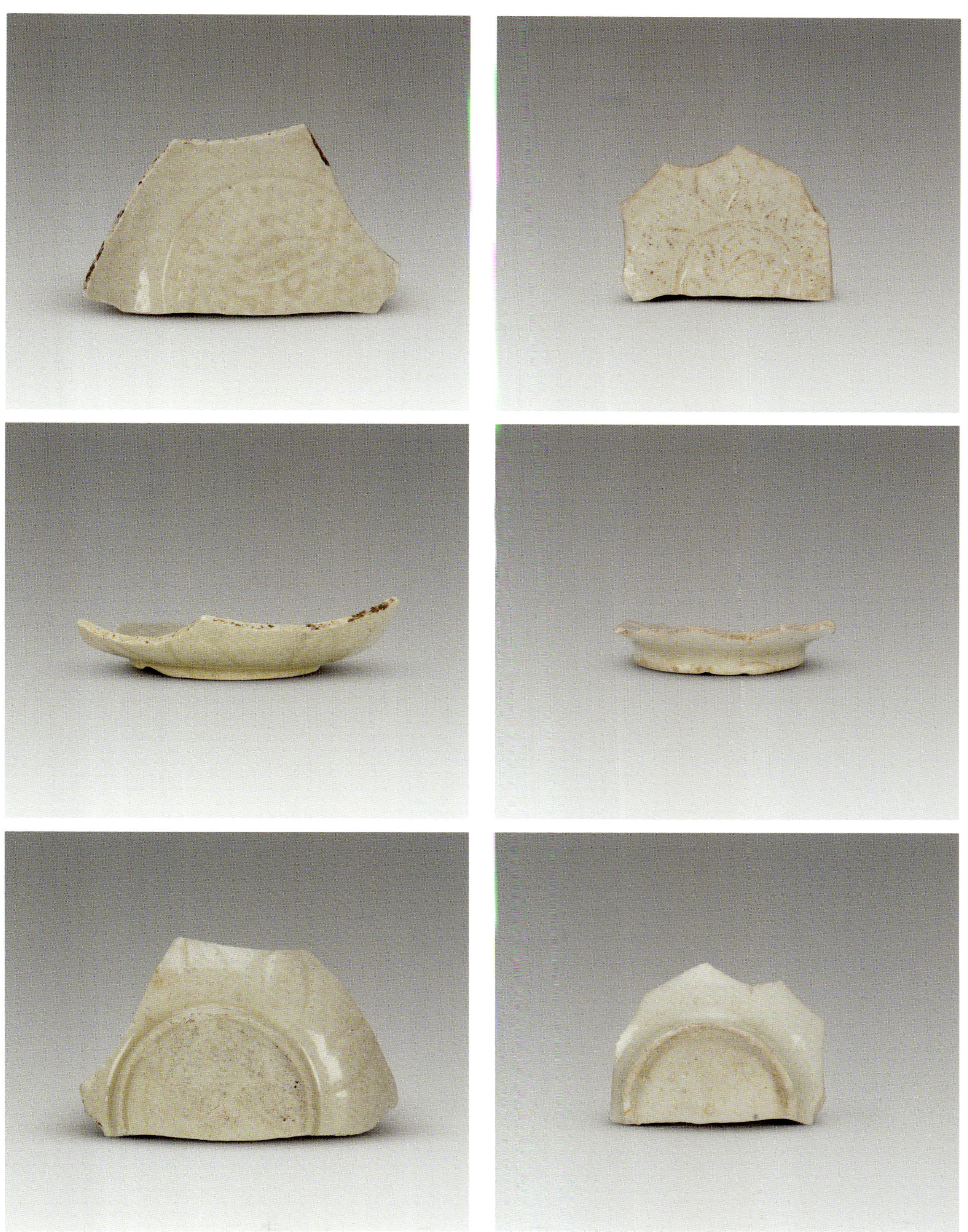

1. 碗T2②：33　　2. 盏T2②：34

彩版一一三　第2层堆积出土景德镇窑仿定白瓷碗、盏

1. 景德镇窑仿定白瓷盏T2②：35

2. 未定窑口白瓷罐T21②：4

彩版一一四　第2层堆积出土白瓷盏、罐

1. T19②：6

2. T21②：3

彩版一一五　第2层堆积出土未定窑口白釉褐彩盆

1. T4②：11　　　　2. T2②：43

彩版一一六　第2层堆积出土景德镇窑青白瓷碗

1. T2②：56　　2. T2②：64

彩版一一七　第2层堆积出土景德镇窑青白瓷碗

1. T2②：38　　2. T4②：1

彩版一一八　第2层堆积出土景德镇窑青白瓷碗

1. T4②：2

2. T10②：1

彩版一一九　第2层堆积出土景德镇窑青白瓷碗

1. T19②：2　　2. TG11②：2

彩版一二〇　第2层堆积出土景德镇窑青白瓷碗

1. 盏T4②：13

2. 盘T21②：8

彩版一二一　第2层堆积出土景德镇窑青白瓷盏、盘

1. 盘T2②：40

2. 碟T10②：7

彩版一二二　第2层堆积出土景德镇窑青白瓷盘、碟

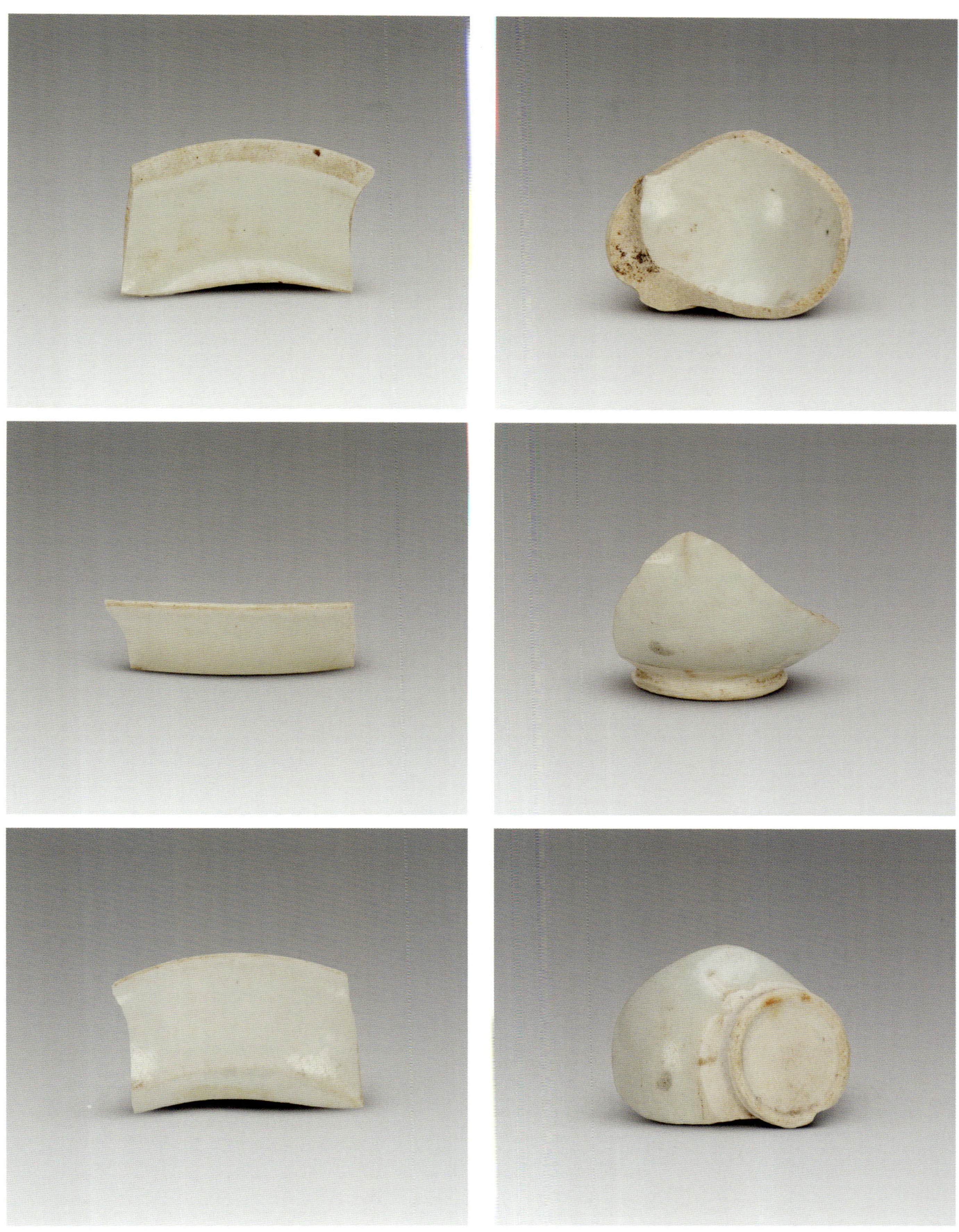

1. 洗T2②：42　　2. 罐T9②：4

彩版一二三　第2层堆积出土景德镇窑青白瓷洗、罐

1. T2②：36　　2. T10②：2

彩版一二四　第2层堆积出土景德镇窑青白瓷罐

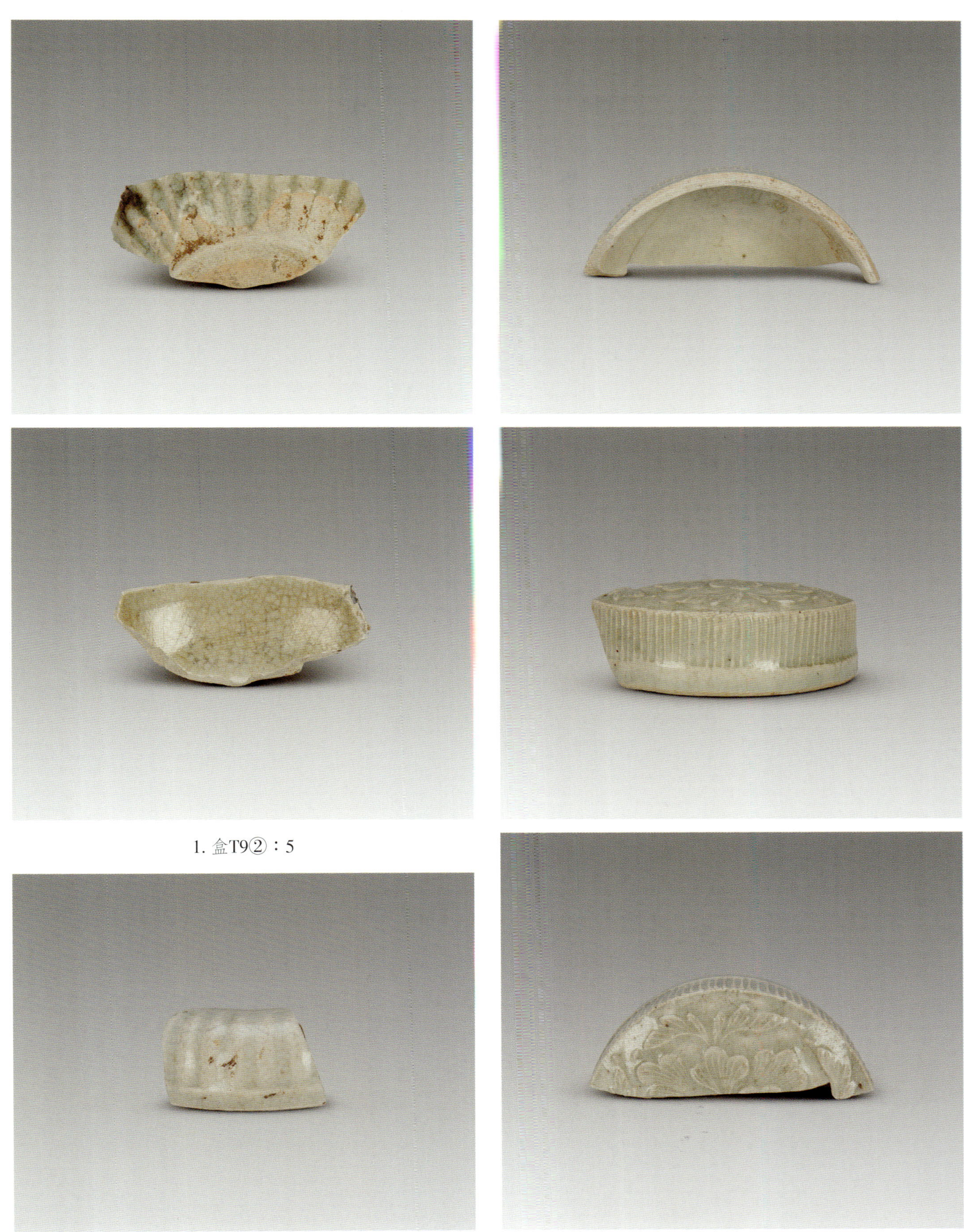
1. 盒T9②：5

2. 盒盖T2②：39

3. 盒盖T2②：37

彩版一二五　第2层堆积出土景德镇窑青白瓷盒

1. 景德镇窑青白瓷器盖T19②：3

2. 未定窑口青白瓷碗T15②：1

彩版一二六　第2层堆积出土青白瓷器盖、碗

1. 碗T2②：58

2. 罐T2②：41

3. 盏T19②：1

彩版一二七　第2层堆积出土未定窑口青白瓷碗、罐、盏

1. 灯T2②：32

2. 炉T2②：48

彩版一二八　第2层堆积出土未定窑口青白瓷灯、炉

1. T2②：2　　　　2. T2②：4

彩版一二九　第2层堆积出土遇林亭窑黑釉瓷盏

1. T4②：14

2. T4②：15

彩版一三〇　第2层堆积出土遇林亭窑黑釉瓷盏

彩版一三一　第2层堆积出土遇林亭窑黑釉瓷盏T4②：17

1. T5②：17　　2. T9②：1

彩版一三二　第2层堆积出土遇林亭窑黑釉瓷盏

2. T5②：18

1. T2②：6

彩版一三三　第2层堆积出土未定窑口黑釉白覆轮瓷盏

1. T2②：8　　2. T4②：16

彩版一三四　第2层堆积出土未定窑口黑（酱）釉瓷盏

1. T2②：1　　2. T2②：5

彩版一三五　第2层堆积出土宋定窑口黑（酱）釉瓷盏

1. T2②：7　　2. T15②：2

彩版一三六　第2层堆积出土未定窑口黑（酱）釉瓷盏

1. T2②：3　　　　2. T21②：1

彩版一三七　第2层堆积出土未定窑口黑（酱）釉瓷盏

1. 盘T10扩②：3　　2. 粉盒T5②：9

彩版一三八　第2层堆积出土未定窑口褐釉瓷盘、盒

1. 盒盖T2②：47

2. 灯盏T2②：45

彩版一三九　第2层堆积出土未定窑口褐釉瓷盒盖、灯盏

1. T5②：22

2. T5②：23

3. T10②：4

彩版一四〇　第2层堆积出土未定窑口褐釉瓷灯盏

1. 瓶T15②：6

2. 罐T5②：20

彩版一四一　第2层堆积出土未定窑口褐釉瓷瓶、罐

1. 盆T5②：21

2. 瓮T2②：71

彩版一四二　第2层堆积出土未定窑口褐釉瓷盆、瓮

1. T2②：44　　2. T4②：19

彩版一四三　第2层堆积出土未定窑口褐釉瓷钵

1. 褐釉瓷器盖T2②：46

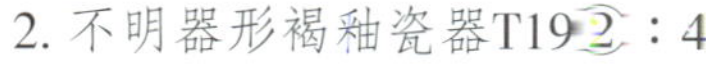

2. 不明器形褐釉瓷器T19②：4

3. 不明器形褐釉瓷器T15②：4

4. 素胎粗瓷炉箅T10②：5

彩版一〇四　第2层堆积出土未定窑口褐釉瓷器盖、不明器形残件及素胎粗瓷炉箅

1. 石权T4②：18

2. 石砚T5②：24

彩版一四五　第2层堆积出土石权、砚

3. T5②：28

1. T5②：25

4. T9②：2

2. T5②：27

5. T9②：3

彩版一四六　第2层堆积出土石磨

1. 石磨T19②：11

2. 石碾T5②：29

彩版一四七　第2层堆积出土石磨、碾

1 石臼T5②：26

2. 不明器形石器T19②：12

3. 铜钗T5②：37

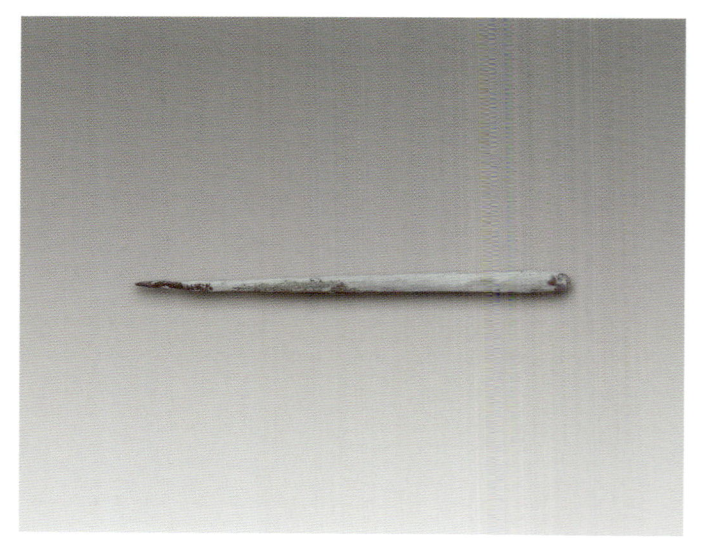

4. 铜针T2②：83

彩版一四八　第2层堆积出土石臼、不明器形石器及铜钗、针

1. 不明器形陶器残件Z7：7

2. 铁店窑青瓷碗Z7：3

彩版一四九　第2层下遗迹Z7出土陶器及青瓷碗

1. 生烧青瓷碗Z7：6

2. 淡青釉碗Z7：8

彩版一五〇　第2层下遗迹Z7出土未定窑口青瓷碗

1. 未定窑口淡青釉粉盒盖Z7：1　　2. 景德镇窑青白瓷碗Z7：2

彩版一五一　第2层下遗迹Z7出土青瓷粉盒盖及青白瓷碗

1. 遇林亭窑黑釉瓷盏Z7：4　　2. 未定窑口黑釉瓷灯盏Z7：5

彩版一五二　第2层下遗迹Z7出土黑釉瓷盏、灯盏

1. C1：1　　2. C1：2

彩版一五三　第2层下遗迹C1出土未定窑口淡青釉碗

1. 景德镇窑青白瓷盘C1：3　　2. 未定窑口酱釉瓷盏C1：4

彩版一五四　第2层下遗迹C1出土青白瓷盘、酱釉瓷盏

1. 未定窑口青白瓷碗C2：2

2. 遇林亭窑黑釉瓷盏C2：1

彩版一五五　第2层下遗迹C2出土青白瓷碗、黑釉瓷盏

1. C3：4　　2. C3：6

彩版一五六　第2层下遗迹C3出土未定窑口青釉碗

1. C3：7　　2. C3：8

彩版一五七　第2层下遗迹C3出土未定窑口青釉碗

1. C3：10

2. C3：9

彩版一五八　第2层下遗迹C3出土未定窑口青釉碗

1. 青釉碗C3：5

2. 淡青釉碗C3：11

彩版一五九　第2层下遗迹C3出土未定窑口青瓷碗

1. C3：16　　2. C3：15

彩版一六〇　第2层下遗迹C3出土景德镇窑青白瓷覆烧芒口碗

1. 覆烧芒口盏C3：14

2. 覆烧芒口杯T3C3：13

3. 仰烧碗C3：12

彩版一六一　第2层下遗迹C3出土景德镇窑青白瓷盏、杯、碗

1. C3：2　　2. C3：1

彩版一六二　第2层下遗迹C3出土未定窑口黑釉瓷盏

1. 黑釉瓷盏C3：3　　2. 酱釉瓷灯盏C3：19

彩版一六三　第2层下遗迹C3出土未定窑口黑釉瓷盏、酱釉瓷灯盏

1. C3：17

2. C3：18

彩版一六四　第2层下遗迹C3出土未定窑口酱釉瓷钵

1. 板瓦C7：6

2. 未定窑口白瓷罐C7：3

彩版一六五　第2层下遗迹C7出土板瓦、白瓷罐

1. 青瓷碗C7：5

2. 青白瓷盏C7：4

彩版一六六　第2层下遗迹C7出土未定窑口青瓷碗、青白瓷盏

1. C7：1

2. C7：2

彩版一六七　第2层下遗迹C7出土未定窑口白釉褐彩瓷盆

1. 砖C8：7

2. 砖C8：8

3. 砖C8：9

4. 砖C8：10

5. 景德镇窑青白瓷罐C8：3

6. 石臼C8：6

彩版一六八　第2层下遗迹C8出土砖、青白瓷罐、石臼

1. 龙泉窑青瓷洗C8：2　　　　2. 未定窑口青瓷盘C8：5

彩版一六九　第2层下遗迹C8出土青瓷洗、盘

2. T2G1：1

1. C9：1

彩版一七〇　第2层下遗迹C9及G1出土未定窑口青瓷碗

1. T2G1：2

2. T2G2：5

彩版一七一　第2层下遗迹G1及G2出土未定窑口青瓷碗

1. T2G2：6　　2. T2G2：7

彩版一七二　第2层下遗迹G2出土未定窑口青釉碗

1. T2G2：8

2. T8G2：16

彩版一七三　第2层下遗迹G2出土未定窑口青釉碗

1. T2G2：2　　2. T2G2：1

彩版一七四　第2层下遗迹G2出土未定窑口淡青釉碗

1. 仿定白瓷碗T2G2：11

2. 仿定白瓷碗T2G2：12

3. 青白瓷碗T2G2：3

4. 青白瓷碗T2G2：14

彩版一七五　第2层下遗迹G2出土景德镇窑瓷碗

1. 碗T2G2：13

2. 罐T2G2：4

彩版一七六　第2层下遗迹G2出土景德镇窑青白瓷碗、罐

1. 景德镇窑青白瓷炉T3G2：10　　2. 未定窑口青白瓷炉T3G2：15

彩版一七七　第2层下遗迹G2出土青白瓷炉

1. 砖G4：4

2. 砖G4：3

3. 未定窑口黑釉瓷盏G4：1

彩版一七八　第2层下遗迹G4出土砖、黑釉瓷盏

2. 盆G4：8

1. 罐G4：2

3. 缸G4：7

彩版一七九　第2层下遗迹G4出土未定窑口褐釉瓷罐、盆、缸

1. 石臼G4：5

2. 石磨盘G4：6

3. 未定窑口酱釉瓷粉盒盖G5：1

彩版一八〇　第2层下遗迹G4出土石磨盘、臼及G5出土酱釉瓷粉盒盖

彩版一八一　第2层下遗迹G6出土砖G6：1

1. T19G8：21

2. T15G8：7

3. T15G8：6

4. T19G8：24

彩版一八二　第2层下遗迹G8出土砖

1. T15G8：8

2. T15G8：9

3. T15G8：10

彩版一八三　第2层下遗迹G8出土板瓦

1. 龙泉窑青瓷盘T15G8：1

2. 未定窑口青白瓷盘T15G8：2

彩版一八四　第2层下遗迹G8出土瓷盘

1. 景德镇窑青白瓷罐T19G8：16

2. 未定窑口白釉褐彩瓷盆T19G8：11

3. 未定窑口白釉褐彩瓷盆T19G8：12

彩版一八五　第2层下遗迹G8出土青白瓷罐及白釉褐彩瓷盆

1. 盒盖T15G8：4　　2. 罐T15G8：3

彩版一八六　第2层下遗迹G8出土未定窑口青白瓷盒盖、罐

1. 壶T19G8：17

2. 瓶T15G8：5

4. 灯盏T19G8：13

3. 罐T19G8：15

5. 灯盏T19G8：14

彩版一八七　第2层下遗迹G8出土未定窑口褐釉瓷壶、瓶、罐、灯盏

1. T19G8：18

2. T19G8：19

3. T19G8：20

彩版一八八　第2层下遗迹G8出土未定窑口褐釉瓷缸

1. 石臼T19G8：28

2. 石磨T19G8：25

3. 石磨T19G8：26

4. 石磨T19G8：27

彩版一八九　第2层下遗迹G8出土石臼、磨

1. 板瓦T6G9：5

2. 未定窑口淡青釉碗T6G9：2

彩版一九〇　第2层下遗迹G9出土板瓦及淡青釉碗

1. T6G9：3　　2. T6G9：4

彩版一九一　第2层下遗迹G9出土未定窑口淡青釉碗

1. 景德镇窑仿定白瓷碗T6G9：1　　2. 未定窑口酱釉瓷盏T15G9：6

彩版一九二　第2层下遗迹G9出土仿定白瓷碗、酱釉瓷盏

1. 抄手砚T15G9：7

2. 石臼T15G9：8

彩版一九三　第2层下遗迹G9出土石砚、臼

1. 未定窑口粗瓷壶Q2：1

2. 龙泉窑青瓷洗G缸1：2

彩版一九四　第2层下遗迹Q2出土瓷壶及G缸1出土瓷洗

1. 碗G缸1：1

2. 盆G缸1：3

彩版一九五　第2层下遗迹G缸1出土[illegible]定窑口青瓷碗、盆

1. 石碓J1：1

2. 瓷碗J2：1

彩版一九六　第2层下遗迹J1出土石碓及J2出土瓷碗

1. 龙泉窑青瓷盘H1：2

2. 未定窑口青瓷瓶H1：9

彩版一九七　第2层下遗迹H1出土青瓷盘、瓶

1. 淡青釉碗H1：7

2. 生烧青瓷碗H1：8

彩版一九八　第2层下遗迹H1出土未定窑口青瓷碗

1. H1：3　　2. H1：6

彩版一九九　第2层下遗迹H1出土遇林亭窑黑釉瓷盏

1. H1：4　　2. H1：5

彩版二〇〇　第2层下遗迹H1出土未定窑口黑酱釉瓷盏

1. 黑酱釉瓷钵H1：1　　2. 青瓷钵H7：1

彩版二〇一　第2层下遗迹H1、H7出土未定窑口瓷钵

1. 龙泉窑青瓷碗H9：2

2. 未定窑口青白瓷碗H9：1

彩版二〇二　第2层下遗迹H9出土瓷碗

1. 龙泉窑青瓷碗T17①b：2

3. 越窑青瓷盒盖T17①b：3

2. 龙泉窑青瓷高足杯T18①b：1

4. 景德镇窑仿定白瓷碗T9①b：2

彩版二〇三　第1b层堆积出土青瓷碗、高足杯、盒盖及仿定白瓷碗

1. 碗T9①b：5

3. 不明器形残片T9①b：3

2. 碗T9①b：4

4. 盘T20①b：1

彩版二〇四　第1b层堆积出土景德镇窑青白瓷碗、盘及不明器形残片

1. 碗T18①b：2

2. 杯T7①b：1

彩版二〇五　第1b层堆积出土青花瓷碗、杯

1 素胎粗瓷片T8①b：2

2. 石磨盘T9①b：1

3. 铁刀T8①b：1

4. 铜构件T5①b：2

彩版二〇六　第1b层堆积出土素胎粗瓷片、石磨盘、铁刀及铜构件

1. 铜壶流T6①b：1

2. 未定窑口淡青釉碗G缸4：1

彩版二〇七　第1b层堆积出土铜壶流及G缸4出土青瓷碗